dtv

Woher kommt der Ausdruck »armer Schlucker«, wer verbirgt sich sprachlich hinter einem »Proleten« oder was binden wir wohin, wenn wir jemandem einen »Bären aufbinden«? Die deutsche Sprache hält viele Überraschungen bereit, die verborgen unter der Oberfläche des täglichen Gebrauchs schlummern. Wolfgang Seidel öffnet uns eine wahre Wundertüte der Alltagssprache aus nahezu allen Lebensbereichen, zeigt verblüffende Zusammenhänge auf und geht den zahlreichen fremdsprachlichen Wurzeln unserer Wörter und Ausdrücke nach – ein kurzweiliger Führer in die Hintergründe unserer Ausdrücke und Redewendungen abseits des etymologischen Fachchinesisch und ein Buch für alle, die gerne über die eigene Sprache nachdenken und staunen wollen.

Wolfgang Seidel, geboren 1953 in Geislingen, aufgewachsen im Rhein-Main-Gebiet. Jura-Studium in Mainz, Genf, München und Freiburg. Er arbeitete als Lektor bei verschiedenen Verlagen in Stuttgart und Frankfurt, seit 2001 freiberuflicher Übersetzer und Autor in München. Bisherige Publikation: ›Die Schwaben pauschal‹ (1997).
www.seidels-woerterbuch.de

Wolfgang Seidel

Woher kommt das schwarze Schaf?

Was hinter unseren Wörtern steckt

Deutscher Taschenbuch Verlag

Originalausgabe
Mai 2006
4. Auflage Oktober 2006

www.dtv.de

Umschlagkonzept: Balk & Brumshagen
Umschlagbild: Tullio Pericoli, Margarethe Hubauer Illustration
Satz: Lektyre Verlagsbüro, Germering
Gesetzt aus der LinoLetter 8/11·
Druck und Bindung: Druckerei C. H. Beck, Nördlingen
Gedruckt auf säurefreiem, chlorfrei gebleichtem Papier
Printed in Germany
ISBN-13: 978-3-423-34312-1
ISBN-10: 3-423-34312-5

Inhalt

Vorwort

Wörter fallen nicht vom Himmel. Sehr viele sind irgendwann irgendwo unter ganz konkreten Umständen entstanden oder sie haben einen ganz konkreten Inhalt, den man allerdings oft nicht mehr auf den ersten Blick erkennt.

Besonders anschaulich wird das bei Ausdrücken und Redewendungen wie »in Bausch und Bogen«, »Zeter und Mordio«, »Schwarzer Freitag«, »blauer Dunst« oder »Daumendrücken«. Beginnt man, diese Begriffe zu hinterfragen, stößt man nicht selten auf verblüffende Zusammenhänge und Geschichten wie etwa beim »Kassandraruf« oder bei »Obolus«, dem Trinkgeld für den Totenfährmann Charon. Und wer war eigentlich der »Mumpitz«? Und warum heißt in unserem Kalender der neunte Monat September, was im Lateinischen »der Siebte« bedeutet?

Sehr viele Wörter im Deutschen stammen aus anderen Sprachen. Erstaunlich wenige aus dem Englischen, dafür umso mehr aus dem Lateinischen, Französischen und einige sogar aus sehr alten, längst untergegangenen Sprachen wie dem Sumerischen oder Altägyptischen. Das geht von »Semmel« über »Papier« und »Eid« bis zu »Spinat«. Oftmals ist es interessant, den Weg eines Wortes aus einer alten und fremden Sprache zu verfolgen bis zu der Form, an die wir heute gewöhnt sind. Auch das sind Wortgeschichten im Sinne von Wortgeschichte: Die Wortform, wie wir sie heute kennen, ist entstanden – sie wurde nicht vor Urzeiten oder von Herrn Duden in Stein gemeißelt.

Die Fülle von Wörtern, die solche sehr anschaulichen Ursprünge haben, sind in diesem Buch locker zu Themen gruppiert, wodurch sich bisweilen erstaunliche Muster ergeben. So stößt man immer wieder auf Sachbegriffe, die sich von Personennamen ableiten: Das reicht vom »Nikotin« über »Röntgenstrahlen« und »Zeppelin« bis zu Pflanzennamen wie »Dahlie« oder »Forsythie«.

Wortgeschichten aus Wortgeschichte ergeben sich ferner aus der Bedeutungswandlung von Wörtern. So wurde aus der indischen Bezeichnung »Beryll« für einen durchsichtigen Halbedelstein unser Wort »Brille«, weil man in der Frühzeit des Brillenmachens, als man noch kein klares Glas für Linsen schmelzen konnte, dieses Material verwendete. Aus dem Lateinischen »carmen«, das nicht nur »Lied«, sondern auch »Zauberspruch« bedeutet, wurde das Wort für die bezaubernde Eigenschaft des »Charmes«, und ein so philosophischer Begriff wie »Sinn« hat die ursprüngliche Bedeutung von »eine Reise machen, einen Weg gehen«. Das mit diesem Wort eng verwandte »Gesinde« sind eigentlich die »Reisebegleiter«.

Schließlich lässt sich die Herkunft vieler Wörter auch ganz einfach erklären: Sie sind durch die stimmliche Nachahmung von Naturlauten entstanden. Dazu zählt weniger ein aus dem Comic geläufiges »Zisch«, wohl aber das »Zischen« selbst, genauso wie »blubbern« oder »knacken«. Konkrete Wortgeschichten, wie sie in diesem Buch überwiegend erzählt werden, gibt es dafür nicht.

Die thematische Gruppierung hat sich im Lauf der Arbeit an diesem Buch beinahe »wie von selbst« ergeben. Es ist allemal interessanter (und bereitet – hoffentlich! – mehr Vergnügen), Wortgeschichten in ihren Zusammenhängen zu lesen. Manchmal erschien es angezeigt, Wortgruppen alphabetisch abzuhandeln, aber das war nie zwingend. Wenn sich eine bestimmte Abfolge anbot, wurde auf sie zurückgegriffen. Bei der überwiegenden Zahl der Beispiele handelt es sich um Alltagsbegriffe, gängige Wörter unserer Umgangssprache. Fach- und Fremdwörter im engeren Sinn sollen hier nicht erklärt werden, das ergäbe eine Enzyklopädie. Es geht einfach um die Freude, Geschichte und Geschichten hinter den Wörtern zu entdecken und sich ein Bild zu machen von den vielfältigen Möglichkeiten, wie sie entstanden sind.

Großer Dank gebührt meinen Erstlesern Markus Bennemann, Kurt Vater sowie meinem Bruder Thomas Seidel, die sich schon früh über das Manuskript gebeugt und mir mit wertvollen Hinweisen und anregender Kritik beim Schreiben des Buches weitergeholfen haben.

WS

Menschen & Alltag

Wörter des Alltags

abkratzen bedeutete früher nicht sterben, sondern sich »mit einem Kratzfuß« verabschieden. Der Kratzfuß war ein höfisches Anstandsritual: eine rückwärtige Seitbewegung mit dem linken Fuß, verbunden mit einer Verbeugung. Damit verabschiedete man sich »untertänigst«.

Anekdote Prokop war der letzte große Geschichtsschreiber der Antike (6. Jh.), der in seinen offiziellen Schriften die Regierung des byzantinischen Kaisers Justinian und die Taten des Feldherrn Belisar verherrlichte, den er auf Feldzügen begleitete. Gleichzeitig verfasste er unter dem Titel ›Anekdota‹ (*an-ékdota* = Nicht-Ediertes, Nicht-Herausgegebenes) eine »Geheimgeschichte« seiner Epoche, die auf Gerüchten und Hofklatsch basierte. Darin geißelt er das sittenlose Leben des Kaisers und seiner Gattin Theodora, der ehemaligen Zirkustänzerin. Die ›Anekdoten‹ wurden erst nach Justinians Tod veröffentlicht.

astrein ist eine Qualitätsbezeichnung für wertvolles Holz, das frei von Astlöchern ist.

ätzend *Azen* war das althdt. Wort für »essen«. Erhalten hat es sich in dieser urspr. Form in der Jägersprache (Atzung = Nahrung) und in der Fachsprache der Chemie, wo es »zerfressen werden« durch Chemikalien bezeichnet. Als stark abwertende Beurteilung gelangte es über die Jugendsprache wieder in die Alltagssprache.

Charme Das Wort war im Franz. eng mit der Zauberkunst verknüpft; es stammt urspr. von lat. *carmen*, was »Lied, Gedicht«, aber auch »magisch-religiöse Formel« und eben »Zauberspruch« bedeutet. Für eine erfolgreiche Bezauberung durch Charme bedarf es also wohl auch einer geglückten Wortwahl.

Ding »Sein Ding machen«, das »Dingsbums« und der »Dingsda« sind in der modernen Sprache allgegenwärtig. In sehr alter Zeit, bei den Germanen, war »Ding« (*thing*) zunächst ein Zeitbegriff: Zum *thing* – also zu einem festgesetzten Zeitpunkt – versammelte sich das Volk, um bspw. Recht zu sprechen, den Anführer zu bestimmen oder über einen Kriegszug zu entscheiden. Mit *thing* bezeichnete sich dann auch schon recht früh die Volksversammlung selbst. Noch heute heißt das dänische Parlament *Folketing*. Zuletzt erweiterte sich der Begriff auf die in der Versammlung zu behandelnde Angelegenheit. So wurde aus dem *thing* (also dem Termin) das »Ding«, nämlich der (beliebige) Gegenstand. Umgangssprachliche Wendungen des 19. Jh. wie »Dingsda« (beliebiger Ort oder beliebige Person) und »Dingsbums« (beliebige Sache) verstärkten diesen Trend zum Allgemeinbegriff. In der terminologisch exakten Rechtssprache ist das »dingliche Recht« ganz explizit das »Sachenrecht«, also die Rechtsvorschriften über Dinge im Sinne von Gegenständen.

eintrichtern Der berühmte ›Nürnberger Trichter‹, auch ›Poetischer Trichter‹ war eine in Nürnberg 1647 erschienene Schrift von G. P. Harsdörffer, in der es darum ging, die »Teutsche Dicht- und Reimkunst … in sechs Stunden einzugießen«.

Elend Das »Elend« ist das Ausland, die Fremde, das Exil. Im mittelalterlichen Dt. war der *ellende* einer, der »aus der Fremde, aus einem anderen Land kommt«, ein Verbannter. Elend, also außerhalb des Heimatlandes zu sein, bedeutete eben auch recht- und schutzlos zu sein.

erzählen Auf die wortgeschichtliche Spur dieses Wortes kommt man, wenn man sich kurz die plattdeutsche Form ansieht: *vertellen* (das ist ja übrigens ganz nahe beim engl. *to tell*). Vertellen ist »verteilen«. Und zwar nichts anderes als: vergangene Ereignisse in der Zeit verteilen.

faszinierend kommt von lat. *fascinare* = behexen, besprechen. Darin steckt der sehr alte religiöse Begriff *fas*, wörtlich »Ausspruch«, im weiteren Sinne auch »Schicksal, Verhängnis«. Auch das Wort »fatal« leitet sich davon ab. Hinter diesen Begriffen steht die Vorstellung, dass das Schicksal des Menschen von Göttern oder übernatürlichen Mächten vorbestimmt ist.

Bis ins 18. Jh. verstand man das Wort nur in diesem Sinn: War man fasziniert, so war man an sein Schicksal gefesselt. In der Folgezeit ist dieser Zusammenhang teilweise in Vergessenheit geraten. Nach dem heutigen Wortverständnis wirkt oft gerade das Unerwartete in fesselnder Weise.

Fiasko *Far fiasco* (= eine Flasche machen) war ein Ausdruck venezianischer Glasbläser: Befanden sich Bläschen in der Schmelzmasse, so wurde nur eine einfache Flasche daraus gemacht, die für den alltäglichen Gebrauch genügte. Sollte das Glas hingegen kristallklar sein, konnte man sich ein Fiasko nicht leisten.

(aus dem) ff Qualitätsbezeichnung aus der Kaufmannssprache. *f* bedeutete »fein«, *ff* bedeutete »sehr fein«. Im übertragenen Sinne also: eine Sache in allen feinen Details beherrschen.

Gremium Dieses Lieblingswort der politischen Diskussion kommt von lat. *gremium* = Schoß und bezeichnet alles, was man in einem Schoß zusammenfassen kann. Das Wort ist außerdem verwandt mit lat. *grex* (= Herde, Haufen), mit dem »Aggregat«, also ebenfalls einer Zusammensetzung oder Anhäufung, und schließlich mit griech. *agorá*, dem Marktplatz und Versammlungsplatz des Volkes.

grotesk Grotesken sind Decken- und Wandmalereien, die man in Grotten fand, daher nannte man sie ital. *grotteschi*. Unter diesen Grotten muss man sich hauptsächlich die höhlenartigen Kavernen antiker Ruinen vorstellen. Den Betrachtern erschienen sie zunächst fantastisch, seltsam oder merkwürdig verzerrt.

Im Italien der Renaissance griff man die Groteskenmalerei nach antikem Vorbild als Wandverzierung wieder auf. Im Laufe des 18. Jh.

löste sich der Begriff aus dem Zusammenhang der Malerei und wurde ein Synonym für »absonderlich, närrisch«.

hanebüchen Das Holz der Hainbuche bzw. Hagebuche (früher lautete das Wort *hagebüchen*) ist auffallend knorrig und derb. Wie das Gewächs so der hanebüchene Unsinn oder (früher) die hanebüchene Person.

kaputt *Caput machen* leitet sich vom Kartenspiel her. Das urspr. franz. Wort brachte zum Ausdruck, dass der Gegner keinen Stich mehr machen konnte. Er war für dieses Spiel erschlagen. Im 30jährigen Krieg wurde *caput machen* zum Synonym für töten und zerstören.

Kram bezeichnete urspr. im Nl. das Schutzdach aus Stoff oder Stroh, mit dem im Mittelalter die Verkaufsbuden überspannt waren, später die Verkaufsbuden selbst und schließlich die dort angebotenen Waren.

Lappalie kommt von »Lappen«. Studenten des 17. Jh., die aus akademischer Gewohnheit viel mit lat. Begriffen umgingen, versahen das Alltagswort aus Scherz mit der pseudogelehrten lat. Endung (*Lappalia*).

makaber In der Pestzeit des Spätmittelalters sind überall in Europa, vor allem aber in Frankreich, Totentanzdarstellungen mit schaurigen Gerippen entstanden. Diese heißen auf Franz. *danse macabre*.

marode Der *maraud* ist im Franz. der umherziehende Bettler, der Vagabund.

Maskottchen Obwohl erst im 20. Jh. aus dem gleichbedeutenden franz. Wort *mascotte* für den Glücksbringer entlehnt, reicht die Geschichte dieses Wortes sehr weit zurück. Vorläufer ist das provenzalische Wort für Hexe (*masca*). Damit ist man bei Maske, einem der ältesten Wörter, das aus einer vor-ie. Sprache stammt.

Mumpitz Der *Mombotz* war im oberhessischen Dialekt eine Schreckgestalt, ein Schreckgespenst. Gemeint war der vermummte (*mom*) Kobold (*botz*). *Botz* ist übrigens verwandt mit »Gott«, womit allerdings heidnische Götter gemeint waren, die bis weit ins Mittelalter als Gespenster in den Vorstellungen der Menschen ihr Unwesen trieben. Aus diesem Zusammenhang stammt auch das Wort »Butzemann«, der Kinderschreck aus dem bekannten Kinderlied. Der »Mombotz« oder »Mummelputz« (Vogelscheuche) wurde im 19. Jh. in Berliner Börsenkreisen zum »Mumpitz« als Ausdruck für Schwindel und Unsinn.

Murks Das untergegangene Verb *murken* bedeutete »zerdrücken, ermorden« (abmurksen). Ein *Murk* war ein »Brocken, ein abgebrochenes Stück«, ein *Murkel* ein zurückgebliebener Mensch.

oaky doaky Oaky Doaks war eine Comic-Serie von Ralph Briggs Fuller, die von 1935–1961 in der ›New York Post‹ erschien. Der Bauernknecht Oaky Doaks verkleidet sich als Ritter und erlebt am Hof des lebensfrohen unmöglichen Königs Cedric skurrile Abenteuer.

Ohrfeige hat nichts mit einer Feige zu tun, sondern kommt aus dem nl. *vegen* für »fegen, wischen, quetschen«. Hier wird also über das Ohr gefegt. Kurioserweise kennen unsere nl. Nachbarn weitere Wörter dieser Art und mit eben dieser Bedeutung: *dachtel* (Dattel) ist ebenfalls ein Wangenschlag und *muilpeer* (Maulbirne) bedarf nun auch keiner weiteren Erklärung.

pauschal In der Redewendung »in Bausch und Bogen« schrieb man früher »Bausch« gelegentlich auch als Pausch. Dieses Wort wurde in der österreichischen Kanzleisprache der Barockzeit latinisiert zu *pauschalis* mit der Bedeutung »insgesamt genommen«. Aus *pauschalis* entwickelte sich auch in der Kaufmannssprache des 19. Jh. die »Pauschale«.

Quatsch war im Norddt. der matschige, nasse Straßenkot.

Sache Die »Sache« ist, ähnlich wie das »Ding«, wortgeschichtlich eng verknüpft mit der Rechtssprache. Unter der Sache verstand man lange Zeit nur die Rechtssache, den Rechtsstreit (im Lat. *causa*). Schon im Althdt. bedeutet *sahhan* »streiten, prozessieren, schelten«. Formelhaft kennt man auch im Prozessrecht die Wendungen »in Sachen Müller gegen Maier« und »Zur Sache!«; in diesen Zusammenhang gehört schließlich der Begriff »Widersacher«. So wird auch die Begriffserweiterung zu »sachlich« nachvollziehbar: Ein sachliches Argument ist ein vernünftig begründetes Argument (der lat. Begriff *causa* heißt in der Hauptbedeutung »Grund«).

Sinn »Das macht Sinn« (= das ist vernünftig): Der zwischenzeitlich ins Philosophische (»Sinnfrage«) abgedriftete Begriff ist heute in der Alltagssprache wieder ganz gegenwärtig. Sinn und Sinnlichkeit, Denken und Wahrnehmung gehören bei diesem Wort aufs Engste zusammen, wie es in der Wendung »seine fünf Sinne beisammen haben« zum Ausdruck kommt. Diese Bedeutungsbreite stammt aus vorgermanischer Zeit: Die Wortwurzel *sent* bedeutet »eine Richtung einschlagen«, »einen Weg gehen«, »reisen«. Diese urspr. Wortbedeutung ist noch lebendig in »Gesinde« (eigentlich: Reisebegleiter) und dem schwer übersetzbaren engl. Wort *sentinel*, einem Wachposten an einem bestimmten Streckenabschnitt.

Wie kommt der Begriff vom »reisen« nun zur Philosophie? Der Wortgeschichte nach war das »Sinnen« die bewusste Wahrnehmung der Umgebung beim Gehen, als sinnlicher Akt des Sehens, Riechens, Fühlens. Um sich leichter an diese Wahrnehmung zu erinnern und sie anderen mitteilen zu können, versah man das Ding oder den Vorgang mit einem »Wort« – also ein intellektueller Vorgang und somit ein Denkprozess. Das Wort »begreifen« veranschaulicht mit seinem Doppelsinn von »anfühlen« und »sich einen Begriff machen, verstehen« ebenfalls den Zusammenhang zwischen sinnlichem Wahrnehmen und intellektuellem Verständnis. Das Mittel hierzu sind »Wörter«.

Skandal Griech. *skándalon* bezeichnete urspr. das Holzstück, mit dem der verdeckte Auslösemechanismus einer Tierfalle angestoßen wurde. Dieses Anstoßen entwickelte sich beim *Skandal* zum Anstößigen: So wurde das Wort im kirchlichen Bereich jahrhundertelang im übertragenen Sinne verwendet; das *scandalum* (lat.) waren hier natürlich die Lockungen und Versuchungen des Bösen.

Skrupel Lat. *scrupuli* sind »spitze Steinchen«. Übertragen wurde das Wort auf die stechenden, lästigen Gefühle peinigender Zweifel und Gewissensbisse. Im Dt. wird der Begriff häufig negativ gebraucht: Skrupellos sein bedeutet, keine *scrupuli* zu spüren. Positiv hingegen das etwas veraltete Wort »skrupulös«, das so viel wie »äußerst sorgfältig«, »peinlich genau« und »vorsichtig« bedeutet.

Stegreif Aus dem Stegreif = aus dem Steigbügel: Wer ohne vom Pferd zu steigen etwas unternahm, handelte außerordentlich schnell entschlossen. Hört sich in einem modernen Managementkurs vermutlich gut an, aber Vorsicht bei berittenen Wegelagerern! Die Wendung entstand nämlich im Zusammenhang mit zu allem entschlossenen Straßenräubern, die nicht einmal über richtige Steigbügel verfügten. Bevor diese aufkamen, bestand die entsprechende Vorrichtung nämlich nur aus einem mit einem Strick (*Steg*) am Sattel befestigten Ring (*Reif*).

unverfroren kommt weder von »frieren« noch von »kaltblütig«, sondern von *vare*: Dieses alte Wort ist noch in »Gefahr« und »Fährnis« lebendig. Wer keine Gefahr fürchtet, also unerschrocken handelt, ist unverfroren.

verhohnepipeln hat nur dem Wortsinn, nicht aber der Wortgeschichte nach etwas mit »verhöhnen« zu tun. In der Lutherzeit war eine *hole* eine Hohlwaffel, ein zusammengerollter Pfannkuchen. Frisch gebacken wurden diese von »Hohlhippern« auf den Straßen und Marktplätzen verkauft, das waren junge Burschen, die die Backwaren in einer Kiepe (Hippe) auf dem Rücken herumtrugen und anpriesen. Offenbar waren sie dabei nicht auf den Mund gefallen, ziemlich aufdringlich und frech, typisch hohlhipplerisch eben. Bei Schnellsprechern wurde aus dem Hohlhipper der Hohnepipler.

verhunzen leitet sich vom früher gebräuchlichen Verb *hunzen* ab, das ähnlich gebildet wurde wie »siezen« und »duzen« und das nichts anderes bedeutete als »wie einen Hund behandeln, verächtlich behandeln, misshandeln«. Im Mittelalter und in der frühen Neuzeit galten Hunde als besonders verabscheuungswürdig. Zahllose Wortverbindungen und Redewendungen belegen dies.

Alltagsmenschen

Armer Schlucker Dies war ein Wiener Maurer namens Philipp Schlucker, der von Maria Theresia den Auftrag erhielt, den Wiener Tiergarten mit einer festen Mauer zu umgeben. Der dafür vereinbarte Lohn war allerdings sehr gering.

Eigenbrötler ist keiner, der etwa im eigenen Saft brodelt. Als Eigenbrötler pflegte man um 1800 einen Junggesellen mit eigenem Hausstand zu bezeichnen, der sich sein Brot selbst buk.

Fatzke entstand im 19. Jh. in der Berliner Mundart aus *Wacek*, der Koseform des polnischen Namens Waclaw. Ein anderer Erklärungsversuch sieht darin eine Substantivierung des veralteten Verbes *fatzen* = verspotten, zum Narren halten.

Frauenzimmer Hofdamen am österreichischen Kaiserhof der Barockzeit. Anders als am frivolen Hof des Sonnenkönigs in Versailles ging es am Kaiserhof der katholischen Habsburger Ferdinand II. und Ferdinand III. in Wien bei weitem sittenstrenger zu. Die Damen des Hofstaats der Kaiserin blieben keine Sekunde unbeaufsichtigt. Nachts wurden die Türen des Traktes in der Hofburg, wo sich die Frauenzimmer befanden, von außen abgeschlossen. »Frauenzimmer« ist nicht der einzige Fall, bei dem ein Ortsbegriff zu einer Personenbezeichnung wurde. Bei den »Lobbyisten« war es ganz ähnlich.

Geck ist ein niedersächsisches Wort für »Narr«. Im Rheinischen wurde daraus der »Jeck«.

Graf Ein *grapheus* bekleidete am byzantinischen Hof das Amt eines »Schreibers« (griech. *gráphein* = schreiben). Auch am merowingischen und karolingischen Königshof waren Grafen mit Verwaltungsaufgaben betraut, bis hin zu polizeilichen und richterlichen Befugnissen. Nach Karl dem Großen wurde dieses Grafenamt in das Lehenssystem eingebunden und mit der Verleihung von (erblichem) Landbesitz verbunden.

Greis Ein *Greis* ist wortgeschichtlich nichts anderes als ein grauhaariger Mann. Das alt- und mittelhdt. Wort für »grau« war *gris*.

Griesgram *Grisgramen* bedeutete im Mittelalter: Zähneknirschen. Da mürrische Menschen dies oft tun, sind sie »Zähneknirscher«.

Heißsporn von August Wilhelm Schlegel um 1800 in seiner Übersetzung des Wortes *hotspur* aus Shakespeares ›Heinrich IV.‹ geprägt.

Idiot Das griech. Wort bezeichnet wertneutral eine »Privatperson«, einen Menschen aus dem Volk, der ungebildet ist – vergleichbar mit dem heutigen »Laien«. Nach seiner Einbürgerung ins Deutsche seit dem 16. Jh. gewann das Wort über die Bedeutung »Stümper« zunehmend den Inhalt »Schwachsinniger«.

Jammerlappen ist eigentlich keine Person, sondern ein Tuch zum Abwischen der Tränen.

Kobold Gutmütige, allenfalls schelmische Hausgeister waren in der Vorstellungswelt der voraufklärerischen Menschen allgegenwärtig. Die berühmten Heinzelmännchen sind ihre engen Verwandten. Kobold setzt sich zusammen aus *Koben*, das ist eine bescheidene Hütte oder ein Gemach, und *-hold*, das ist ein altes Wort mit breitem Bedeutungsspektrum von »Freund« bis »Diener«.

Lesbierin Auf der griech. Insel Lesbos lebte um 600 v. Chr. die bedeutende Dichterin Sappho. Ihre Preislieder gelten als Verherrlichung gleichgeschlechtlicher Frauenliebe. Ob man angesichts des riesigen zeitlichen und kulturellen Abstands und des Umstandes, dass sie sich aus unerwiderter Liebe zu einem Jüngling von einem Felsen gestürzt haben soll, aus diesen Preisliedern wirklich ihre sexuelle Orientierung ablesen kann, erscheint jedoch fraglich.

Die oberen Zehntausend Die Begriffsprägung stammt von Lord Byron in seinem ›Don Juan‹.

Piefke Besonders häufiger Familienname in Berlin.

Prolet Das lat. Wort *proles* bedeutet: Nachkommen. Als politischer Begriff bezieht es sich auf die Klasse, die »sonst nichts (zu versteuern) hatte«. Eng verbunden mit *proles* waren die Begriffe *plebeii* (das Volk im Gegensatz zu den Patriziern) und *pauperes* (= die Armen). Der Begriff *proles* war in Rom aber bereits in klassischer Zeit schon nicht mehr in Gebrauch, statt dessen *capite censi* = die Steuerlosen, ein beschönigender Begriff.

Scharlatan bedeutet urspr.: Einwohner von Cerreto (einem Ort nahe Spoleto in Umbrien). Diese Cerretaner waren im 17. Jh. bekannt als marktschreierische Verkäufer von Heilkräutern und sind bis nach Frankreich (*charlatan*) geradezu sprichwörtlich geworden. Marktschreierei, Kurpfuscherei, Quacksalberei, Schwindelei: Alles ist in Scharlatanerie.

Scharwenzler Der böhmische Männername Wenzel (tschech. *Vaclav*) steht im Hintergrund dieses vom Tschechischen abgeleiteten Begriffs aus einem Kartenspiel, das *cervenc* hieß. Weil *cer* wie franz. *cher* (= lieb, teuer) klingt und »schwänzeln«, geziertes schmeichlerisches Verhalten bezeichnet, unterlegte man den Namen des Kartenspiels mit dieser Bedeutung.

Schlawiner kommt von: Slowene. Slowenen galten im k.u.k.-Österreich als besonders gerissene Geschäftemacher. Wegen der noch größeren lautlichen Nähe könnte diesem Wort auch »Slawonier« zu Grunde liegen, der Name einer Volksgruppe im Slowenien benachbarten Ostteil Kroatiens.

Schurke war schon im Althdt. sehr bildhaft der *fiurscurio* = der Schürer des Feuers – ein Bösewicht.

Snob Man deutet dieses Wort im Allgemeinen als Abkürzung von *sine nobilitate*, was in England in den Listen der Universitätscolleges angeblich hinter den Namen derjenigen Studenten vermerkt worden sein soll, die nicht adliger Herkunft waren. Wer dabei allerdings auf wen leicht blasiert herabsah, bleibt damit immer noch offen.

Tussi ist eine Abkürzungsform von Thusnelda (germ. *thus* = Kraft; *snel* = schnell). Die historisch bekannte Thusnelda war die Ehefrau des Cheruskerfürsten Arminius (Hermann) und geriet mit ihrem Sohn im Jahre 15 in römische Gefangenschaft.

Wendehals Name eines Spechtvogels mit auffälligen Halsbewegungen, der nicht erst seit der »Wende«, sondern bereits seit dem 16. Jh. literarisch belegt und auf besonders anpassungsfähige Menschen übertragen wurde.

Bekannte Persönlichkeiten, von denen öfter mal die Rede ist

Nur ausnahmsweise handelt es sich bei diesen »Bekannten« um ganz konkrete Figuren. Im Allgemeinen werden Wörter wie -mann oder ehemals sehr weit verbreitete Vornamen wie Emma, Hans, Peter oder die Familiennamen Müller, Meier, Berger mit einer bestimmten typisierenden Eigenschaft verbunden.
Otto Normalverbraucher (von Gert Fröbe 1948 dargestellte Hauptfigur in dem Film ›Berliner Ballade‹), **Hanswurst** (die Spaßmacher-

figur aus dem Volkstheater kommt auch in anderen Sprachen vor. Meist wird ein weit verbreiteter Vorname mit einem landestypischen Gericht verbunden: In England: *Jack Pudding*; in Frankreich: *Jean Potage* (*potage* = Suppe); in den Niederlanden: *Pinkelhering*; in Italien: *Makkaroni*), **Hans Dampf** (der Typ, der sich in allen Situationen zu helfen weiß, geht angeblich zurück auf eine anonyme Flugschrift im Zusammenhang mit der Thüringer Dampfeisenbahn), **Hinz** (Heinrich) und **Kunz** (Konrad; beides waren weit verbreitete Vornamen im Mittelalter = jedermann), **Hempels** (waren angeblich Budenbesitzer beim Zirkus Hagenbeck, die ihre Abfälle unter ihren Wohnwagen kehrten), der liebe **Scholli** (von franz. *joli* = niedlich); **Zappelphilipp** (Figur aus H. Hoffmanns ›Struwwelpeter‹, 1847), **Lieschen Müller**, **Tante Emma**, **Miesepeter**, **Schlaumeier**, **Prahlhans**, **Schmalhans**, **Strahlemann**, **Zahlemann** und die Mitglieder der Familie -berger: **Drückeberger**, **Schlauberger**, sowie neueren Datums: **Martina und Max Mustermann.**

Ein Zoo ganz besonderer Art ...

... sind die nachstehenden Verbindungen eines Sachbegriffs oder Adjektivs mit einem Tiernamen. Sie bezeichnen ebenfalls immer einen bestimmten Typ von Mensch. Nicht in jedem Fall lassen sich Erklärungen für ihr Zustandekommen finden.

Amtsschimmel (hat nichts mit »Schimmel« zu tun. Vielmehr bezeichnete man mit *Simile* (= lat. »ähnlich«) in österreichischen Behörden Musterformulare, mit denen Amtssachen schematisch erledigt wurden. Das Wort wurde akustisch und in seiner Bedeutung oft missverstanden), **Angsthase**, **Anstandswauwau** (wegen der Aufpasserfunktion des Hundes), **Automarder** (-marder wird oft für Diebe verwendet: Briefkastenmarder, Gepäckmarder), **Backfisch**, **Ballettratte** (aus franz. *rat de ballet*), **Baulöwe** (analog zu Salonlöwe), **Betthäschen**, **flotte Biene** (weil sie von Blüte zu Blüte schwirrt und Honig saugt; gemeint waren urspr. Prostituierte), **Brillenschlange**, **Brummbär**, **Bücherwurm** (es gibt tatsächlich eine Larve, die in und von Papier lebt), **Bürohengst**, **Charakterschwein**, **Dreckfink** (**Schmutzfink**

und **Schmierfink**) (das Stammwort kommt nicht von der Vogelart der Finken, sondern von rtw. *bink* = dreckiger Bauer), **Duckmäuser** (»ducken« war im älteren Dt. ein Synonym für »tauchen«; mausen = schleichen auf Mäusefang), **lahme Ente** (Übernahme aus dem Engl. *lame duck*; damit bezeichnete man urspr. ein beschädigtes Schiff in einem Geleitzug), **Faulpelz** (damit war eigentlich die Schimmelschicht auf faulen Nahrungsmitteln gemeint oder auf sonstigen Gegenständen, die nicht bewegt oder gepflegt werden), **Federfuchser** (hat nichts mit dem Fuchs zu tun. Aus *fucken* = »unruhig hin- und her bewegen« entwickelte sich das Wort »fuchsen« = plagen, quälen. Ein Federfuchser ist also jemand, der seine Mitmenschen »mit der Schreibfeder« peinigt; angewendet auf Beamte und früher auf kleinliche Kaufleute), **Frechdachs** (der Dachs ist insofern frech, als er gerne Fuchshöhlen bezieht und diese als sein Eigentum verteidigt, falls der urspr. Besitzer wieder auftaucht), **Frontschwein** (weil Frontsoldaten oft im Schmutz liegen müssen), **Galgenvogel**, **alter Hase** (weiß aus Erfahrung wie er sich verhalten muss, um den Kugeln des Jägers auszuweichen), **toller Hecht**, **krummer Hund** (unmilitärische Körperhaltung war im 19. Jh. stark verpönt), **Hupfdohle**, **Hurenbock** (die Verbindung »Bock – Horn – Penis – erotische Lust« ist uralt), **arme Kirchenmaus** (die Kirchenmaus war deswegen arm, weil es in ihrem Habitat keine Essensvorräte gab), **Kredithai**, **Lackaffe** (wegen der schönen, glatten Oberfläche), **Lamettahengst** (ordenbehängter Offizier), **Landratte**, **Leithammel**, **Leseratte**, **Lockvogel** (Praktik aus der Vogeljagd. Ein Lockvogel war ein bereits gefangener Vogel, der durch seinen Gesang andere Vögel anlocken sollte), **Lustmolch**, **Maulaffe** (kein Tier, sondern ein Kerzen- oder Kienspanhalter in Form eines Kopfes mit offenem Mund), **Mausi**, **Modeaffe**, **Mondkalb** (so nannte man die Missgeburt einer Kuh; das Kalb galt durch ein Gespenst, den »Mon«, verhext), **Mops**, **Nachtschwärmer** (viele Insekten fliegen vor allem nachts), **Naschkatze**, **Neidhammel**, **Oberaffe**, **Papiertiger** (Mao Tse-tung prägte diesen Begriff 1946 in Bezug auf die »Reaktionäre«: »Dem Aussehen nach sind sie furchterregend, aber in Wirklichkeit sind sie nicht mächtig.«), **Paradiesvogel**, **Pistensau**, **Platzhirsch** (verteidigt seinen Brunftplatz), **Pleitegeier** (ist der Pleitegeher; in jüdischer Aussprache: *Pleitegejer*), **Rampensau**, **Rohr-**

spatz (gemeint ist der Drosselrohrsänger, der im Röhricht nistet und durch sein Tschilpen die anderen Wasservögel vor Gefahr warnt), **Salonlöwe** (Übernahme aus dem Engl. *social lion*, wörtlich: Gesellschaftslöwe, in Anlehnung an das Bild aus der Fabel vom Löwen als dem König der Tiere), **Schmusekatze**, **Schweinehund**, **innerer Schweinehund** (sowohl Hund wie Schwein galten früher als unreine und verachtenswerte Tiere; durch die Verdoppelung also besonders negativ), **Schweinigel** (hat nichts mit einem derartigen Tiermonster zu tun, sondern ist eine Verkürzung aus »Schweinnickel« = ein Mensch, der obszöne Redensarten führt oder sich unanständig benimmt), **Spaßvogel** (= Spottvogel = Spottdrossel, die Geräusche nachahmen kann), **Spinatwachtel** (= »spinnete Wachtel«: schrullige, unangenehme Frau), **Sündenbock** (3. Mose 16, 21: »Aaron soll seine beiden Hände auf den Kopf des lebenden Bockes legen und über ihm alle Verschuldungen der Israeliten und alle Übertretungen, die sie irgend begangen haben, bekennen, sie auf den Kopf des Bockes übertragen und ihn durch einen bereitstehenden Mann in die Wüste schicken« – womit im Übrigen auch klar ist, woher die Redewendung »in die Wüste schicken« kommt), **Unglücksrabe** (Raben galten früher als Ankündiger von Tod und Unheil. Das hat mit dem in der Vogelwelt seltenen Verhalten der Raben zu tun, ihre »Beute«, frisches Aas, mit Artgenossen zu teilen; sie werden durch Rufe herbeigeholt. Wenn also der Rabe krächzt, ist meist ein Unglück passiert.), **Versuchskaninchen**, **Wandervogel** (Selbstbezeichnung eines Zweigs der Jugendbewegung, die um 1900 in Deutschland entstand; die erste dieser Schülerwandergruppen wurde 1896 am Steglitzer Gymnasium in Berlin gegründet), **Wasserratte**, **Windhund**, **dumme Ziege** (auch Zicke, viele Konnotationen mit weiblichen Personen, sofern sie knochig und unansehnlich sind und meckern), **Ziegenbock** (ähnlich wie Hurenbock, aber besonders unansehnlich).

Personen- & Familiennamen

Die Verwandtschaftsbezeichnungen **Vater**, **Mutter**, **Bruder**, **Schwester**, **Tochter** gehören wie die Zahlwörter zu den gemeinsamen Klassikern der indoeuropäischen Sprachfamilie: Sie sind in allen diesen Sprachen sehr ähnlich. (Bspw.: dt: Vater, althdt.: *fater*, engl.: *father*, schwed.: *fader*, altind.: *pitár*, griech.: *patér*, lat.: *pater* und davon abgeleitet: ital./span.: *padre*, franz.: *père*.)
In älteren Texten, vor allem in Märchen, begegnen uns noch Verwandtschaftsbezeichnungen, die uns heute nicht mehr geläufig sind, die aber das Verwandtschaftsverhältnis sehr genau angeben.

Eidam	Ehemann der Tochter
Muhme	Schwester der Mutter
Oheim, Ohm	Bruder der Mutter, also ein Onkel mütterlicherseits
Vetter	Bruder des Vaters, also ein Onkel väterlicherseits
Schnur	Schwiegertochter, Frau des Sohnes
Schwäher	Schwiegervater
Schwieger	Schwiegermutter
Schwertmage	Verwandte(r) von der väterlichen Seite
Spillmage	Verwandter von der mütterlichen Seite

Onkel kam über das Franz. ins Dt. und geht auf lat. *avunculus* = Mutterbruder zurück, **Tante** kommt ebenfalls aus dem Franz. und geht auf lat. *amita* = Vatersschwester zurück. **Neffe** und **Nichte** gehen auf ie. Verwandtschaftsbezeichnungen (*nepot*) zurück und bezeichneten urspr. die Enkel. **Enkel** ist sprachgeschichtlich verwandt mit »Ahn«. Das Wort hatte früher eine ganze Reihe unterschiedlicher Formen (Enenckel, Enickel, Enencklein, Encklein) und verdrängt seit dem 16. Jh. »Neffe/Nichte« als Bezeichnung für die dritte Generation.

Familiennamen, die Berufsnamen waren

Familiennamen sind relativ modern. Die Sitte, einen zweiten Namen zu haben, kam erst im Mittelalter auf. Bis dahin hatten die Menschen lediglich einen Namen – alles eine Sache der Gewohnheit. Sich vorzustellen Ramses, Moses, Jesus, Plato oder Kaiser Karls Ratgeber Einhard hätten einen Familiennamen gehabt, erscheint genauso absurd, wie wir uns im westlichen Kulturkreis keine Person mehr ohne Vor- und Zunamen vorstellen können (nur die Römer hatten ein Drei-Namen-System aus Vorname, Geschlechtername, Beiname: z.B. Gaius = Vorname, Julius = Geschlechtername, Caesar = Beiname).

Die Zweinamigkeit entstand aus dem Bedürfnis nach genauerer Unterscheidung gleichnamiger Personen, oft im Zusammenhang mit erbrechtlichen Urkunden. Zunamen entstanden aus allen möglichen Umständen: nach der Herkunft (z.B. »Böhm«), aus besonderen körperlichen Merkmalen (z. B. »Lang«), wiederum aus Vornamen (z.B. »Hensel« von Johannes) und sehr oft aus Berufsbezeichnungen. Von diesen sind einige selbsterklärend: **Ackermann**, **Bauer**, **Bäcker/Beck**, **Fischer**, **Fuhrmann**, **Gärtner**, **Geiger**, **Hauptmann**, **Kaufmann**, **Koch**, **Köhler**, **Kramer/Krämer/Kremer**, **Metzger**, **Müller**, **Pfeifer**, **Sattler**, **Schäfer**, **Schmied/Schmidt**, **Schreiber**, **Schreiner** (rheinisch: Schreinemaker), **Schuster**, **Seiler**, **Steinmetz**, **Vogt**, **Weber**, **Zöller/Zöllner**.

Weniger selbst -»verständlich« sind dagegen Familiennamen, in denen sich frühere Berufsbezeichnungen erhalten haben. Meist sind die Berufe durch die Veränderung der technischen und sozialen Umwelt einfach ausgestorben. Nur die Wörter, mit denen sie bezeichnet wurden, haben sich als Familiennamen erhalten:

Armbruster	Armbrustmacher
Aschenbrenner	Aschegewinnung für Glashütten und Seifensiedereien
Baedeker	Fassbinder
Beltz	Pelzhändler, Kürschner
Bender	Fassbinder
Böckler	Schildträger

Böttcher	Fassbinder
Däubler	Taubenzüchter
Deißler	Deichselmacher, Stellmacher
Duve	Taubenzüchter
Eppler	Obstbauer
Esser	Assenmacher = Wagenbauer
Euler	hessisch für: Töpfer
Förg	Fährmann
Gottschalk	Gottesknecht, -diener; Klosterbediensteter
Gunkel	Spindelmacher
Haack	Höker, Kleinhändler
Häberle	Haferbauer
Hafner	oberdt. für: Töpfer
Hauschild	Landsknecht
Hoffmeister	Hofverwalter, Gutsverwalter; gleichbedeutend: Maier
Karcher	Fuhrknecht
Kleiber	Lehmhandwerker am mittelalterlichen Fachwerkhaus
Körner	Kornhändler
Kretschmer	sächsisch-böhmisch für Wirt einer Dorfschenke
Lachner	Arzt
Maier, Meier etc.	Hofverwalter, Gutsverwalter
Peucker	Stadtmusikant
Riester	Flickschuster
Rudnick	slaw. Berufsname für Erzgräber oder Grubenarbeiter
Sauter	Schuster, Schneider (mhdt. *suter*: Näher)
Schindler	Schindelhauer (Dachschindeln)
Schopenhauer	Berufsname aus dem Holzgewerbe
Schöttler	Drechsler hölzerner Schüsseln
Schröder	Schneider, Tuchhändler
Schubert	Schuhmacher
Seeler	Seilmacher
Wagner	Stellmacher, Wagenbauer
Zeidler	Imker

Personennamen, die zu Alltagsbegriffen wurden

Boykott Charles Cunningham Boycott (1832–1897) war ein Gutsverwalter, der im Auftrag des adligen Landherrn Lord Erne die Pächter von dessen irischen Gütern in der Grafschaft Mayo (Nordwestirland) mit einer Meute Desparados gnadenlos terrorisierte. Irland wurde in jener Zeit wegen der Kartoffelfäule von Hungersnöten heimgesucht, aber Pachtzinserleichterung wurde von Boycott nicht gewährt. Daher wurde über ihn 1880 von der irischen Landbevölkerung ein Bann verhängt. Die Menschen weigerten sich geschlossen, für ihn zu arbeiten.

Chauvinist Chauvin ist der Name einer Figur auf franz. Lithografien und einer daraus entwickelten Figur eines seinerzeit (1831) populären franz. Lustspiels. Dieser Chauvin ist ein junger Soldat, der Kaiser Napoleon in blinder Gefolgschaft ergeben ist. Er verkörpert alles, was den Chauvinismus ausmacht: Übersteigerter Nationalismus, Fremdenfeindlichkeit, Frauenfeindlichkeit und Missachtung der Rechte und Würde anderer.

Gobelin Eine der bedeutendsten europäischen Bildwirkereiwerkstätten, die französische königliche Manufaktur (gegründet 1662) wurde im Haus der Färberfamilie Gobelin in Paris eingerichtet. Wandteppiche gehörten in Europa seit der byzantinischen Zeit zur gehobenen Raumausstattung. Da ihre Herstellung außerordentlich aufwendig und teuer war, galten sie früher als wertvollste Kunstwerke – noch vor den Gemälden. Bedeutende Künstler (Raffael, Rubens) haben Vorlagen für die Bildteppiche geliefert.

Der häufigste europäische Familienname: Schmidt

Ital.: Ferrero, Ferrari, Ferraro
Franz.: Lefèvre, Fèvre, Favre, Fabre, Faure
Span.: Ferrer, Herrero
Kroat. : Kovac, Kovek, Kovev
Poln.: Kowalski, Kowalczyk
Engl.: Smith
Skan.: Smed

Guillotine Der franz. Arzt J. I. Guillotin (1738–1814) entwickelte das Fallbeil als schnelles, sicheres und »humaneres«

Instrument zur Vollstreckung von Todesurteilen. Das bis dahin übliche Hängen, Würgen und Kopfabschlagen mit Beil oder Schwert galt als vergleichsweise langsam, unsicher und qualvoll.

Hiobsbotschaft Hiob »war ein Mann im Lande Uz. ... Er war untadelig und rechtschaffen, fürchtete Gott und mied das Böse«. Aber leider erhält er eine Unglücksnachricht nach der anderen (Hiob 1, 14–19): Überfälle, Rinderdiebstahl, Kameldiebstahl, Sturm und Feuersbrünste und viele Tote. Natürlich fragt dieser gottesfürchtige Mann in seinen anschließenden Reden nach der Gerechtigkeit Gottes. Heute noch erinnert man sich im Zusammenhang mit vielen »schlechten Nachrichten« an Hiob.

lakonisch *lakonikós* ist ein griechisches Adjektiv und bedeutet: nach Art der Lakedämonier. Die Lakedämonier waren die Bewohner von Sparta. So sprichwörtlich spartanisch wie ihre Lebensweise war angeblich ihre Art zu sprechen: einfach und kurz angebunden.

Litfaß(säule) E. Litfaß (1816–1874) war ein Berliner Drucker, der mit dem Berliner Polizeipräsidenten einen Vertrag über »öffentlichen Zettelaushang« an Säulen und Brunneneinfassungen aushandelte und am 1. Juli 1855 die erste Litfaßsäule aufstellte.

lynchen Der amerikanische Farmer und Friedensrichter Charles Lynch (gest. 1796) soll eigenmächtig ohne ordentliches Gerichtsverfahren einen Verdächtigen zum Tode verurteilt haben.

Mansarde Jules Hardouin-Mansart (1646–1708) war der Vollender des Schlossbaues von Versailles, einer der wenigen epochalen Leistungen in der Architekturgeschichte. Er verwendete bei seinen Bauten häufig gebrochene Giebeldächer, um den darunter liegenden Dachraum zum Wohnen nutzen zu können.

Nikotin Der franz. Diplomat J. Nicot (1530–1600) lernte als Gesandter in Portugal die Tabakpflanze kennen und sandte Proben davon 1560 nach Frankreich.

Sadismus Donatien-Alphonse-François de Sade (1740–1814) verbrachte einen großen Teil seines Erwachsenenlebens im Gefängnis, zuletzt in einer Irrenanstalt wegen sexueller Vergehen. Überwiegend in der Haft verfasste er sein literarisches Werk größtenteils erotischen Charakters, in dem Lustempfinden durch zynische und verbrecherische Grausamkeit eine große Rolle spielt. Der Begriff Sadismus wurde Ende des 19. Jh. durch den Psychiater Richard Krafft-Ebing aus dem Franz. ins Dt. eingeführt.

Saxophon Adolphe Sax (1814–1894) arbeitete als Instrumentenbauer an Verbesserungen der Klarinette und erfand dabei das Blasinstrument mit Klarinettenmundstück, das nach ihm benannt ist.

Schrapnell General H. Shrapnel (1761–1842) erfand das Artilleriegeschoss, das mit einer großen Zahl von Bleikugeln gefüllt ist. Es zerplatzt durch einen Zündmechanismus kurz vor dem Ziel, wodurch die Bleikugeln eine verheerende Streuwirkung erreichen.

Schrebergarten Daniel Gottlob Moritz Schreber (1808–1861) befürwortete als Arzt die körperliche Betätigung von Kindern und regte die Anlage von Gartenbeeten und Kleingärten an.

Silhouette Étienne de Silhouette (1709–1767) beförderte als sparsamer Finanzminister Ludwigs XV. das Aufkommen der Schattenrisse anstelle teurer Miniaturporträts.

verballhornen Johann Ballhorn (1528–1603) war ein Lübecker Buchdrucker, bei dem 1586 eine fehlerhaft bearbeitete Ausgabe des lübischen Rechts erschien.

Begriffe aus der Welt der Antike

Achillesferse Achilles, Held der trojanischen Sage, war als Säugling im Styx gebadet und dadurch unverwundbar geworden. Nur seine Fersen, an denen seine Mutter, die Nymphe Thetis, ihn festgehalten hatte, waren nicht benetzt worden, und deshalb war er dort verwundbar.

Adonis Die Geschichte des wunderschönen Jünglings ist ein einziges Drama von Liebe, Eifersucht und Tod. Selbst seine Geliebte Aphrodite konnte den jungen Jäger nicht halten und musste mitansehen, wie er von einem wilden Eber zerrissen wurde. Der wilde Eber war niemand anderes als der verwandelte Ares, den eine andere Liebeskandidatin, die Unterweltgöttin Persephone, aufgestachelt hatte. Schöne Männer sind und leben gefährlich.

Argusaugen Der Riese mit den hundert Augen wurde von der eifersüchtigen Gottesmutter und Zeus-Gattin Hera zum Wächter der Io bestellt. Io war eine der Geliebten des Zeus und dem scharfsichtigen Argus entging nichts – so lange er lebte. Argus wurde von Hermes überlistet und getötet und die trauernde Hera setzte seine Augen in das Gefieder ihres Symboltieres, des Pfaues, ein.

Augiasstall Die Reinigung der stark verschmutzten Rinderställe des Königs Augias von Elis war eine der zwölf Aufgaben des Herkules. Bedingung war, dass die Entsorgungsmaßnahme an einem Tag vonstatten gehen sollte. Die Ställe waren so versaut, dass dies aussichtslos erschien. Geht nicht – gibt's nicht: Herkules leitete einen Fluss durch die Ställe. Weg war der Dreck.

Augurenlächeln Die Auguren waren die Orakelpraktiker der alten Römer, die aus Vogelflug, Tiereingeweiden und Ähnlichem das Schicksal und die Zukunft zu prophezeien suchten. (Die Italiener sagen noch heute *auguri*, wenn sie sich Glück wünschen.) Bereits einigen Römern war das verschwörerische Grinsen der Auguren angesichts der Leichtgläubigkeit des Volkes aufgefallen.

Bacchanal Bacchus war der römische Name des Weingottes. Mehr oder weniger ausschweifende Festgelage standen im Zusammenhang mit seinem Kult.

Damoklesschwert Der junge Höfling Damokles bewunderte die Machtfülle und den Reichtum des Tyrannen von Syrakus namens Dionysios. Dionysios lud Damokles daraufhin an seine fürstliche Tafel und bewirtete ihn prächtig. Über dem Haupt des Damokles war ein Schwert an einem Rosshaar aufgehängt, womit Dionysios zum Ausdruck bringen wollte, in welcher Gefahr er selbst angesichts der ständigen Möglichkeit von Meuchelmord und Aufstand schwebte. In der sprichwörtlichen Verkürzung wurde dieses Rosshaar auch zu dem berühmten »seidenen Faden«.

Danaergeschenk Im Lat. wurden die Griechen »Danaer« genannt. Das Geschenk der Danaer in Homers ›Ilias‹ war das Trojanische Pferd, über das sich die Trojaner trotz der Kassandrarufe so sehr freuten, dass sie es in ihre Stadt zogen. Die im Pferd verborgenen Griechen leiteten dann den Untergang von Troja ein.

drakonische Gesetze und Strafen Der athenische Aristokrat Drakon (= Drache) fertigte dort um 620 die erste Aufzeichnung des geltenden Rechts an und legte als Gesetzgeber besonders strenge Strafen für Verbrechen fest. Die rechtsgeschichtlich bedeutsame Unterscheidung zwischen Mord und Totschlag geht auf Drakon zurück.

Echo war eine Nymphe, welche die Zeus-Gattin Hera lange Zeit mit fesselnden Geschichten unterhielt, damit Zeus sich unterdessen Zeus mit anderen Nymphen vergnügen konnte. Als Hera das bemerkt, straft sie Echo damit, dass sie nur noch wiedergeben kann, was andere vorsagen.

erotisch Eros/Amor war der Sohn von Aphrodite/Venus und Ares/Mars, von Liebesgöttin und Kriegsgott. Sein Pfeil trifft in die Herzen der Menschen und entzündet die Liebe.

Furie von lat. *furia* = Wut. In der römischen und griechischen (dort: Erinnyen) Mythologie sind die Furien drei Unterweltgöttinnen, die Mörder und andere Schwerverbrecher aus Rache peinigen. Der Name der dritten Erinnye ist bis heute geläufig: Megäre (= die Neidische).

Gordischer Knoten Ein sehr verschlungener Knoten verband das Joch und die Deichsel des Wagens von König Gordios von Phrygien. Wer ihn lösen konnte, sollte angeblich imstande sein, die Herrschaft über Asien zu erringen. Alexander der Große zerhieb den Knoten kurzerhand mit seinem Schwert.

Kaiser (auch: Zar) Julius Cäsar hatte diesen Titel nie inne und saß nie auf einem »Kaiserthron«, aber in der geschichtlichen Wirklichkeit hatte er die Römische Republik als Staatsform faktisch beendet und durch seine Alleinherrschaft ersetzt. Erst seine Nachfolger nahmen von Augustus an seinen Namen als Titel. Im übrigen verwendete man in römischer Zeit für einen »Kaiser« den Beinamen *Imperator*. *Caesar* kommt von lat. *caedere* = schneiden, denn Cäsar soll durch einen Schnitt, der in den europ. Sprachen »Kaiserschnitt« heißt, auf die Welt gekommen sein.

Kassandraruf Die Tochter des trojanischen Königs Priamos war eine der berühmtesten Weissagerinnen der Antike, deren Warnungen allerdings nie ernst genommen wurden. Apollon selbst hatte um sie geworben und ihr die Gabe der Prophezeiung verliehen. Aber da sie ihn zurückwies, versagte er ihr die Kraft der Überzeugung. Auch vor dem verderbenbringenden Danaergeschenk des Trojanischen Pferdes warnte sie ihre Landsleute – vergebens.

Krösus Das Reich des letzten Königs (6. Jh. v. Chr.) von Lydien in der heutigen Türkei war das größte, das die Griechen bis dahin kennen gelernt hatten (bis die Perser kamen), und sie waren dementsprechend beeindruckt. Krösus war durch Tribute, Bodenschätze und Lydiens günstige Lage als Handelsmacht unermesslich reich. Die Orakelstätten wie etwa Delphi bedachte er mit wertvollen Weihegeschenken und beteiligte sich finanziell am Bau des Artemis-Tempels in Ephesus, einem der Sieben Weltwunder. Krösus war allerdings auch der König, dem das delphische Apollon-Orakel in einem berühmten Spruch prophezeit hatte, wenn er den Grenzfluss Halys überschreite, werde er ein großes Reich vernichten. Es war sein eigenes, denn er wurde von den Persern besiegt.

Labyrinth Die Sage um das Labyrinth, aus dem Theseus nur mit Hilfe des Ariadnefadens entkam, ist bis heute eine der populärsten der Antike, der Begriff bezeichnet den Palast von König Minos auf Kreta. Die Griechen nannten das verschachtelte Gebäude nach dem kretischen Königssymbol, der Doppelaxt, und verwendeten das entsprechende kretische Wort *labrys* (= Beil, Doppelaxt).

mäandern Der Mäander ist ein Fluss mit zahllosen Windungen in der antiken Landschaft Karien in der heutigen Westtürkei.

Mausoleum Der kleinasiatische König Mausolos (Regierung von 377–353 v. Chr.) ließ sich in seiner neugegründeten Residenz Halikarnassos, dem heutigen Bodrum an der westtürkischen Küste, bereits zu Lebzeiten ein gewaltiges Grabmal errichten. Dieses ehemals mehr als dreißig Meter hohe Bauwerk zählt zu den Sieben Weltwundern der Antike. Seine Fundamente kann man heute noch in Bodrum besichtigen, die dazugehörigen Kolossalstatuen befinden sich im Britischen Museum in London.

Mäzen Gaius Maecenas (70 v. Chr.– 8 n. Chr.) war ein römischer Adliger und enger Vertrauten des Augustus. Er förderte und unterstützte viele Künstler und Literaten, vor allem Horaz und Vergil.

Mentor war ein Freund des Odysseus und der Erzieher von dessen Sohn Telemach. In der ›Odyssee‹ nimmt die Göttin Athene die Gestalt von Mentor an und hilft Odysseus gleich nach seiner Heimkehr bei der Auseinandersetzung mit den frechen Freiern der Penelope, die sich in seinem Palast breit gemacht hatten.

Midas-Touch Auch Midas (König von Phrygien 8. Jh. v. Chr.) war, wie Krösus, einer von den Superreichen der Antike. Der Gott Dionysos hatte Midas den Wunsch erfüllt, dass sich alles, was er anfasste, in Gold verwandeln sollte. Allerdings wurde auch das Brot, das er essen, und der Wein, den er trinken wollte, zu Gold. Vor allem im Engl. sagt man von Menschen, die geschäftlich sehr erfolgreich sind, sie hätten den *Midas-Touch*.

musisch / Museum / Musik Vom Namen der Musen leiten sich für Kunst und Kultur so grundlegende Begriffe ab wie Musik und Museum. Hervorgegangen sind die Musen (die Schutzgöttinnen der Künste) aus einer Verbindung des Zeus mit Mnemosyne. Mnemosyne war die heute weitgehend in Vergessenheit geratene Göttin des Gedächtnisses. Die »Kunst sich zu erinnern« war im Altertum, wo man sich Dinge des Alltags nicht einfach aufschreiben konnte, eine besonders wichtige »Kunst«. Aufenthaltsort der Musen war der Parnass, wo ihnen Apollon, der göttliche Schirmherr der Künste, oft Gesellschaft leistete.

Nestor war einer der griechischen Könige, die am Krieg um Troja teilnahmen. Da er zu der Zeit schon ein alter, weiser Mann war, galt er den Griechen als kluger Ratgeber und sie respektierten seine Äußerungen.

Ödipuskomplex Der Begriff wurde durch Sigmund Freud geprägt. Freud bezeichnet damit eine kindliche Phase libidinöser Bindung von Jungen an die Mutter (auch Mädchen an den Vater), in der der Vater (bzw. die Mutter) als Konkurrent erlebt wird. Der tragische mythische Held Ödipus heiratete in der Tat (unwissentlich) seine Mutter, nachdem er (ebenfalls unwissentlich) seinen Vater getötet hatte. Die Tragödie passierte, obwohl man vorher alles versucht hatte, um einen Orakelspruch der Pythia zu vereiteln, in dem genau dies prophezeit wurde.

Odyssee Die mit zahllosen Abenteuern verbundene Irrfahrt des Odysseus auf seiner Heimkehr nach dem Trojanischen Krieg.

Onanie Onan ist eine biblische Gestalt aus dem Alten Testament. Er war ein Sohn von einem der elf Brüder Josephs namens Judas. Nachdem der erstgeborene Sohn Judas kinderlos gestorben war, verlangte Judas von Onan, mit dessen Witwe Kinder zu zeugen. »Da Onan aber wusste, dass die Nachkommenschaft nicht ihm gehören würde, ließ er, so oft er der Frau seines Bruders beiwohnte, den Samen zur Erde fallen, um seinem Bruder keine Nachkommen zu verschaffen.« Onan praktizierte demnach keine Selbstbefriedigung, sondern Koitus interruptus.

Pandorabüchse Pandora war eine von Hephaistos, dem Götterschmied, geschaffene verführerische Frau; gemäß der Prometheus-Sage war sie die erste Frau überhaupt. Zeus hatte ihr eine Büchse mitgegeben. Nachdem diese geöffnet wurde, entwichen ihr alle Übel, die die Menschheit ständig bedrohen: Krankheit, Naturkatastrophen, Verbrechen, Kriege.

Panik (panischer Schrecken) Der griechische Naturgott Pan, meist dargestellt mit Ziegenhörnern auf dem Kopf und Bocksbeinen, pflegte seine Gegner durch plötzliche, gellende Schreie in Angst und Schrecken zu versetzen.

Philippika Der Athener Demosthenes, der größte Redner der Antike, wurde vor allem durch seine Brandreden gegen König Philipp II. von Makedonien (Vater von Alexander dem Großen) berühmt, in denen er dazu aufrief, sich gegen die Eroberungsgelüste Philipps zur Wehr zu setzen.

Prokrustesbett Prokrustes bot seinen Gästen stets sein Bett zum Übernachten an. Wenn sie es nicht ausfüllten, streckte und dehnte er sie. Waren sie zu lang, schnitt er ihnen entsprechende Körperteile ab.

Pyrrhussieg König Pyrrhus von Epirus besiegte zwar in zwei Schlachten 280 und 279 v. Chr. die Römer, doch die dabei erlittenen Verluste waren so groß, dass die mühsam errungenen Siege eigentlich Fehlschläge waren.

Sisyphusarbeit Sisyphus war ein äußerst schlauer, durchtriebener König von Korinth, dem es unter anderem gelang, Zeus, den Tod (Thanatos) und den Unterweltgott Hades zu überlisten. In der Unterwelt war er dazu verdammt, einen schweren Felsbrocken einen Berg hinaufzuwälzen, der jedes Mal, wenn der Gipfel fast erreicht war, wieder hinunterrollte.

sibyllinisch Sibyllen waren die Weissagerinnen oder Orakelfrauen der Antike, deren Tätigkeit an einen bestimmten Ort gebunden war. Die berühmtesten waren die delphische Sibylle (Pythia) und die Sibylle von Cumae bei Neapel. Der Sinn ihrer Orakelsprüche war oftmals schwer zu entschlüsseln.

Sirenengesang Der betörende Gesang dieser mädchenhaften göttlichen Wesen ertönte laut der ›Odyssee‹ auf einer sagenhaften »Insel im Westen«. Die Mischwesen aus Frauenleib und Vogelkörper lockten durch ihren unwiderstehlichen Gesang die Seefahrer an, allerdings nur, um sie zu töten. Odysseus entging diesem Schicksal, indem er sich an einen Mast binden ließ und seine rudernden Gefährten sich Wachs in die Ohren stopften. Im Mittelalter ging man dazu über, die Sirenen statt mit Vogelkörper mit Fischschwänzen darzustellen. Das Schallerzeugungsgerät namens Sirene wurde 1819 in Frankreich erfunden.

Sphinx Ihr Name bedeutet: Würger. Sie war ein Fabelwesen mit weiblichem Oberkörper, Löwenleib, Flügeln und Schlangenschwanz und tötete alle, die ein von ihr gestelltes Rätsel nicht lösen konnten. Als Ödipus die Aufgabe löste, tötete sie sich selbst. Das Rätsel der Sphinx lautete: Welches Wesen geht am Morgen auf vier Beinen, am Mittag auf zwei und am Abend auf drei Beinen? Die Lösung: der Mensch. Der Morgen ist die Kindheit, der Mittag das Erwachsenenleben und der Abend das Alter, wenn man einen Stock zum Gehen braucht.

Tantalusqualen Tantalus war ein sterblicher Sohn des Zeus, König von Lydien in Kleinasien, der jedoch bei den Göttern auf dem

Olymp ein und aus ging. Übermütig geworden wollte er ihre Allwissenheit auf die Probe stellen, lud sie zum Mahl und setzte ihnen seinen zerstückelten und gekochten Sohn Pelops vor. Die Götter (bis auf Demeter) bemerkten den Frevel. Pelops wurde wieder zusammengesetzt und später ein großer König (nach ihm ist der Peloponnes benannt). Tantalus büßt in der Unterwelt mit ewiger Strafe. Obwohl er bis zum Hals in einem See steht, weicht das Wasser jedes Mal zurück, wenn er seinen Durst löschen will. Über ihm hängen außerdem Zweige mit herrlichsten Früchten, doch jedes Mal, wenn er danach greift, werden sie durch einen Windstoß beiseite gefegt.

Zankapfel Der sprichwörtliche Zankapfel ist nicht irgendein beliebiger Apfel, sondern derjenige, den der trojanische Prinz Paris in der Hand hielt, als er beurteilen sollte, welche der drei Göttinnen Hera, Aphrodite oder Athene die schönste sei. Das fatale Paris-Urteil zugunsten Aphrodites (die ihm Helena versprochen hatte), führte später zum Trojanischen Krieg. Ins Spiel gebracht wurde dieser Apfel übrigens schon früher und zwar bei der Hochzeit der Achilles-Eltern Peleus und Thetis, bei der alle Götter zugegen waren. Bei diesem Fest warf Eris (Zwist) einen Apfel unter die Götter mit der Aufschrift: »Lass die Schönste ihn nehmen«. Da die Damen sich nicht einigen konnten, entschied Zeus, den Fall durch den schönsten der sterblichen Männer, Paris, entscheiden zu lassen.

Zerberus Zerberus ist der dreiköpfige Wachhund der Unterwelt, der abscheulichen Geifer speit. Wo dieser Geifer hintropft, wächst die Giftpflanze Eisenhut – behauptet der römische Dichter Ovid. Beim griech. Dichter Hesoid hat Zerberus sogar fünfzig Köpfe. Der Höllenhund bewacht die Pforte zur Unterwelt gleich hinter dem Totenfluss Styx. Zerberus darf niemanden aus dem Hades herauslassen, wer es dennoch versucht, den verschlingt er.

Aberglaube in der Alltagssprache

Täglich werden eine Fülle von Redewendungen gebraucht, die in abergläubischen Vorstellungen ihren Ursprung haben. In voraufklärerischer Zeit konnte man sich Naturkräfte und viele psychologisch-seelische Vorgänge nicht erklären und schrieb sie unsichtbaren Schicksalsmächten oder bösen (manchmal auch guten) Geistern zu. Mit Worten und symbolischen Gesten versuchte man diese zu bannen, zu vertreiben oder günstig zu stimmen. In der Alltagssprache sind uns diese abergläubischen Wendungen noch völlig geläufig, nur manchmal ist das Wissen um die konkreten Zusammenhänge verloren gegangen.

Auf Holz klopfen Dient dem Vertreiben böser Geister (auch Engl.: *knock on wood*).

Aus der Haut fahren Spiegelt die Vorstellung von Dämonen, die den menschlichen Körper verlassen, bzw. von Hexen, die sich in flugfähige Tiere verwandeln.

Allheilmittel Dem Glauben, dass es ein Heilmittel gegen alle Krankheiten gäbe, liegt die Vorstellung zu Grunde, es gäbe nur eine Ursache für alle Krankheiten.

Aprilscherz Der Neujahrstermin ist der in der Kalendergeschichte am häufigsten und willkürlichsten hin- und hergeschobene Termin. In der Antike lag er überwiegend um den Frühlingsanfang, mit ihm verband man schon früh alle möglichen Possen und Ausschweifungen, wie wir es am ehesten aus den Fastnachtsgebräuchen kennen. Nachdem der 1. April als Neujahrstermin obsolet geworden war, mag sich die Erinnerung daran in den harmlosen Aprilscherzen erhalten haben.

Daumendrücken Symbolisches Festhalten missgünstiger Dämonen.

Dreizehn hat keine besonders alte »Tradition« als Unglückszahl (seit dem 17. Jh.), sie gilt in anderen Kulturen auch als Glückszahl. Als Unglückszahl ist sie insofern prädestiniert, weil sie unmittelbar auf die im Allgemeinen sehr positiv besetzte und als Zyklenzahl außerordentlich wichtige Zwölf folgt (12 Stunden, 12 Monate, 12 Stämme Israels, 12 Apostel etc.).

Mit dem Finger auf jemanden zeigen Entspringt dem Glauben an die Übertragung schädlicher Kräfte durch den ausgestreckten Zeigefinger. Deshalb sollte man es nicht tun!

Schwarzer Freitag Gilt wegen Christi Tod als Unglückstag. Genau umgekehrt galt bei den Römern der *Veneris dies* (franz.: Vendredi) = Venus-Tag als Glückstag.

»Gesundheit!« Vorsorge gegen schädliche Dämonen; Niesen galt als »Ausfahrt« von Dämonen aus dem menschlichen Körper.

Im siebten Himmel Im vorkopernikanischen Weltbild ging man von sieben Planeten mit jeweils »eigenem« Himmel aus. Hinter dem siebten Planeten (Saturn) vermutete man den eigentlichen Himmel (Gottes).

Vom Teufel sprechen Drückt den Glauben an die magische Kraft des Namens aus.

»Verflixt!« Kurzform für Flüche jeder Art.

Verflixtes siebtes Jahr Hat seinen Ursprung in der voraufklärerischen Zahlenmystik. Seit der Frühantike hat man immer wieder versucht, in der Natur Gesetzmäßigkeiten zu erkennen, indem man zyklische Abläufe zu erkennen glaubte. Die Zahl Sieben spielt in vielen solcher Zusammenhänge eine Rolle; sie gilt auch als Zahl des Übergangs von einer Periode in eine andere.

Die ältesten Wörter

Die Wurzeln der indoeuropäischen Sprachen liegen in Anatolien und reichen ungefähr 7800 bis 9800 Jahre zurück. Zu diesem Ergebnis sind nach einer Meldung der ›FAZ‹ vom 27.11.03 zwei Psychologen der Universität von Auckland/Australien nach umfangreichen Analysen von 87 Sprachen gekommen. Dass die indoeuropäischen Sprachen, zu denen etwa Deutsch, Russisch, Latein, Griechisch und Englisch gehören, im Zuge der aufblühenden neolithischen Landwirtschaft im Vorderen Orient entstanden sind, wird zwar schon seit langem angenommen. Den australischen Forschern Russell Gray und Quentin Atkinson ist aber mit einem als »Glottochronologie« bezeichneten Verfahren gelungen, den Ursprung genauer als bisher zu datieren. Damit wird eine konkurrierende These über die Herkunft des Indoeuropäischen entkräftet. Diese besagt, die Urform sei rund 6000 Jahre alt und lasse sich auf das Reitervolk der Kurgan zurückführen, das nördlich des Schwarzen Meeres gelebt hat.

Die ältesten »Fremdwörter« im Deutschen

Hier sind Wörter gemeint, die nicht aus indoeuropäischen Wurzeln stammen, sondern aus den altorientalischen Hochkulturen Mesopotamiens und Ägyptens. Bemerkenswert ist, dass sich diese Wörter über die Jahrtausende kaum verändert haben.

Wörter aus Babylonien

Die älteste überlieferte Sprache aus Mesopotamien ist das Sumerische. Wir wissen von den Sumerern überhaupt nur, weil sich Teile ihrer Sprache im nachfolgenden Akkadisch erhalten haben: als

Kultsprache bis in die Zeit der Seleukiden, der Nachfolger Alexanders des Großen in jenem Weltteil. Die Herkunft des Sumerischen ist nicht bekannt. Beim Akkadischen, der Sprache der Assyrer, handelt es sich um eine semitische Sprache. Das Akkadische hat Wörter und einige grammatische Strukturen des Sumerischen aufgenommen, die bekannten Keilschrift-Texte sind auf Akkadisch geschrieben. Aus dem sumerischen Kulturkreis stammt das Gilgamesch-Epos, die älteste überlieferte Erzählung.

Erz *Urud* oder *urudu* war das sumerische Wort, aus dem sich der Begriff für metallhaltiges Gestein entwickelt hat, möglicherweise in jener sehr frühen Zeit vor allem hinsichtlich Kupfererz, dem ersten Gebrauchsmetall für Waffen und Geräte, das seit ca. 8000 v. Chr. verarbeitet wurde. Für »Erz« gibt es jedenfalls keinen Urbegriff in den ie. Sprachen.

Hanf Zurückzuführen auf *kunibu*, den Namen einer wichtigen Kulturpflanze, deren Fasern zu Textilgewebe und Seilen und deren Samen zu Öl und Seife verarbeitet wurden. Die griechische Form lautet *kánnabis*. Das Wort ist in europäischen und asiatischen Sprachen weit verbreitet.

Kanal Eine Urform dieses Wortes ist das sumerisch-akkadische *gin*, woraus in Babylonisch-Assyrisch *qanu* wurde. Die Bedeutung beider Wörter ist: Rohr. Die griech. Form *kánna* ist der Ausgangspunkt für alle praktisch gleichlautenden Wörter in den europäischen Sprachen: *canal* (franz.), *canale* (ital.), *channel* (engl.). Dieses Wort ist in alle anderen ie. Sprachen übernommen worden und in dieser Form bis heute lebendig. Es deutet somit auf eine der ältesten zivilisatorischen Errungenschaften, die Bewässerungskunst.

Sack Hier liegt das assyrische Wort *sakku* zugrunde, das »Sack, Büßergewand« bedeutet. Wegen der überragenden Bedeutung religiöser Rituale in den alten Kulturen stand sicherlich die Wortbedeutung »Büßergewand« im Vordergrund. Dazu gehört auch die Redewendung: »In Sack und Asche gehen«, die ein offenbar uraltes

Bußritual bezeichnet. Die Redewendung kommt auch in der Bibel mehrmals vor. Die zähe Lebensdauer von Ritualen und »heiligen Wörtern« hat sicherlich zum kaum veränderten Überleben dieses Wortes beigetragen. Die Bedeutungsübertragung von dem sehr einfachen Gewand aus grobem Stoff zu Sack im Sinne von »Behälter aus Stoff« dürfte erst später erfolgt sein. Praktisch identische Formen finden sich sowohl in den semitischen wie in den ie. Sprachen: *sákkos* (griech.), *sac* (franz.), *sack* (engl.).

Semmel Das assyrische Wort *samidu* (= feines Mehl) wurde als *semídalis* ins Griech. aufgenommen, von dort über das Lat. ins Dt.

Wörter aus Altägypten

Eben(holz) Die griech. Form *ebenos* leitet sich von dem altägyptischen *hbnj* ab.

Gummi In der alten Pharaonensprache lautet die Bezeichnung eines wohlriechenden Harzes *kemai*. Dieses Harz ist nicht identisch mit dem aus Kautschuk gewonnenen Gummi, der ja erst nach der Entdeckung Amerikas in Europa bekannt wurde. Aber das Wort wurde zur Bezeichnung vulkanisierter Kautschukmischungen verwendet.

Karte Das altägyptische Wort für das Blatt der Papyrusstaude, aus dem die Schreibunterlage Papyros/Papier gewonnen wurde, hat sich im Griech. in der Form *chártes* erhalten und ging von dort in die europ. Sprachen ein.

Natron Ägyptisch *ntr* gelangte über das Arab. *natrun* in die europ. Sprachen.

Oase Das Wort kommt auch im Koptischen vor: *ouahe*. Koptisch ist die bis in unsere Zeit gesprochene »Nachfolgesprache« der Pharaonensprache.

Papier Dem in allen modernen Sprachen verbreiteten Wort liegt die griech. Form *pápyros* zugrunde. Wort wie Material (gepresste Papyrusstauden zum Beschreiben) wurden aus Ägypten entlehnt.

Passa(h)(fest) bzw. *Pessach*, das aus der Bibel bekannte Frühlingsfest zur Erinnerung an den Auszug der Juden aus Ägypten, ging als Lehnwort ins Hebräische ein.

Pyramide Diese griech. Form des Wortes für den altägyptischen Grabbau hat sich wohl nach einer komplizierten Wortentwicklungsgeschichte aus altägyptisch *mr* gebildet.

Tohuwabohu Das berühmte, über die hebräische Bibel vermittelte »wirr und dunkel« in Bezug auf das Chaos vor der Weltschöpfung stammt urspr. aus dem Altägyptischen.

Altpersische oder altiranische Wörter

Arsen Die griech. Formen *arsenikón, arrhenikón* gehen auf das persische *zarnik* zurück, was »goldfarben« bedeutet.

Bronze Das Wort ist vermutlich zusammen mit der »Erfindung« (Metalllegierung aus Kupfer und Zinn) persischen Ursprungs.

Hamster stammt vom Altiranischen *hamaestar*. Diese Wort bedeutet: »Tier, das Getreidehalme zu Boden drückt« und gelangte über das urrussische *chomestr* ins Dt.

Magier Zugrunde liegt das altpers. Wort *magus*, der Name eines Volksstammes mit priesterlich-rituellen Aufgaben. Die Kenntnis alter Riten, evtl. von »Beschwörungsformeln« schwingt in dem Wort heute noch mit (»magische Kräfte«). Die alten Griechen verstanden unter dem Wort *mágos* auch »Traumdeuter, Sterndeuter«. Im griech. Urtext der Bibel lautet der Begriff für die Drei Weisen aus dem Morgenland: *mágoi*.

Rose Der Name des Zierstrauches lautet in allen europäischen Sprachen in etwa gleich, was immer ein Merkmal für ein hohes Alter eines Wortes ist. Zugrunde liegt ein altiranisches Wort, das etwa *urda* gelautet haben dürfte und sich zu der griechischen Form *rhódon* entwickelt hat.

Altindische Wörter

Zu zahllosen gemein-indoeuropäischen Wörtern, die einen wesentlichen Grundstock der deutschen Sprache geliefert haben, gibt es Entsprechungen im Altindischen. Dabei haben sie mehr oder weniger starke Wandlungen erfahren, bis sich ihre heutige Form gebildet hatte. Hier einige Wörter aus dem Altindischen, die sich dort sehr früh ausgebildet haben und über verschiedene Zwischenstufen zum Teil fast unverändert ins Dt. gelangt sind.

Atem Das Wort folgt dem altind. *atma* = »Hauch, Seele, Selbst«, einem der grundlegenden Begriffe des philosophischen Denkens in Indien.

Kampfer Die altind. Form des Wortes für das aus dem Holz des Kampferbaums gewonnene Produkt lautet *karpúrah*, die arab. Form ist *kafur*.

Kandis(zucker) Der Ursprung des Wortes liegt im Drawidischen, das ist eine heute noch im Süden Indiens anzutreffende Sprachfamilie (bspw. Tamil), die dem Indischen zeitlich vorausgeht. Drawidisch *khandakah* gelangte über arab. *qant* und das ital. *candido* ins Dt. Sehr alt auch: Zucker; ind: *sarkara*, griech. *sákcharon*.

Karmesin Der in alter Zeit aus der Färberschildlaus gewonnene wertvolle scharlachrote Farbstoff hieß im Arab. *qirmiz* = Schild-, Scharlachlaus. Dieses Wort ist über pers. *kirm* (Wurm) auf das altind. Wort *krmih* zurückzuführen, was ebenfalls sowohl »Wurm« wie »scharlachfarben« bedeutet.

Kattun In seiner heute in fast allen europäischen Sprachen geläufigen Form *cotton* (engl.), *coton* (franz.), *cotone* (ital.), *algodon* (span.) wurde das Wort vom Arab. geprägt: *qutun*. Ins Arab. wiederum wurde das Wort entweder aus dem Altägyptischen oder aus einer altind. Sprache entlehnt. Auch die griech. (*chíton*) und die lat. (*tunica*) Bezeichnung für das auf der Haut getragene Untergewand geht auf dieses Wort zurück.

Lack Hat sich aus seiner altind. Urform so gut wie unverändert über Jahrtausende über die Vermittlung des Pers. und Arab. erhalten und verbreitet. Es ist verwandt mit »Lachs« und deutet somit auf die ursprüngliche Lackfarbe »Rot« hin.

lila / Flieder Die altind. Form des Wortes ist *nilah*, was »dunkelfarbig, dunkel(blau)« bedeutet, es wurde über das Pers. (*lilag*) und das Arab. (*lilak*) als Name des Fliederstrauchs in die europäischen Sprachen vermittelt und aus dem Franz. (*lilas* = Flieder) ins Dt. übernommen.

rot Das Wort ist vom Altind. (mit der Nebenbedeutung »Blut«) über das Griech. (*erythrós*) und Lat. (*ruber*), die slaw. Sprachen und natürlich alle europäischen Sprachen weitestgehend verbreitet. Es gilt somit als die sprachlich älteste Farbbezeichnung überhaupt.

Wörter aus ausgestorbenen Sprachen

Vor-indoeuropäische Wörter

Etwa ein Drittel aller zum germanischen Wortschatz gehörenden Wörter lässt sich nicht aus indoeuropäischen Wurzeln herleiten. Die Vermutung liegt nahe, dass sie aus vor-indoeuropäischen Sprachen in die sozusagen »germanische Ursprache« gelangt sind. Die der indogermanischen Einwanderung vorausgehende Bevölkerung gehörte zum Kreis der sog. Megalithkulturen. (Stonehenge wurde bspw. auch von Megalithleuten gebaut.) Geht man davon aus, dass die Megalithleute keine Indogermanen waren, so trifft man hier auf eine vorgelagerte, auf jeden Fall ältere Sprachschicht, also mit Sicherheit auf eine oder mehrere vor-indoeuropäische Sprachen, von denen wir aber ansonsten keine andere Kenntnis haben als eben die einiger vor-indoeuropäischer Wörter.

Diese Sprachen sind, wie auch viele der frühen Mittelmeersprachen, restlos untergegangen, nur einige wenige Begriffe haben Aufnahme in die Sprachen der nachfolgenden Kulturen gefunden und leben dort weiter. Dies ist also ein Vorstoß in Sprachschichten, die zum Ältesten gehören, was rekonstruierbar ist. Eine heute noch lebendige vor-indoeuropäische Sprache ist übrigens das Baskische.

Angesichts von Aberjahrtausenden ausschließlich mündlicher Überlieferung lässt sich natürlich nicht die Herkunft jedes einzelnen Wortes belegen. Interessant sind daher diejenigen Fälle, deren Herkunft ungewiss ist, die jedoch gerade aufgrund dessen ein hohes Alter aufweisen müssen, weil sie nicht indoeuropäischen Ursprungs sind. So kommen Wörter wie **dick**, **Dieb**, **Dill**, **Pfote** in germanischen und bisweilen auch in keltischen Sprachen vor, sind aber sonst nirgends nachweisbar. Ähnliches gilt für:

Alp / Alb / Alpen Das Wort mit der sinngemäßen Bedeutung »hoher Berg« stammt mit Sicherheit aus einer nicht näher bekannten vor-ie. Sprache.

Biene Dafür gibt es nur kelt., baltische und germ. Belege. Diese Insekten sind ein so uraltes »Nutztier«, dass sich das Wort wohl aus einer vor-ie. Sprache ableitet.

Hafen Das Wort stammt aus der Küstensprache der Nord- und Ostsee (älteres Engl. *haven*, Dänisch *havn* wie in *Kobenhavn* [sprich: köbenhaun]) und ist nur im Germ. und im Kelt. belegt. Es stammt sicher aus einer Vorläufersprache.

Hand Das Wort ist zwar in den germ. Sprachen verbreitet, lässt sich aber außergerm. nicht mit den entsprechenden Bezeichnungen dieses Körperteils verbinden.

Kaninchen waren urspr. auf der iberischen Halbinsel und im Südwestalpengebiet heimisch. Der Tiername entstammt einer der dortigen vor-ie. Sprachen, evtl. dem Ligurischen.

Karst, Karpaten Die Stammsilbe »kar« bedeutet: hart, steinig. Erhalten hat sie sich in vielen Landschaftsnamen in Europa, bspw. in *Cart* (England), *Charente* (Frankreich), *Horund* (Norwegen).

Leder Kommt nur in germ. (engl. *leather*, schwed. *läder*) und in kelt. Sprachen (Altirisch *leathar*, Kymerisch *lledr*) vor.

Maske Die Bedeutung des Wortes lautet ursprünglich: »Ruß, schwarz«, wobei man von einer dämonischen Gestalt mit rußgeschwärztem Gesicht ausgehen kann; das ist jedenfalls die Vorstellung, die den franz. und ital. Wörtern *masque*, bzw. *maschera* zugrunde liegt. Dazu gibt es nur ein entfernt verwandtes Wort im Baskischen *maskal*, welches »Straßenkot, schmutziger Gewandsaum« bedeutet.

Da sich sonst keine Herkunftserklärung bietet, geht man von einem vor-ie. Ursprungswort aus. Man kann sich leicht vorstellen, dass ein rußgeschwärztes Gesicht, die schwarze Maske, ihren Ursprung in uralten rituellen Gebräuchen aus grauer Vorzeit hat, die nie ganz in Vergessenheit gerieten, wodurch sich auch dieses sozusagen besonders archaische Wort erhalten hat.

Pott Das deutsche Dialektwort für »Topf« ist auch in der franz. und engl. (*pot*) Sprache erhalten. Vermittler war hier das Kelt., dem das Wort allerdings nicht entstammt.

Schaf Mit großer Wahrscheinlichkeit ist dieses Wort aus einem nicht-ie. Wort hervorgegangen: Es kommt ausschließlich in den westgerm. Sprachen vor: nl. *schaap*; engl. *sheep*. In anderen ie. Sprachen tragen die Tiere völlig andere Bezeichnungen: griech. *óis*, franz. *mouton*, ital. *pècora*.

See Für das nur in germ. Sprachen vorkommende Wort gibt es keine gesicherte Herkunftserklärung, aber es ist wohl vor-ie.

Silber Mit diesem Wort verwandte Wörter kommen nur in germ. (engl. *silver*, nl. *zilver*) und slaw. Sprachen (russ. *serebro*) vor. Alle anderen ie. Sprachen bezeichnen das weiß glänzende Metall mit dem etwa im Franz. als *argent*, im Griech. als *árgyros*, im Lat. als *argentum* ausgebildeten Wort. »Silber« entstammt also höchstwahrscheinlich einer nicht-ie. Sprache.

Sohn Da Vater, Mutter, Bruder, Schwester, Tochter gemein-ie. Ursprungs und daher sehr alte Wörter sind, Sohn aber nicht in diese Reihe passt, nimmt man für die Herkunft dieses Wortes eine noch ältere Sprachschicht an.

Tanne Das Wort ist nur in westgerman. Sprachen auf dem Kontinent anzutreffen, also bspw. nicht im Engl. Da der Baum auch hier heimisch ist, rührt sein Name wohl von einer älteren vor-ie. Sprache her.

Wörter aus dem Mittelmeerraum

Das Etruskische ist eine sog. altmediterrane Sprache, also eine von den vielen vor-indoeuropäischen Sprachen des Mittelmeerraums, die so gut wie restlos untergegangen sind, außer einigen Wörtern, die sich vorwiegend im Griechischen und im Lateinischen erhalten haben. Das einzige Wort, das völlig unverändert auf uns gekommen ist, lautet **skurril**.

Vom Etruskischen ins Lateinische entlehnt, und in den lateinischen Formen ins Deutsche gekommen sind beispielsweise: **Atrium**, **Fenster**, **Person**, populus (bspw. **populär**), littera (bspw. **Literatur**) und die Namen: **Grieche** (Graecus) und **Rom** (Roma); ferner das Wort **Ele-**

ment, das nichts anderes ist als die Aneinanderreihung dreier Buchstaben in alphabetischer Reihenfolge: **l-m-n**.

Die im Folgenden aufgezählten Begriffe – in der Sprachwissenschaft Mittelmeerwörter genannt – stammen aus untergegangenen orientalischen Sprachen. Einzelne Wörter wurden, meist über ihre Aufnahme ins Griechische oder Arabische in die europäischen Sprachen weitergegeben. Ihre genaue Herkunft ist heute nicht näher bestimmbar: **Endivie**, **Feige**, **Hyazinthe**, **Kaktus**, **Kaper**, **Keramik**, **Koralle**, **Kümmel**, **Leinen**, **Lilie**, **Linse**, **Liter**, **Lorbeer**, **Lotos**, **Majoran**, **Mandel**, **Minze**, **Olive**, **Pfau**, **Rosine**, **Thun(fisch)**, **Veilchen**, **Wein**, **Zeder**, **Zikade**, **Zitrone**, **Zypresse**.

Wörter aus dem Keltischen

Bevor die Germanen unseren Sprach- und Siedlungsraum prägten, bevölkerten die Kelten bis in die Zeit der Römer hinein weite Teile Mittel- und Westeuropas. Da sie jedoch keinerlei schriftliche Aufzeichnungen hinterließen, weiß man nur sehr wenig über ihre Sprache. Aber es liegt angesichts der großen zeitlichen und räumlichen Nähe auf der Hand, dass in unserer Sprache noch Spuren des Keltischen zu finden sind. So stammen mit Sicherheit aus dem Keltischen:

Amt Der Begriff geht zurück auf ein im Gallorömischen bezeugtes Wort (Gallorömisch ist das Keltisch, das zu römischer Zeit im damaligen Gallien – heute Frankreich – gesprochen wurde). Dieses gallorömische Wort lautete ungefähr *ambaktos* und bedeutet so viel wie »Gefolgsmann, herumreisender Bote, Dienstmann«. Also ein Vertrauter aus dem Umkreis des Stammeshäuptlings, der mit einem bestimmten Verwaltungsauftrag unterwegs war. Auch das franz. Wort *ambassadeur* stammt genau in diesem Sinne von *ambaktos*.

Eid Über die Herkunft aus dem Kelt. ist man sich einig, die Bedeutung ist jedoch schwer zu erkennen: in etwa »bedeutsame Rede«.

Eisen Die kelt./germ. Grundform lautete etwa *isarno*. Auf Engl. *iron*.

Erbe Das Wort hat sowohl ins Kelt. wie ins Germ. aufgrund eines gemeinsamen sprachlichen Vorfahren Eingang gefunden. Dessen Urbedeutung war »Kind«, und zwar in erster Linie das verwaiste Kind (griech. *orphanós*), dann in der Folge der ihm zustehende Besitz.

Flanell Engl. *flannel* ist aus dem kelt. Begriff *gwlan* für Wolle hervorgegangen.

Geisel Die kelt. Form des Wortes lautete in etwa *gwystel* und bedeutet »Bürgschaft, Pfand«; auch der Name Gisela leitet sich davon her.

Gesinde, Gesindel stammen beide von dem kelt. Wort *sento* (= Weg). Diese Menschen sind also im urspr. Wortsinn »Weggefährten« oder »Reisebegleiter«.

Glocke Das Wort kommt fast gleichlautend sowohl im Engl. wie im Franz. vor (*clock, cloche*); es gelangte im Zuge der Christianisierung durch irische Mönche im 7. Jh. auf den europäischen Kontinent.

Hag Das allenfalls noch poetisch verwendete Wort für »Eingefriedetes« lebt heute eher noch in »Gehege, Hecke« und in Städtenamen auf *-hagen* oder nl. *Haag*. Die Bedeutungsverwandtschaft mit Zaun verweist auf kelt. Ursprünge. Ebenso bedeutungsverwandt ist das keltische Wort *cai* (Gehege), das sich in »Kai« wiederfindet.

Kante, der Kanten das runde Endstück eines Brotes. »Kante« wurde zwar vom lat. *cantus* ins Dt. übernommen, aber *cantus* war im Lat. ein Fremdwort aus dem Kelt. Dort war *cant* wörtlich ein »Reifen« oder ein »Kreis«, sinngemäß eine abgerundete Ecke. Auch das franz. Wort *canton* (Verwaltungsbezirk) und das schweizerische »Kanton« gehen darauf zurück.

Karren Eines der »erfolgreichsten« kelt. Wörter überhaupt. Daraus sind hervorgegangen: Lat. *carrus*, engl. *car* und *chariot*, franz. *char* und im Dt. neben »Karren« das abfällige »Karre«. Wie zahlreiche Grabfunde beweisen, war die Wagenbaukunst bei den Kelten sowohl in technischer wie in ästhetischer Hinsicht hoch entwickelt. Kunstvoll gebaute Wagen aus Bronze waren wertvolle Grabbeigaben und sicherlich Statussymbole. Hierin mag auch eine Erklärung für die häufige Übernahme des kelt. Wortes in andere Sprachen liegen.

Mine, Mineral Das Wort hat sich in kelt. Dialekten im galloromanischen, dem späteren franz. Sprachraum erhalten. Die Grundbedeutung ist »Erz, rohes Metall«. Im frühen Franz. entwickelte sich aus *mine* der Begriff *minière* für Bergwerk; im Mittelalter wurden Wörter auch immer wieder »latinisiert«: Vor allem für den Gebrauch in Urkunden brachte man sie in eine lateinisch klingende Form. So wurde das mittelalterlich-lateinische Wort *minera* sozusagen künstlich gebildet, dazu das Adjektiv *mineralis*. Bevor sich die beiden Wörter im Lauf des 16. Jh. auch im Deutschen einbürgerten, verwendete man hier als Oberbegriff für verschiedene Erze oder Bergbauprodukte das Wort »Fossilien«.

Reich Hier liegt ein kelt. Wort zugrunde, das etwa *rigiom* lautete und dem Sinn nach »Herrscher« und »Machtbereich« bedeutete.

Senn Das kelt. Wort *sanio* mit der Bedeutung »Hirt, Melker« hat sich in den Alpen aus vorrömischer Zeit erhalten.

Tonne ist ein galloromanisches Wort mit der Grundbedeutung »Haut«, die sich über »Lederschlauch für Wein« zu »großes Weinfass« weiterentwickelt hat.

Vasall *Wassos* war, wie *ambaktos* (Amt), ein weiteres kelt. Wort für »Gefolgsmann«. Auch das franz./engl. Wort *valet* (= Diener) ist davon abgeleitet.

Welsch war urspr. der Name eines nicht näher lokalisierbaren, den Germanen benachbarten kelt. Volkes. Daraus ist bei den Germanen eine generelle Bezeichnung für alle kelt. Völker geworden und in der Neuzeit eine dt. Bezeichnung für alles »Romanische«. Das Wort lebt ferner fort in engl. *Welsh* (für: Waliser), Wallis (Schweiz), Wallonien (Belgien), dem dt. Nachnamen Walch und den Wörtern »Rotwelsch«, »Kauderwelsch«.

Zaun Die zugrunde liegende kelt. Form ist in etwa *dun*, was alles Eingehegte, Umzäunte bezeichnet; bei Städtenamen ist *dun* = Burg. Direkt davon abgeleitet ist auch das engl. Wort *town* (Stadt). Ferner Ortsnamen im gallischen Bereich: *Lugdunum* (Lyon), *Virodunum* (Verdun), aber auch im nachmalig dt. Bereich *Tarodunum* (Zarten).

Wörter aus dem Gotischen

Die Sprache der Goten zählt zu den ostgermanischen Sprachen, sie ist die älteste überlieferte germanische Schriftsprache. Der bekannteste Ostgotenführer aus der Völkerwanderungszeit ist Theoderich der Große (453–526), der in Ravenna residierte. Bedeutendstes Sprachdenkmal des Gotischen ist die so genannte »Wulfila-Bibel«, die in der Prachthandschrift ›Codex Argenteus‹ in Silber- und Goldbuchstaben auf purpurgefärbtem Pergament teilweise erhalten ist.

Attila »Väterchen«. Der Name des Hunnenführers ist uns in seiner gotischen Form überliefert.

Dult ist ein gotischer Begriff, der »Fest« bzw. »Feiertag« und ganz urspr. das »Verharren in Ruhe« an einem Feiertag bedeutet. Möglicherweise ist das Wort durch gotische Missionare ins Bairische gelangt.

Maut Das Wort stammt aus dem ansonsten ausgestorbenen gotischen Germanisch; es wurde im 6. Jh. im oberen Donauraum ins Bairische übernommen und hat sich dort lebendig erhalten.

Wörter aus dem Urgermanischen

Einige »urgermanische« Wörter, die wegen ihres kulturellen Hintergrundes besonders interessant sind, wie etwa Dienstag, Donnerstag, Weihnacht, werden im Kapitel »Orientierung in Zeit & Raum« betrachtet. Wegen ihrer Bedeutung oder ihrer »Wanderung« sind noch bemerkenswert:

Gau Dieser Landschaftsbegriff hat sich vor allem erhalten in Aargau und im Allgäu. Er ist verwandt mit »Aue« und bezeichnet daher eine wasserreiche, zum Siedeln besonders geeignete Gegend.

Mark war bis zum Hochmittelalter das im Dt. allgemein gebräuchliche Wort für »Grenze, Grenzland«. Von dieser Zeit an wurde Mark von dem polnisch-sorbischen Lehnwort Grenze nahezu völlig verdrängt; erhalten nur noch in: Mark Brandenburg, Markgraf, Markstein etc.

Seife Dieses Wort ist eines der wenigen, die ausnahmsweise einmal aus dem Germ. in das Lat. übernommen wurden. Allerdings wurde *sapho* (so ungefähr das germ. Wort) zunächst nicht zum Waschen verwendet. Der römische Historiker Plinius berichtet, dass sich die Germanen mit *sapho*, bestehend aus Talg, Asche und Pflanzensäften, vor dem Kampf die Haare rot färbten. Das lat. Wort lautet *sapo*; vgl. auch engl. *soap*.

werra (althdt.), »Krieg«. Dieses Wort aus dem Altgerm. existiert noch im Engl. (*war*) und wurde in die romanischen Sprachen übernommen: *guerra* (ital./span.), *guerre* (franz.).

Paarformeln & Lautmalerei

Zwillingswörter

Zwillingswörter, auch »Paarformeln« oder »Binominale« genannt, sind eine besondere Form von feststehenden Redewendungen, sie dienen hauptsächlich der Verstärkung und Betonung. Man sagt bspw. »Frau Müller hat mit Fug und Recht darauf hingewiesen …« Durch die Verwendung von »Fug und Recht« wiederholt man das erste Wort durch ein bedeutungsähnliches, vermeidet aber die Wortwiederholung. Wir gebrauchen solche festgefügten Wendungen meist ganz unwillkürlich. Viele dieser Paarformeln sind deshalb interessant, weil sie in ganz konkreten Zusammenhängen entstanden, die in Vergessenheit gerieten, bzw. weil sich in ihnen Wörter erhalten haben, die ansonsten im modernen deutschen Wortschatz verloren gegangen sind. Wir verstehen zwar den Sinn der Paarformel, aber was das eine oder andere Wort ursprünglich bedeutete, wissen wir oft nicht mehr.

in Acht und Bann Die *Acht* bedeutete im Mittelalter den Verlust der weltlichen Rechte, der *Bann* war der Ausschluss aus der kirchlichen Gemeinschaft, in heutiger Terminologie die Exkommunikation. Nach altem germ. Recht war derjenige, über den die Acht verhängt war, »vogelfrei«. Er konnte von jedermann getötet werden. Im Mittelalter war die Reichsacht, Landacht oder Stadtacht eine häufig angewandte Strafe für Verbrecher. Im Verb »ächten« steckt auch heute noch der Sinn von »Ausschließen aus der Gemeinschaft«, vor allem im Hinblick auf besonders ruchlose Verbrechen oder unerwünschte Verhaltensweisen oder Gesinnungen.

in Bausch und Bogen Schon im Mittelalter bediente man sich dieses Ausdrucks als Rechtsformel bei Grundstückskäufen und Grenzziehungen. Da Grenzlinien häufig krumm waren, bezeichnete man mit *Bausch* die nach außen gehende Grenzfläche jenseits der

Ideallinie. *Bogen* ist die nach innen gehende Grenzfläche. Mit »in Bausch und Bogen« meinte man also den Grenzverlauf ohne Rücksicht auf kleine Abweichungen.

Blut und Schweiß *Schweiß* ist ein Wort aus der Jägersprache, ein Synonym für Blut. Auch *Blut* ist bereits ein älteres Tabuwort, welches das ursprüngliche germ. Wort (*aser / cruor*) ersetzte und vollkommen verdrängte. Blut ist verwandt mit »Blüte«. Die Paarformel bedeutet also eigentlich »Blut und Blut«.

mit Brief und Siegel *Brief* bedeutet ursprünglich: Urkunde. Das Wort leitet sich ab von lat. *brevis* (= kurz). Im Vulgärlateinischen war ein *brevis scriptum* ein kurzes Schriftstück; gemeint war eine Urkunde, meist mit einem *Siegel* versehen.

mit Butz und Stingl Eine in Österreich sehr gebräuchliche Paarformel. *Butz* ist das Kerngehäuse des Apfels; *Stingl* ist der Stängel. Gemeint ist soviel wie »ganz und gar«.

unter Dach und Fach Mit *Fach* ist das Fachwerk gemeint. Darunter sind die mit Flechtwerk ausgefüllten Zwischenräume zwischen den Balken der Wände zu verstehen, also einfach die Wände. Waren das Dach und das Fachwerk fertig, war auch der Hausbau im Wesentlichen vollendet.

Dichter und Denker Damit ist das deutsche Volk gemeint. Zur Paarformel haben sich die beiden Wörter um 1800 entwickelt. J. K. A. Musäus (1735–1787) gebraucht sie erstmals in diesem Zusammenhang im Vorbericht zu seinen ›Volksmärchen‹ (1782): »Was wäre das enthusiastische Volk unserer Denker, Dichter, Schweber, Seher ohne die glücklichen Einflüsse der Phantasie?« Der Schriftsteller Jean Paul (1763–1825) verwendet sie 1808 in der bekannten Wortfolge.

durch dick und dünn *Dick* ist hier in der Bedeutung von »dicht« (wie bei: dicker Nebel, dicke Luft); ein sehr altes Wort vor-ie. Ursprungs.

erstunken und erlogen *Erstunken* hat hier nichts mit »stinken« zu tun, sondern kommt von »Stunk machen«. Gemeint ist mit dieser Paarformel: Lügen ersinnen, um Ärger (Stunk) zu provozieren.

frank und frei *Frank* im alten Sinne von »frei« lebt im Dt. nur noch in dieser Formel, die also eine Verdoppelung darstellt. Im Engl. und Franz. sind die ganz entsprechenden Wörter *frank, frankly* und *franc, franchement* auch heute in der Alltagssprache ganz im Sinne von »frei, offenherzig« in Gebrauch. Nebenbedeutungen des dt. Wortes sind außerdem: kühn, edel, mutig. Das Wort ist auch verwandt mit »frech«, das früher eine positivere Bedeutung im Sinne von »wagemutig«, »kühn« hatte.

mit Fug und Recht Unter einer Fuge im technischen Sinn verstehen wir heute eine passende Verbindung. Auch im übertragenen Sinn hat sich manchmal etwas »gut gefügt« oder: Jemand hat sich in eine Gemeinschaft »eingefügt«. Genau in diesem Sinn verstand man Fuge früher in einem umfassenderen Sinn. Im Rechtswesen war das »fügliche Gericht« das »richtige«, weil örtlich oder sachlich zuständige Gericht. *Fug* in diesem Sinne bedeutet also nichts anderes als Recht. Diese Paarformel ist also nichts anderes als eine Verdoppelung.

Gift und Galle Man nahm früher an, dass die tierischen Gifte der Galle entspringen. Insofern auch hier eine Verdoppelung.

in Glanz und Gloria Eine Darstellung »in Glanz und Gloria« war früher vor allem Heiligen vorbehalten. *Gloria* ist ein lat. Wort, das auch nichts anderes als »Glanz«, »Heiligenschein« und »Ruhm« bedeutet. Das »Gloria« der katholischen Liturgie ist die Ruhmrede, die Lobpreisung Gottes.

Hals- und Beinbruch Das Glück stellte man sich früher in der sehr launischen Glücksgöttin Fortuna personifiziert vor. Leider tat sie oft genau das Gegenteil von dem, was man sich wünschte. Mit einem Wunsch wie »Hals- und Beinbruch« glaubte man, die Dame also überlisten zu können. Erklärt wird diese Formel aber auch mit dem von Nichtjuden missverstandenen jiddischen Segenswunsch *hazloche un broche*, was »Glück und Segen« bedeutet.

Hängen und Würgen Die Paarformel geht auf den qualvollen Tod am Galgen zurück. War es einem ungeschickten Scharfrichter nicht gelungen, einen sofortigen Tod durch Genickbruch am Knotenende herbeizuführen, folgte ein langsamer Erstickungstod durch allmähliches Zuziehen der Schlinge.

Hauen und Stechen Wenn es nur noch ein Hauen und Stechen gibt, dann kann nichts Ordentliches mehr herauskommen. Dann wird nämlich in der Fechtkunst die Waffe so schlecht geführt, dass nicht mehr zu erkennen ist, ob es sich um einen Hieb oder um einen Stich handelte.

mit Haut und Haar Die Wendung, vor allem aus der Märchenliteratur sehr geläufig, stammt ursprünglich aus der Rechtssprache, wo sie sich auf die Bestrafungsart durch Rutenschläge über »Haut und Haar« bezog.

auf Heller und Pfennig Die beiden Münzen Heller und Pfennig waren im Lauf der Münzgeschichte zum Inbegriff der kleinsten Münzen geworden und wurden als gleichwertig angesehen.

auf Herz und Nieren Diese gründliche Prüfung – weil sie auch das Innere umfasst –, kommt schon in der Bibel vor (Psalm 7, 10): »Zu Ende sei die Bosheit der Frevler, / mache stark den Gerechten, / gerechter Gott, der du erforschest Herzen und Nieren.«

mit Heulen und Zähneknirschen Diese Formel stammt aus der Bibel (Matthäus 8, 12) und bezieht sich auf die Hölle, die Jesus an dieser Stelle wie eine Szene aus einem Horrorfilm beschreibt: »Die Söhne des Reiches aber werden hinausgestoßen werden in die Finsternis draußen. Dort wird Heulen und Zähneknirschen sein.«

Hinz und Kunz *Hinz* ist eine alte Kurzform für Heinrich, *Kunz* eine für Konrad. Beide Namen zählten zu den am häufigsten vorkommenden im Mittelalter. Es handelt sich also um »Jedermanns«-Namen wie heute etwa »Müllermeier«.

Hopfen und Malz verloren Wenn bei der Gärung durch eine Verunreinigung (etwa durch Bakterien) das Braugut sauer wird, dann sind dessen Bestandteile Hopfen und Malz verloren.

huckepack Allgemein verständlich ist, dass dieses Wort »auf dem Rücken tragen« bedeutet. Eine Hucke war eine Traglast, meist ein Korb. Ansonsten kennen wir das Wort nur noch aus der Redewendung: Jemandem die Hucke vollhauen (hier ist ebenfalls der Rücken gemeint). Der Wortbestandteil -pack entspricht ganz dem engl. *back* (= Rücken).

in Hülle und Fülle Mit der *Hülle* ist die Kleidung gemeint, mit der *Fülle* die Nahrung, nämlich die Füllung des Magens. Die Paarformel ist seit dem 16. Jh. bezeugt: Wer Hülle und Fülle besaß, hatte also zunächst wenigstens das Lebensnotwendige. Als Fülle später im Sinne von »Überfluss« verstanden wurde, ging diese Bedeutung auch auf die Paarformel über: von allem sehr reichlich.

Jacke wie Hose Der Paarformel liegt die Vorstellung zugrunde, dass Jacke und Hose aus dem gleichen Stoff gemacht sind.

nach Jahr und Tag Dies war ein genau festgelegter Rechtsbegriff, der einen Zeitraum von einem Jahr, sechs Wochen und drei Tagen umfasste. Im ›Sachsenspiegel‹ (um 1230), dem bedeutendsten Rechtsbuch des deutschen Mittelalters, war festgelegt, dass diese Frist verstrichen sein muss, bevor ein Eigentumserwerb (bspw. durch Kauf oder Erbschaft) rechtsgültig wird.

Kind und Kegel *Kegel* ist ein altes, sonst nicht mehr gebräuchliches Wort für »uneheliches Kind«.

klammheimlich *Klamm* ist hier eine Eindeutschung des lat. Wortes *clam*, was so viel wie »heimlich« bedeutet, also eine Verdoppelung.

klipp und klar Im Niederdt. bedeutet *klipp* urspr. passend, gelungen.

Knall auf Fall Logischer wäre es zu sagen: Fall auf Knall. Auf den *Knall* der Büchse des Jägers folgt der *Fall* des Wildes – in sehr geringem zeitlichen Abstand.

Kopf und Kragen riskieren Als Urteilssprüche noch tödlich enden konnten, bezeichnete das Kopfrisiko die Hinrichtung mit dem Schwert, das Halsrisiko die Hinrichtung durch den Strang.

Krethi und Plethi *Krethi* waren die Kreter und *Plethi* die Philister, Volksstämme, aus denen gemäß der Bibel die Leibwache König Davids rekrutiert wurde. Bereits damals also schon eine recht »gemischte Gesellschaft«.

was kreucht und fleucht Lautet übersetzt: was *kriecht* und *fliegt*. Gemeint sind alle Tiere und Geschöpfe, kurz: alles.

Mast- und Schotbruch Vergleiche oben Hals- und Beinbruch. *Schoten* sind in der Seglersprache die Leinen zum Bedienen der Segel. Wenn die Masten gebrochen und die Schoten zerrissen sind, ist das Schiff vollends manövrierunfähig.

Milch und Honig Die Paarformel stammt aus der Bibel, wo im 2. Buch Mose 3, 8 Jahwe persönlich dem Moses verheißt: »Darum bin ich nun herabgestiegen, um das Volk Israel aus der Gewalt der Ägypter zu befreien und es aus diesem Land herauszuführen in ein schönes und geräumiges Land – in ein Land, in dem Milch und Honig fließen.«

Mord und Totschlag sind nicht dasselbe. Bei *Totschlag* wird jemand »einfach« umgebracht, bei *Mord* treten noch weitere Faktoren hinzu, bspw. Heimtücke, Grausamkeit, Verdeckung einer anderen Straftat, Befriedigung des Sexualtriebs etc. Das rechtfertigt eine höhere Strafe.

zu Nutz und Frommen Die Paarformel bewahrt das alte deutsche Wort *Fromme*, das nichts anderes als »Nutzen, Ertrag« bedeutet. Hier also wieder ein Fall von Verdoppelung. In älteren Büchern begegnet einem gelegentlich auch noch der Gebrauch dieses Wortes als Verb: Das *frommt* mir (= Das nützt mir).

mit Pauken und Trompeten Pauken und Trompeten sind typische Militärinstrumente und gehören zur »Marschmusik«, sie verkünden z.B. den Einzug des Königs bzw. sind in der barocken Kirchenmusik der Verkündigung Christi vorbehalten. Noch zu Bachs Zeiten wurden Paukisten und Trompeter nicht aus dem »Kulturetat«, sondern aus dem »Wehretat« der Gemeinden oder des Hofes bezahlt bzw. von dort abgestellt.

wie Pech und Schwefel In den alten Vorstellungsbildern von der Hölle bildeten siedende Pechtöpfe, in denen die Sünder gesotten wurden, und der dazugehörige Schwefelgestank eine untrennbare Einheit.

quicklebendig Im Niederdt. ist *quick* = lebendig, frisch; also eine Verdoppelung.

außer Rand und Band Im älteren Sprachgebrauch verstand man *Rand* mehr im Sinne von Rahmen. So sind auch andere Redewendungen wie »den Rand halten« (hier werden die Lippen als Rahmen des Mundes gesehen) oder »zu Rande bringen«, »zu Rande kommen« (eine Sache zu Ende bringen) zu verstehen. Die Zusammenstellung zu »Rand und Band« stammt möglicherweise aus dem Fassbindergewerbe.

recht und billig *Billigkeit* ist ein fundamentaler Rechtsbegriff. Wenn die Anwendung einer Rechtsnorm im Einzelfall als »unbillige« Härte nicht dem natürlichen Gerechtigkeitsgefühl entspricht, so »missbilligen« wir sie und sie kann abgemildert werden. In rechtsstaatlichen Gesetzen ist dieser Gedanke seit jeher verankert (z.B. §§ 242, 315 BGB). Was »gebilligt« wird, erscheint dann auch »gerecht«. Entsprechend ist die Paarformel zu verstehen.

nach Recht und Gesetz Logischer wäre es zu sagen: nach Gesetz und Recht. Es gibt nämlich auch Gesetze, die unrechtmäßig sind. So stellt im modernen Rechtsstaat das Verfassungsgericht bisweilen fest, dass Gesetze oder einzelne Vorschriften nicht mit dem Verfassungsrecht übereinstimmen. Willkürstaaten wie der NS-Staat haben eine Fülle unrechtmäßiger Gesetze erlassen. Erst wenn Recht und Gesetz übereinstimmen, besteht die Pflicht des Bürgers, ihnen Folge zu leisten.

vom Regen in die Traufe Wenn eine Dachtraufe verstopft ist, läuft sie über. Falls man sich vor dem Regen unter solch einem Dach untergestellt hat, wird man erst recht nass.

in Sack und Asche Wer in Sack und Asche geht, der tut Buße und schämt sich. Sich *Asche* aufs Haupt zu streuen ist seit sehr alter Zeit ein Zeichen der Trauer und Scham. Unter *Sack* ist in erster Linie »Büßergewand« zu verstehen. Erst später wurde von diesem sehr einfachen Gewand aus grobem Stoff die Bedeutung auf Sack im Sinne von »Behälter aus Stoff« übertragen. Die Redewendung »in Sack und Asche gehen« als Ausdruck für Bußübungen gibt es daher wohl schon seit uralter Zeit. Die Verwendung dieser Zwillingsformel an mehreren Stellen in der Bibel deutet ebenfalls darauf hin.

sakrosankt Auch hierbei handelt es sich um eine Verdoppelung. Beide Wortbestandteile stammen aus dem Lat.: *Sacer* bedeutet: heilig, *sacrare* bedeutet: weihen, heiligen; *sanctus* bezeichnet ebenfalls alles, was heilig und unantastbar ist. Genau in diesem Sinne wird sakrosankt gebraucht.

in Saus und Braus Sowohl das *Sausen* des Windes wie das *Brausen* der Wellen sind sehr laut. Die üppigen Gelage fröhlicher Zecher sind es ebenfalls.

Schall und Rauch »Name ist Schall und Rauch«, sagt Goethes Faust zu Gretchen bei ihrer Unterhaltung in Marthens Garten, als er sich auf ihre berühmte Frage »Wie hast du's mit der Religion?« um eine eindeutige Antwort herumzuwinden versucht. Es geht in dieser Szene nicht um irgendeinen Namen, sondern um den Namen Gottes.

schlecht und recht *Schlecht* hatte urspr. eher die Bedeutung von »schlicht, richtig«. Erst so verstanden ergibt die Paarformel als Verdoppelung Sinn.

schnurz und schnuppe *Schnurz* ist ein lautmalerisches Synonym für Furz. Eine *Schnuppe* ist das verkohlte Ende eines Dochts – beides also völlig wertlose Dinge.

Schrot und Korn Die Vermutung, diese Paarformel stamme möglicherweise aus der Bäckerei (Schrotbrot und Körnerbrötchen) ist falsch. Sie stammt aus dem Münzwesen. *Schrot* bezeichnete das Gewicht einer Münze, *Korn* ihren Feingehalt. In Zeiten der Münzverschlechterung wurden solche von echtem Schrot und Korn hoch bewertet, daher die Bedeutungsübertragung: ehrlich, unverfälscht.

Sodom und Gomorrha In der Bibel (1. Mose 18 und 19) wird berichtet, die beiden Städte hätten sich so schwer wider Jahwe versündigt, dass er Schwefel und Feuer über sie regnen ließ und sie so »vernichtete und alle Bewohner der Städte und alles Gewächs des Bodens«. Nicht ganz klar ist, worin die Sünden bestanden. Abraham, der sich kurz zuvor noch bei Jahwe für Sodom und Gomorrha eingesetzt hatte, fand dort keine zehn Gerechten mehr.

auf Spitz und Knopf Gemeint sind *Spitze* und Knauf (*Knopf*) eines Degens oder eines Schwertes, also die gesamte Länge einer Klinge. Ein anderer Ausdruck also für »auf Messers Schneide«.

Stein und Bein schwören Die Paarformel entstammt altem Rechtsbrauch beim Schwören. Dabei musste ein bestimmter Gegenstand berührt werden: der Stab (*Bein*) des Richters, die *steinerne* Altarplatte in der Kirche. Möglich war auch, die Hand auf einen Reliquienschrein mit Gebeinen zu legen.

nach Strich und Faden *Strich* und *Faden* sind Begriffe aus der Webkunst. Sie bezeichnen die sich kreuzenden Fadenrichtungen Kette und Einschlag; nach Strich und Faden erlesenes Gewebe ist vorzügliche Ware.

Sturm und Drang Bezeichnung einer Epoche der deutschen Literaturgeschichte (ca. 1770–1785). Geprägt hat den Ausdruck der herrnhutische Arzt Christoph Kaufmann (1753–1795) im Jahre 1776 als besseren Titelvorschlag für F. M. von Klingers Drama ›WirrWarr‹.

auf Treu und Glauben Mit dieser Paarformel wird besonderes Vertrauen zum Ausdruck gebracht, verfestigt hat sich diese Wendung in der Rechtssprache, vor allem in der Vertragsauslegung. Wenn eine Klausel unklar ist, wird sie so interpretiert, wie jeder vernünftig und gerecht Denkende sie verstehen müsste. Die ursprüngliche Wortbedeutung von *Treue* schloss *Glauben* mit ein (im Sinne von »Ich traue dir.«) Auch das Wort Trauung (= Hochzeit) ist damit eng verwandt.

Zeter und Mordio Die Paarformel stammt aus den Gerichtsgebärden der germanischen Rechtsbräuche. *Zeter!* heißt »Zieht her!« und war der Anklageruf, mit dem der Kläger vor dem »peinlichen« Gericht (= Strafgericht) im Mittelalter seine Anklage mit entblößtem Schwert in der Hand eröffnete. Ging es um Mord oder Totschlag, so lautete der Anklageruf ferner: *Mordio!* (Handelte es sich um Diebstahl oder Brandstiftung, so lautete der Ruf *Diebio!* bzw. *Feurio!*)

Es gibt natürlich auch etliche Paarformeln, in denen die Wörter identisch wiederholt werden. Sie sind aber meistens nicht erklärungsbedürftig: **Arm in Arm**, **Auge in Auge**, **durch und durch**, **grau**

in grau, **halb und halb**, **hart auf hart**, **mehr und mehr**, **nach und nach**, **Schlag auf Schlag**, **Schritt für Schritt**, **Stück für Stück**, **Wort für Wort**, **Zug um Zug**.

Zu guter Letzt einige Paarformeln aus dem Englischen, die auch im Deutschen geläufig sind: »sex and crime«, »law and order«, »hire and fire«, »trial and error«.

Drillinge & Vierlinge

Blut, Schweiß und Tränen Winston Churchill äußerte am 13. Mai 1940, drei Tage nach seiner Ernennung zum Premierminister eines Kriegskoalitionskabinetts in einer Unterhausrede den Satz: »Ich habe nichts zu bieten als Blut, Mühsal, Tränen und Schweiß.«

Frisch, fromm, fröhlich, frei War der Wahlspruch der deutschen Turnbewegung. Die Formulierung stammt von deren Begründer, »Turnvater« Friedrich Ludwig Jahn (1778–1852).

Heimlich, still und leise Stammt aus der Paul-Lincke-Operette ›Frau Luna‹.

Himmel, Sack, Zement! Weil man den Namen Gottes nicht missbraucht, geht es bei solchen und ähnlichen Flüchen immer darum das Wort »Gott« oder »Herrgott« oder heiliger Dinge zu vermeiden. So steht hier *Zement* für »Sakrament«.

Jubel, Trubel, Heiterkeit *Jubeltrubel* war Anfang des 20. Jh. ein umgangssprachliches Wort für Volksfeste und Kirmesveranstaltungen.

Weitere solcher Drillinge sind: **Pleiten, Pech und Pannen**; **Friede, Freude, Eierkuchen**; **Nepper, Schlepper, Bauernfänger**.

Singsang & Klimbim

Es gibt in der Umgangssprache eine ganze Reihe von Wörtern, die eine lautmalerische Verdoppelung aufweisen und meistens sind sie auch lautmalerischen Ursprungs. Deren Entstehung (wann und wo?) ist in der Regel nicht nachzuweisen. Nur einige wenige lassen sich erklären.

Brimborium Wurde im Dt. durch Goethes ›Faust‹ bekannt. Das Wort kommt aus dem Franz. (*brimborion*) und geht auf das kirchenlateinische Wort für Brevier (*breviarium*) zurück. Das bisweilen altertümlich formelhaft klingende Herunterbeten von Gebetstexten wurde hier auf den »rhetorischen Aufwand« übertragen, den man mit Brimborium kennzeichnen will.

Firlefanz »Firlifanz« war die Bezeichnung eines Springtanzes im Mittelalter. Möglicherweise war das Wort abgeleitet von einem älteren franz. Wort *virelai,* das »Ringellied« bedeutet. Jedenfalls waren es Gaukeleien und Albernheiten.

Fisimatenten Die oft anzutreffende Erklärung als anzügliche Soldateneinladung an junge Frauen: »Visitez ma tente« (»Komm in mein Zelt«) darf man ins Reich der volksetymologischen Legende verweisen. Vermutlich handelt es sich um die Verballhornung von Begriffen aus der lat. Kanzleisprache des Mittelalters oder der Barockzeit (*visa* und *patentes*).

Krimskrams ist wie Mischmasch und Wirrwarr eine typische Verdoppelung, hier mit Anlehnung an das Wort Kram (Plunder, Kleinigkeiten).

Kuddelmuddel *Koddel* oder *kuddel* waren umgangssprachliche Wörter im Niederdt. für »Schmutzwäsche«. *Modder* oder *Muddel* ist ein rheinisches Wort für »Schlamm«.

Larifari Aus den ital. Tonbezeichnungen *la re fa re* nach 1700 als lautmalerisches Kunstwort für »Geschwätz« gebildet (ähnlich wie papperlapapp).

Techtelmechtel kam im Österreichischen auf. Möglicherweise handelt es sich um eine über das Italienische hereinkommende Umdeutung von lat. *tecum mecum* (mit dir, mit mir).

Viele andere klingen einfach sehr hübsch oder lustig und sind fester Bestandteil der Alltagssprache: Blabla, Dideldei, Halligalli, hauruck, Heckmeck, Hickhack, holterdiepolter, Kinkerlitzchen, Kladderadatsch, Klamauk, Klimbim, Menkenke, Mischmasch, pillepalle, Pipapo, Pipifax, plemplem, Radau, Rambazamba, ratzfatz, Remmidemmi, ritschratsch, ruckzuck, Schabernack, Schickimicki, Schnickschnack, schnippschnapp, Singsang, Tamtam, Tingeltangel, tipptopp, Trallala, Wischiwaschi, Zickzack.

Lautmalende Wörter

In allen Sprachen gibt es Wörter, deren Herkunft klangnachahmend erklärt wird (in der Fachsprache »onomatopoetisch« genannt). Wenn man sich den Spaß macht, die hier abgedruckte Auswahl halblaut zu lesen, kann man die dazugehörige Geräuschkulisse gleichsam »hören«:

Babbeln, ballern, bellen, bibbern, blinzeln, blöken, brabbeln, brausen, brüllen, brummen, flattern, flimmern, flirren, fletschen, flüstern, flutschen, fummeln, futsch, girren, glucken, grunzen, gurren, hapern, hätscheln, hauchen, hecheln, holpern, hoppeln, hopsen, huschen, kacken, klacken, klappen, klatschen, kleckern, keuchen, klimpern, klingen, klirren, klopfen, knabbern, knacken, knurren, knuspern, knarren, knirschen, knutschen, krachen, kratzen, manschen, matschen, meckern, murmeln, murren, panschen, patschen, patzen, pfuschen, pissen, pladdern, plappern, plärren, platschen, plätschern, platzen, plauschen, (ver)plempern, plötzlich, plumpsen, plustern, pochen, poltern, prallen, prasseln, prusten, puffen, quaken, quäken, quatschen, quietschen, rappeln, rasseln, ratschen, rauschen, röcheln, Rummel, rumpeln, rutschen, rütteln, sabbern, sausen, säuseln, schallen, scharren, schaudern (urspr. schuddern), schaukeln (urspr. schukken), schellen, schlabbern, schlackern, schlürfen, schnacken, schnappen, schnallen, schnarchen, schnarren, schnattern, schnauben, schnäuzen, schnippen, schnüffeln, schnupfen, schnuppern, schnurren, schrammen, schrillen, schrubben, schwabbeln, schwafeln, schwappen, schwatzen, schwirren, stottern, summen, surren, tappen, tätscheln, ticken, tippeln, trippeln, trällern, trampeln, tratschen, trillern, trommeln, tuscheln, tuten, wabbeln, wackeln, wimmeln, wimmern, wispern, zappeln, ziepen, zirpen, zischen, zucken, zurren, zwacken, zwicken, zwinkern, zwitschern.

Farbenlehre

Es gibt eine Vielzahl von Wortbildungen im Zusammenhang mit Farben, bei denen die Farbangabe nicht wörtlich, sondern im übertragenen Sinn gemeint ist: »Schwarz sehen« bedeutet pessimistisch sein und bei »Schwarzgeld« sind weder die Münzen noch die Banknoten schwarz. Einige dieser Begriffe haben eine interessante Entstehungsgeschichte.

Schwarz

Wortgeschichtlich steht »Schwarz« für alles, was dunkel und schmutzig ist, ferner auch für Unglück und Erniedrigung. Es entspricht dem natürlichen Sprachempfinden, dass im Zusammenhang mit Schwarz überwiegend von üblen Dingen die Rede ist – aber es gibt auch Ausnahmen.

Schwarzer Freitag Allgemeinbegriff für einen Tag, an dem die Börsenkurse drastisch fallen. Die begriffsbildenden »Schwarzen Freitage« waren der 13. 5. 1927 und der 25. 10. 1929, letzterer löste die Weltwirtschaftskrise aus. Neben diesen berühmt-berüchtigten Daten gab es andere Krisentage der Börse an einem Freitag (1869, 1873, 1989), außerdem »Schwarze Montage« (1987, 1989.)

Schwarze Kunst Der Begriff hat zwei Bedeutungen: Entweder ist er gleichbedeutend mit Schwarzer Magie, oder man bezeichnet damit das Druckergewerbe (wegen der schwarzen Druckerfarbe).

Schwarzes Loch Der Ausdruck für diese nicht direkt beobachtbaren astronomischen Objekte wurde 1967 von dem amerik. Physiker John Wheeler geprägt. Vermutlich handelt es sich um extrem masseverdichtete Reste kollabierter Riesensterne, die jegliche Materie in ihrem Umfeld »schlucken«, einschließlich elektromagnetischer Wellen, wozu eben auch Licht gehört.

Schwarze Liste Auf Schwarze Listen werden immer diejenigen gesetzt, die ausgegrenzt, gebrandmarkt oder sogar vernichtet werden sollen.

Schwarze Magie »Satanische« Zauberkunst oder Zauberrituale. Im Wesentlichen ein propagandistischer Kampfbegriff der römisch-katholischen Kirche, die keinerlei von ihrem Ritus abweichenden Rituale dulden wollte, schon gar keine Schwarzen Messen.

Schwarze Messe Pseudoreligiöse Rituale, bisweilen mit orgiastischem oder blutrünstigem Einschlag zur Teufels- oder Hexenverehrung, stets als bewusste oder unbewusste Parodie kirchlicher Rituale.

Schwarzer September Im September 1970 wurden in Jordanien Stützpunkte der palästinensischen Freischärler zerschlagen. Danach gründeten radikale El-Fatah-Anhänger die Terrororganisation, die 1972 u.a. das Attentat auf die israelische Olympiamannschaft in München verübte.

Schwarzes Schaf Bei Schafzüchtern sind schwarze oder gefleckte Schafe weniger erwünscht, weil ihre Wolle nicht die gewünschte Qualität hat bzw. zur Stoffbearbeitung, wozu auch das Färben gehört, unbrauchbar ist. Vorgeprägt wurde der Begriff in der Josephslegende (1. Mose 30, 32). Dort möchte Josephs Vater Jakob nach langen Dienstjahren als Oberhirte bei seinem Schwiegervater Laban nach Hause, also nach Kanaan, zurückkehren. Nach kurzen Verhandlungen bewilligt ihm Laban eine schöne eigene Viehherde, worauf Jakob sagt: »Ich will heute durch alle deine Herden gehen und aussondern ... alle schwarzen Schafe.«

Schwarzer Tod Umschreibung für den Pesttod im Mittelalter.

Schwarze Witwe Eine Spinnenart, deren Biss tödlich sein kann. Außerdem in jüngster Vergangenheit Bezeichnung für die schwarz gekleideten Selbstmordattentäterinnen aus Tschetschenien in Russland.

anschwärzen und verkohlen In der Zigeunersprache ist *kálo* = schwarz. Die Farbbezeichnung steht für alles Lügnerische und Betrügerische. Das Zigeunerische »verkohlen« bedeutet also »schwindeln, jemandem etwas vormachen«. Verwandt ist die Sinnentstehung von dt. »anschwärzen«. Die Übereinstimmung mit der Schwärze der »Kohle« im Dt. ist eine zufällige Lautähnlichkeit.

Schwarz im Sinne von illegal ist immer gemeint bei: **Schwarzarbeit**, **Schwarzgeld**, **Schwarzkonto**, **Schwarzmarkt/-handel**, **schwarze Kassen**, **Schwarzschlachtung**, **Schwarzsender**, **schwarzfahren**, **schwarzhören/-sehen**. Pech oder Pessimismus kommen zum Ausdruck in: **sich schwarz ärgern**, **schwarz sehen/malen**, **schwarzer Humor**, **jemandem den schwarzen Peter zuschieben**, **schwarzer Tag**. Schwarz nur als Farbe und daher neutral: **Schwarzes Brett** (Anschlagbrett), **Schwarze Madonna** (Marienstatuen mit dunklen Gesichtern); **schwarzer Mann** (Schornsteinfeger, manchmal auch: Kinderschreck), **Schwarzrock** (Geistlicher). Positiv sind: **schwarzes Gold** (Kohle, in jüngeren Jahren auch Erdöl); **ins Schwarze treffen** (weil der Mittelpunkt einer Zielscheibe, die Stelle mit der höchsten Punktzahl, schwarz ist) und **schwarze Zahlen** (weil die negativen Zahlen in der Buchhaltung rote Zahlen sind).

Blau

»Blau« ist ein sehr altes ie. Wort, das urspr. keine Farbbezeichnung war, wie wir es heute verstehen, sondern »hell, glänzend« bedeutete. Aus dieser Wortwurzel (ungefähr bhel, bhlen) haben sich auch die Begriffe »blond«, »bleich« und »blank« entwickelt. »Blank« wiederum ging in die romanischen Sprachen als Farbbezeichnung für »weiß« ein (franz. *blanc*, span. *blanco*, ital. *bianco*). Als sich die Bedeutung des Wortes zur Farbbezeichnung »blau« verändert hatte, wurde auch dieses Wort aus dem frühen Dt. ins Franz. übernommen: *bleu*. Davon wiederum ist das engl. *blue* abgeleitet. Nicht alle romanischen Sprachen haben diese Entwicklung mitvollzogen. Im Ital. lautet die entsprechende Farbbezeichnung neben dem allgemeinen *blu* auch *azzurro*, im Span. und Port. *azul*, was sich von dem urspr. persischen, später arabischen Wort für die leuchtend blaue Himmelsfarbe herleitet: *lazurd*. Auch im Dt. spricht man oft von azurblau, wenn die Farbe des Himmels gemeint ist.

Blaue Blume Symbol der Romantik für die Sehnsucht nach dem Wunderbaren. Bekannt geworden ist der Begriff durch den Roman von Novalis ›Heinrich von Ofterdingen‹, Novalis hatte den Begriff wiederum der deutschen Sage entnommen.

Blaues Blut Dieser Begriff als Bezeichnung für den Adel ist eine Übersetzung aus dem Spanischen (*sangre azul*). Während der Völkerwanderungszeit eroberten die Westgoten Teile der iberischen Halbinsel. Gegenüber der dunkelhäutigeren eingesessenen Bevölkerung zeichnete sich die neue Oberschicht durch ihre viel hellere Haut mit durchscheinenden blauen Adern aus.

Blauer Brief Warnschreiben (vor allem von Schulen an die Eltern). Im 19. Jahrhundert wurden in Preußen königliche Kabinettsorders, aber auch Mahnschreiben an Beamte und Offiziere, die ihre Versetzung in den Ruhestand beantragen sollten, in blauen Umschlägen verschickt.

Blauer Dunst, blaues Wunder, blau machen, blau sein Bei diesen Wortfügungen ist »blau« keine Farbbezeichnung, sondern aus dem rtw. Wort *lau* (= böse, schlecht) entstanden. Damit wird im Rtw. alles Negative bezeichnet. Das Wort entstammt dem Jiddischen (*lo*, *lau* = nicht, ohne). Dort kann es durch den vorangestellten Laut *b* verstärkt werden. Die im Dt. missverstandene Form *blo* oder *blau* (=

gar nichts, sehr schlecht) ergab dann die uns geläufigen Wortzusammensetzungen. **Blaumachen** bedeutet also wörtlich »nichts tun«, **blau sein** = wild, böse sein, **blaues Wunder** = böses Wunder, **blauer Dunst** = verleumderisches, bösartiges Lügengespinst.

Weiterhin gibt es Begriffe, die zwar im Zusammenhang mit der Farbbezeichnung stehen, die aber in der jeweiligen Verbindung eine gewisse Selbstständigkeit angenommen haben: **blauäugig** (ohne Hintergedanken; naiv); **blaue Bohnen** (ein umgangssprachliches Synonym für »Munition«; wegen der dunkel metallischen Farbe (und Form) der Geschosse); **Blaues Band** (Auszeichnung für die schnellste Atlantiküberquerung per Schiff seit dem 19. Jh. Geht zurück auf die Stiftung eines blauen Wimpels durch eine engl. Reederei Anfang des 19. Jh. für Segelschiffe von Australien nach London. 1838 erstmals für die Atlantikstrecke verliehen); **Blaue Berge** (Gebirgsname in den USA, Blue Mountains; Teil der Appalachen, der durch eine Fernsehserie – ›Am Fuß der Blauen Berge‹ – in Deutschland bekannt wurde); **Blauhelm** (Angehöriger der UNO-Truppen); **Blaumann** (Arbeitskleidung von Arbeitern); **Blaue Mauritius** (wertvollste Briefmarke der Welt); **Blauer Planet** (Planet Erde. Der Begriff kam in den 1960er Jahren auf, als durch die Bilder der amerikanischen Mondexpeditionen die Erde als blau leuchtender Planet sichtbar wurde. Die ersten Bilder lieferte die Mondsonde Lunar Orbiter IV im Jahre 1964); **Blauer Reiter** (Künstlergemeinschaft von Kandinsky, Marc, Kubin, Klee, Jawlensky u. a. Der Name stammt von einem Bild Kandinskys und wurde auch der Titel des von der Gruppe herausgegebenen, erstmals 1912 bei Piper erschienenen Almanachs); **blaue Zone** (hier ist Parken von Kraftfahrzeugen mit Parkscheibe erlaubt); **Blue Chip** (im Börsianerslang die Bezeichnung für solide Großunternehmen und somit verlässliche Standardwerte mit hoher Bewertung. Der Begriff kommt aus dem Pokerspiel. Dort verwendet man anstelle von Geld bisweilen verschiedenfarbige Plastikchips. Diejenigen mit hohen und höchsten Werten sind die blauen Chips). Immer etwas ins Ungewisse geht es, wenn man **ins Blaue fährt** oder **ins Blaue redet**.

Gold

»Gold« und »gelb« und »glänzen« gehören sprachgeschichtlich zusammen. Gülden und Gulden sind ältere Formen des Wortes. Das Metall erfreute sich immer schon und überall höchster Wertschätzung und gilt daher als Symbol für Reichtum, als Farbsymbol steht es vor allem für die Sonne. Da Metallfarbe und Metallwert als Begriff praktisch identisch sind, ist alles, was »golden« ist, auch schön, richtig, gut und wertvoll. Davon zeugen einige feststehende Begriffe:

Goldene Bulle Benannt nach den Goldsiegeln an Urkunden. Die für die dt. Geschichte besonders bedeutende, von Kaiser Karl IV. erlassene Goldene Bulle von 1356 schrieb insbesondere das Wahlrecht der sieben Kurfürsten für die Wahl des dt. Königs fest und war als wichtiges Reichsgrundgesetz bis 1806 in Kraft.

Goldene Horde Richtigerweise müsste die Bezeichnung für das Mongolenreich des 13. und 14. Jh. lauten: »Goldener Khanshof«. Die turkmongolischen Tataren (Nachfolger Dschingis Khans) hatten Mitte des 13. Jh. Westsibirien und die russischen Reiche Rjasan, Wladimir und Kiew erobert. Im Dt. wurde die russ. Bezeichnung *Zolotaja orda* = »Goldener Khanshof« übernommen, die auf die turkmongolischen Wörter *altan* = Gold und *horda* = Khanshof zurückgeht. (*Horda* ist das einzige Wort, das je aus dem Altmongolischen, wenngleich mit eher negativer Bedeutung, in die dt. Sprache übernommen wurde.)

Goldenes Kalb Laut der Bibel (2. Mose 32, 1-6) schmolz Moses Bruder Aaron aus den Ohrringen der Israeliter ein Kultbild in Form eines goldenen Kalbes. Als Mose endlich mit den Gesetzestafeln vom Sinai herabkam, tanzten sie darum herum. Obwohl es dem biblischen Erzähler nur um das Verdammungswürdige des Götzendienstes an sich geht, wurde der sprichwörtliche »Tanz um das Goldene Kalb« wegen des hohen Materialwertes des Kultbildes zum Inbegriff der Gier nach Reichtum und der Verehrung des Mammons.

Goldene Pforte An der Goldenen Pforte, einem Stadttor von Jerusalem, begegneten sich laut den Apokryphen Anna und Joachim, die Eltern der Gottesmutter Maria. Ihre von einem Engel prophezeite Begegnung (beide waren schon recht alt) gilt als Sinnbild für die Unbefleckte Empfängnis Mariens. Goldene Pforte ist ferner der Name eines reichverzierten, früher teilweise vergoldeten Portals der Marienkirche in Freiberg / Sachsen.

Goldene Regel Weltweit verbreitete Grundregel sittlichen Verhaltens der Menschen untereinander. Im Dt. kurz gefasst als Sprichwort: »Was du nicht willst, das man dir tu, das füg auch keinem andern zu.« In der Bergpredigt der Bibel (Matthäus 7, 12) positiv formuliert, dass man sich so zu den Menschen verhalten soll, wie man es auch von ihnen erwartet.

Goldener Schnitt Proportionsverhältnis, das seit der Antike bekannt ist und als besonders ausgewogen und schön gilt. Das Maßverhältnis entspricht ungefähr 8 : 5 oder dem Wert 1,618. Im Alltag begegnet uns dieses Maßverhältnis am häufigsten in den DIN-genormten Papierformaten. Die Begriffsprägung schließt wohl an Leonardo da Vinci an, der als Erster von (lat.) *sectio aurea* (= goldener Schnitt) sprach. Auch die Antike kannte und verwendete dieses Maßverhältnis, benutzte aber nicht den Begriff.

Goldenes Vlies Das Vlies (= Fell, im modernen Engl. heute noch *fleece*) eines goldenen Widders befand sich in Kolchis, einer Gegend am Schwarzen Meer, die den Griechen der Antike wie das Ende der Welt vorkam. Der griech. Held Jason veranstaltete zusammen mit den Argonauten die erste große Abenteuerreise der abendländischen Literatur, um sich das Vlies zu holen und damit seinen Thronanspruch in seiner Heimat durchzusetzen. Historischer Hintergrund für die Goldfarbe des Vlieses war wohl, dass dort Schaffelle in Gold führende Flüsse getaucht wurden, an denen sich Goldkörnchen festsetzten. So gesehen könnte es sich bei dem Argonautenmythos um eine Art antiken Goldrausches handeln.

Goldenes Zeitalter Bezeichnet in der mythologischen Vorstellungswelt vieler Völker einen als äußerst harmonisch gedachten Ursprungszustand gesellschaftlichen Zusammenlebens der Menschen, der durch Friede und Glückseligkeit gekennzeichnet war. Man stellte sich vor, dass es in dieser Anfangszeit keine Krankheiten, Not oder Kriege gab. In der europ. Mythologie findet sich der Begriff erstmals bei Hesiod.

Als Redewendungen gebräuchlich sind: **goldene Worte** sprechen, den **goldenen Mittelweg** gehen, jemandem eine **goldene Brücke** bauen, etwas als **goldrichtig** bezeichnen. Ein Versprechen auf geldwerten Reichtum liegt in: **goldener Handschlag** (hohe Abfindung oder Bestechungsgeld), eine **goldene Nase** haben, **Gold wert sein**. Als Symbol für Ehre, Ruhm und manchmal auch Reichtum gelten: **Goldmedaille, Goldene Schallplatte** und alle übrigen Auszeichnungen und Trophäen, die mit Gold anfangen, wie vor allem die Filmpreise der internationalen Festivals in Cannes (**Goldene Palme**), Berlin (**Goldener Bär**), Venedig (**Goldener Löwe**) und Locarno (**Goldener Leopard**).

Der überragende Symbolgehalt von Gold schlägt sich auch in vielen Sprichwörtern nieder: **Morgenstund hat Gold im Mund** (eigentlich ist hier gemeint: hat Geld im Mund); **eigener Herd ist Goldes wert**; **Reden ist Silber, Schweigen ist Gold**; **nicht mit Gold aufzuwiegen**; **Gold in der Kehle haben** (auch hier ist eher das Geld gemeint, das man mit einer schönen Stimme verdienen kann).

Doch keine Regel ohne Ausnahme. Wenig erfreulich sind: **goldener Käfig**, **goldener Schuss** (tödliche Überdosis Rauschgift), auch gilt zuweilen: **Es ist nicht alles Gold, was glänzt**. Und schließlich eine ganz neue Wortverbindung ist der **goldene Fallschirm** (*golden parachute*), womit großzügige Abfindungsregelungen für leitende Angestellte gemeint sind.

Grün

Im Rotwelschen wird alles, was unangenehm, unsicher und dem Gauner nicht geheuer ist, als grün bezeichnet. Grün ist hier also keine Farbbezeichnung.

Grüne Minna Im Jidd. ist *Inne* = Leid, Folter, Qual; *meanne* bedeutet »demütigen«, »peinigen«. Eine Grüne Minna ist daher ein »demütigender Gefangenentransport«. Der Begriff hat also nichts mit der Farbe zu tun, auch wenn heute Polizeiautos zufällig in grüner Farbe lackiert sind. (Im Übrigen kommt auch die Redewendung »jemanden zur Minna machen« = »jemanden demütigen« aus dem selben Zusammenhang.)

Grüner Heinrich war ebenfalls ein Synonym für einen Gefangenentransport. Heinrich ist hier allerdings nicht der Vorname, sondern das rtw. Wort kommt von jidd. *hargenen* = ermorden, umbringen; *haarig* ist ein rtw. Wort für eine böse, gefährliche Sache.

Grün Es grünt so grün: Das Grünen im Sinne von »hervorsprießen, wachsen« und die Farbbezeichnung sind praktisch identisch. Das Wort für die Farbe ist aus der Bezeichnung für das junge Wachstum in der Natur hervorgegangen. Auch das »Gras« ist ein sprachgeschichtlicher Ableger von Grün.

In engem Zusammenhang damit stehen die Nebenbedeutungen von »jung, frisch, saftig«, die in zahlreichen festen Wortverbindungen vorkommen: **grünes Holz** (frisch geschlagenes Holz); **grüner Hering** (ungeräuchert); **grüner Junge, Grünschnabel** (unerfahren); **grünes Gemüse / Obst** (frisch und gegebenenfalls noch unreif, oft auch als Gegensatz zu alt und verwelkt). Auch die Redewendung »auf einen **grünen Zweig** kommen« ist ein sprachliches Sinnbild gedeihlicher Entwicklung.Die Farbsymbolik Grün = Natur kommt immer zum Ausdruck in: **ins Grüne** (fahren); **grüner Daumen** (besondere Begabung für Pflanzenpflege); **grüne Grenze** (ungesicherter Grenzabschnitt in der Natur; die meisten Staatsgrenzen sind grüne Grenzen); **Grüne Insel** (= Irland); **grüne Hölle** (Dschungel); **Die Grünen** (Name einer politischen Partei mit starkem ökologischen Engagement; ähnlich: ökologisch orientierte Friedensbewegung: **Greenpeace**); **grüner Punkt** (Hinweis auf Verpackungen, dass der Verpackungshersteller an das »Duale System Deutschland« angeschlossen ist, das auf Wiederverwertung des Verpackungsmaterials ausgerichtet ist); **Grüne Woche** (landwirtschaftliche Ausstellung in Berlin).

Den Gegensatz von Stadt und Natur betonen Begriffe wie **grüne Lunge** (Grünfläche in der Großstadt); **grüne Wiese** (Gewerbegelände vor der Stadt); **grüne Witwe** (nicht berufstätige Ehefrau, die in ländlichen Vororten außerhalb der Stadt lebt und wegen der langen Pendelzeiten ihres Mannes viel allein ist). Als Farbsymbol des Angenehmen findet sich Grün in Redewendungen: ... ist mir (nicht) **grün** (= wohlgesinnt); meine **grüne Seite** (links, wo das Herz sitzt); über den **grünen Klee** loben (besonders stark loben). Auch in technischen Zusammenhängen ist die grüne Farbsymbolik positiv besetzt und signalisiert Funktionstüchtigkeit und freie Fahrt: **grüner Bereich**, **grünes Licht**, **grüne Welle**.

Rot

Es handelt sich wohl um die älteste und zugleich am weitesten verbreitete Farbbezeichnung. Das Wort »rot« findet sich – in verschiedenen Formen in allen ie. Sprachen. Die Blutfarbe ist die stärkste Signalfarbe. Dieser warnende Signalcharakter kommt in vielen Wortzusammensetzungen zum Ausdruck.

Roter Faden Das ist der berühmte Ariadnefaden aus der griech. Mythologie, mit dessen Hilfe Theseus den Ausgang aus dem Labyrinth fand. Dieser Wollfaden war rot. Der bildhafte Ausdruck wird verwendet, wenn man in unübersichtlichen Verhältnissen eine Orientierung sucht.

Roter Hahn Hähne kündigen mit ihrem Krähen die Morgendämmerung an, die in rotem Licht erscheint. Daraus entwickelte sich die Vorstellung vom roten Hahn als Sinnbild flackernden Feuers. Bereits in der nordischen Göttersage verkündet der rote Hahn Fjalar den Anbruch der Götterdämmerung. Im Mittelalter pflegten Bettler mit Rotstift Hähne an Wände der Häuser zu zeichnen, in denen ihnen Almosen verweigert wurden.

Rote Karte Das Platzverweiszeichen des Fußballschiedsrichters wird heutzutage in vielen außersportlichen Zusammenhängen als Ausdruck für das abrupte Ende einer gemeinsamen Unternehmung oder eine Vertragskündigung verwendet. Bevor es Farbfernsehen gab, trugen die Schiedsrichter die rote Karte übrigens in der Gesäßtasche (»Arschkarte«) und die gelbe in der Brusttasche, damit die Fernsehzuschauer sofort unterscheiden konnten, welche er gezogen hatte.

Rotes Kreuz Das Kennzeichen der weltweit tätigen Hilfsorganisation wurde aus der Umkehrung der Farben der Schweizer Nationalfahne und zu Ehren der Schweiz entwickelt. Der Initiator des Roten Kreuzes war der Schweizer Henri Dunant. Das rote Kreuz auf weißem Grund signalisiert weithin sichtbar gerade an krisenhaften Einsatzorten neutrale Hilfeleistung. Die rot-weiße Armbinde wurde erstmals 1864 im Deutsch-Dänischen Krieg verwendet. Analog heißt die islamische Hilfsorganisation »Roter Halbmond«.

Rote Laterne Das rote Licht als Schlusslicht kam zuerst bei der Eisenbahn auf – als rote Signallaterne, die das Ende des Zuges markierte. Im übertragenen Sinn bedeutet der Begriff heute: Hier marschiert jemand am Ende eines Zuges.

Rotlichtmilieu Bordellbetriebe signalisieren durch rote Beleuchtung ihrer Fenster und Eingänge ihr Gewerbe. Das kann sowohl warnend wie einladend gemeint sein.

Rote Liste Eine rote Liste besitzt ähnlich wie eine schwarze Liste eher warnenden Charakter. So gibt es sog. rote Listen vom Aussterben bedrohter Tierarten, Pflanzen, des gefährdeten Weltkulturerbes (wird bei der UNESCO geführt), rote Listen der Skorpione Kärntens und der Spinnen Brandenburgs. Die Rote Liste® ist das offizielle Verzeichnis aller zugelassenen Arzneimittel in Deutschland.

Rotes Tuch Im Stierkampf wird mit der *Capa*, einem roten Tuch, der Zorn des Stieres gereizt. Allerdings ist der Zornauslöser in Wirklichkeit das Schwenken des Tuches, das den Stier nervös macht, nicht die Farbe. Dennoch wird der Begriff im Sinne von Zornauslöser verwendet, weil im Stierkampf alle *Capas* traditionellerweise rot sind.

Rote Zahlen Wenn in einer Bilanz negative Zahlen bzw. ein negativer Saldo auftauchte, wurde dies früher in den handgeschriebenen Bilanzen durch die Verwendung von roter Tinte kenntlich gemacht, damit man ihn auf keinen Fall übersah.

Als Symbolfarbe vor allem der Sozialisten und Kommunisten ist und war Rot in vielen Wortverbindungen präsent: **Rote Armee** (Armee der Sowjetunion), **rote Socken** (ehem. SED-Mitglieder, Sozialisten). Nur als Farbbezeichnung finden wir es hingegen in **roter Heller**: Heller und Pfennig waren seit jeher die kleinsten Münzen in deutschen Landen. Da es sich beim Pfennig oft um eine rötliche Kupfermünze handelte, war der »rote Heller« nichts anderes als ein Austauschbegriff für »Pfennig«.

Weiß

Wortgeschichtlich ist Weiß mit anderen indoeuropäischen Wörtern verbunden, die »licht«, »leuchtend« und »hell« bedeuten. In bildhaften Wortzusammensetzungen ist der Sinn erweitert zu »makellos«,

»unbefleckt«. Ein **weißer Fleck** auf einer Landkarte bezeichnete früher eine unerforschte Gegend; heute ist generell etwas Unbekanntes damit benannt. Wer eine **weiße Weste** hat, hat sich nichts zuschulden kommen lassen.

Direkt von der Farbbezeichnung abgeleitet sind: **Weißes Haus** (Amts- und Wohnsitz des Präsidenten der USA); **weiße Mäuse** (Polizeieskorte); am **Weißen Sonntag** (lat. *Dominica in albis*) wurden in der katholischen Kirche die weißen Taufkleider, die von den Täuflingen seit Karsamstag getragen wurden, wieder abgelegt; traditionell ist dieser erste Sonntag nach Ostern auch der Tag der Erstkommunion eines Jahrgangs; **weiße Ware** (im Einzelhandel ein Ausdruck für elektrische Küchengeräte wie Waschmaschinen, Geschirrspülmaschinen, Herde; im Gegensatz zu Geräten der Unterhaltungselektronik wie Radio und Fernseher, die wegen der Gestaltung in Holztönen zur Aufstellung in Wohnräumen auch heute noch »braune Ware« genannt werden); **weißer Tod** (durch eine Lawine).

Der im Dt. auch manchmal gebrauchte franz. Ausdruck *Carte blanche* bedeutet wörtlich »weiße Karte«; gemeint ist: Jemand hat freie Hand, etwa bei Verhandlungen, die der Vollmachtgeber dann für sich als bindend akzeptiert.

Grau

Auch Grau war zunächst, wie Blau, keine Farbbezeichnung im eigentlichen Sinn, sondern ein Wort, das »hell strahlen, glänzen, schimmern« bedeutete. Die heutige Bedeutung im Sinne einer düsteren Schattierung zwischen Schwarz und Weiß, die ja keine echte, bunte Farbe bezeichnet, findet sich auch den Wortzusammensetzungen, die meist eine deutlich abwertende Tendenz haben.

Graue Eminenz Père Joseph (1577–1638), ein Kapuzinermönch und engster Ratgeber des Kardinals Richelieu, war die historisch erste *Éminence grise*. Wegen der dunklen Kutte der Kapuziner erhielt dieser übermächtige politische Einflüsterer und Kleriker diese abschätzige Bezeichnung. In D. galt vor allem der intrigante Diplomat Friedrich von Holstein (1837–1909) als graue Eminenz des Reichskanzlers von Bülow. Der Begriff wird in diesem Sinne auch allgemein in der Alltagssprache verwendet.

Graue Maus Hier ist nicht von einem Tier die Rede, sondern von einer menschlichen Person, die klein und unauffällig ist wie eine Maus und diesen Eindruck häufig noch durch unauffällige »graue« Kleidung unterstützt.

Grauer Markt Ziemlich nahe am Schwarzmarkt; gemeint ist: am Rande der Legalität.

Graue Theorie Die berühmte Redewendung stammt aus der Schülerszene in Goethes ›Faust‹, wo es im Originalton heißt: »Grau, teurer Freund ist alle Theorie, und grün des Lebens goldner Baum.« Goethe bewertet akademisches, theoretisches Wissen an dieser Stelle also eher negativ.

Grauzone Ähnlich wie bei »Grauer Markt« ist damit ein Bereich zwischen Legalität und Illegalität gemeint.

Schließlich sollte sich keine **grauen Haare** wachsen lassen, wer sich keine Sorgen machen muss.

Gelb

Das Wort bedeutet in seinem Ursprung »glänzen, schimmern« und zwar in einem gelblich-grünlichen Ton. Das aus der selben Wortwurzel stammende griech. Wort für Gelb *chlorós* kennen wir im Dt. aus Wortverbindungen in Fremdwörtern. Aus der gleichen Wortwurzel wie Gelb stammen auch Gold, Galle, Glas, gleißen, glimmen, glotzen, glühen und glatt. Gelb hat im Dt. (außer bei gelbe Karte) keine Wortverbindungen gebildet, die eine übertragene, sinnbildliche Bedeutung hätten. Alle Wortzusammensetzungen mit Gelb leiten sich direkt von der Farbe ab: **Gelbe Engel** (Berufskleidung von Pannenhelfern des ADAC, dessen »Markenfarbe« Gelb ist); **gelbe Gefahr** (um 1900 als politisches Schlagwort für die angebliche Bedrohung der westlichen Zivilisation durch asiatische Völker aufgekommen); **gelber Sack** (Müllsack zur Aufnahme aller Verpackungen mit dem grünen Punkt außer Papier/Karton und Glas); **gelber Stern** (bereits im Mittelalter vorkommendes Kennzeichen für Juden, das auf der Kleidung getragen werden musste; besonders diskriminierend und konsequent während der Nazi-Herrschaft in Deutschland); **Gelbsucht** (Leberentzündung, die durch Gelbfärbung von Haut und Schleimhäuten sichtbar wird); **Gelbes Trikot** (franz. *maillot jaune*, wird vom jeweiligen Spitzenreiter bei der Tour de France getragen, inzwischen auch bei einigen anderen Sportarten); **gelbe Karte** (Verwarnung durch einen Fußballschiedsrichter im Falle eines Regelverstoßes; wird heutzutage auch in außersportlichen Zusammenhängen als Ausdruck für eine ernstgemeinte Ermahnung gebraucht, weil nach den Regeln des Fußballspieles die nochmalige Verwendung der gelben Karte zum Ziehen der roten Karte und damit zum Ausschluss führt).

Rosa

Ein zartes, blasses Rot; das Wort leitet sich von der Rose her und wird seit den Zeiten der Romantik im Dt. verwendet. Der heute oft als kitschig bewertete Farbton wird im übertragenen Gebrauch im Sinn von »hoffnungsvoll, schönfärberisch« verwendet.

Rosa Brille Seit dem Beginn des 20. Jh. wird damit zum Ausdruck gebracht, dass man sich über irgendetwas oder über einen Menschen angenehmere Vorstellungen macht, als es der Wirklichkeit entspricht.

Rosa Zeiten Als Begriff bekannt geworden durch einen Werbeslogan der damaligen Deutschen Bundesbahn, die damit bei ihren Kunden die Hoffnung auf günstige Fahrpreistarife wecken wollte. Heute in vielen Bereichen und vor allem im Reisegewerbe ein gern benutztes Synonym für das Angenehme und für werbliche Versprechen, die damit verbunden sind.

Rosa Winkel Die schreckliche Farbenlehre der Konzentrationslager-Kennzeichen lautete: roter Winkel: Politische; grüner Winkel: Kriminelle; lila Winkel: Emigranten; brauner Winkel: Bibelforscher; rosa Winkel: Homosexuelle; schwarzer Winkel: Arbeitsscheue. Das stigmatisierende Kennzeichen für Homosexuelle wurde seit der Emanzipation von der Schwulenbewegung als Identifikationsmerkmal adaptiert und mit einer positiven Bedeutung versehen.

Fremdwörter

Wie jede andere Sprache hat das Deutsche im Lauf seiner Entwicklung eine Vielzahl von Wörtern aus anderen Sprachen aufgenommen. Die meisten dieser Wörter stammen aus dem Lateinischen und aus dem Französischen, eine bedeutende Rolle spielen auch die Wörter aus dem Griechischen. Überraschend klein ist dagegen der Anteil der Wörter aus dem Englischen, wenn man einmal von den modernen Begriffen aus Technik (vor allem Computertechnik) und Marketing / Management absieht.

Interessant ist ferner der Anteil arabischer Wörter, aber auch das Italienische, Spanische, Russische, Niederländische und Jiddische haben einen Beitrag zum deutschen Wortschatz geliefert. Selbst exotische Sprachen vom Malaiischen bis zur Eskimo-Sprache haben in einzelnen Begriffen ihre Spuren hinterlassen.

Wörter aus europäischen Sprachen

Wörter aus dem Französischen

Wörter aus dem Französischen stellen nach den Wörtern, die sich unmittelbar aus dem Lat. ableiten, das größte Kontingent von »Fremdwörtern«. Bei vielen erkennt man diesen Ursprung allerdings nicht auf Anhieb, weil sie im Laufe der Zeit vollkommen eingedeutscht worden sind:

Abenteuer (mittelhochdt. *aventiure*; schon im 12. Jh.; modernes Franz.: *aventure*); **brav** (*brave*; im 15. Jh. im Sinne von »tapfer«, im 16. Jh. im Sinne von »richtig«, im 19. Jh. im Sinne von »gehorsam«); **Dusche** (*douche*; im 18. Jh. als medizinischer Ausdruck: Gießbad); **Kamerad** (*camerade* wörtlich: Zimmergenosse; in der Soldatensprache des 16. Jh.); **Lampe** (*lampe*; seit dem 13. Jh. im Dt. vereinzelt als

»Glutpfanne« gebräuchlich, setzt sich das Wort mit Luthers Bibelübersetzung gegen »Ampel« durch); **Lanze** (*lance*, durch das Turnierwesen seit dem 12. Jh. auch im Dt.); **Möbel** (*meuble*, seit dem 16. Jh.; zunächst als Rechtsbegriff für Hausrat: »die Meublen«); **Platz** (*place*, im 12. Jh. zunächst nur im Sinne von Turnier- und Tanzplatz); **Sahne** (*saim*, bereits im 12. Jh. durch flandrische Siedler als *sane* in Brandenburg); **Teller** (*tailloir*, urspr. Tellerbrett, Hackbrett zum Schneiden [= franz. *tailler*] von Fleisch).

Für diese Art von deutsch-französischem Wörter- und Kulturaustausch gibt es Hunderte von Beispielen. Noch größer ist die Zahl jener Wörter französischen Ursprungs, deren Herkunft sofort erkennbar ist, da sich ihre Schreibweise und/oder ihre Aussprache nicht oder nur wenig verändert hat. Dennoch sind diese Wörter im Deutschen völlig geläufig geworden: Abonnement, Affront, Allee, Amateur, apart, Aperitif, apropos, Balance, Bonbon, Chauffeur, Detail, Etage, Filet, Genie, Karriere, Massage, Memoiren, Passagier, Ressort, Salon, Teint, Vignette.

Schließlich gibt es in der gehobenen Alltagssprache eine Reihe von Ausdrücken und sprachlichen Wendungen, die unverändert in der französischen Form sowohl in Aussprache wie Schreibweise gebraucht werden:

à la carte	gemäß der Karte
c'est la vie	so ist das Leben
comme il faut	wie es sich gehört
crème de la crème	wörtlich : » Sahne der Sahne«; das Beste vom Besten
de luxe	eigentlich : *objet de luxe* = Luxusgegenstand
dernier cri	der letzte Schrei
enfant terrible	schreckliches (schlecht erzogenes) Kind
faux pas	»Fehler, den man nicht machen sollte«; Fehltritt
jour fixe	festgelegter Tag, regelmäßiger Termin
l'art pour l'art	»Kunst für die Kunst«: reine Kunst ohne inhaltliche Aussage
ménage à trois	Haushalt (Ehe) zu dritt

noblesse oblige	Adel verpflichtet (zu tugendhaftem Handeln)
par excellence	durch Vortrefflichkeit ausgezeichnet
passé	vorbei
peu à peu	nach und nach; in kleinen Schritten
prêt-à-porter	»fertig zum Tragen«, Konfektionskleidung
rien ne va plus	»nichts geht mehr«: kein weiterer Einsatz beim Roulettespiel erlaubt
savoir vivre	»wissen, wie man lebt«; Lebenskunst
tour de force	Glanzleistung »unter Aufbietung aller Kräfte«
tour d' horizon	»Horizontreise«, bei der man alle Möglichkeiten ins Auge fasst
vis-à-vis	gegenüber

Nur scheinbar aus dem Französischen stammen die Wörter: Installateur, Friseur, Monteur, Regisseur, Frottee – wahrscheinlich auf Grund der Schreibweise. Es gibt sie jedoch im Französischen nicht. Baronesse ist ebenfalls nicht französisch, sondern heißt dort *Baronne*, ihre Tochter *Mademoiselle*. Auch spricht in Frankreich niemand von der Pointe eines Witzes, dort gebraucht man dafür in der Regel das Wort *clou*.

Deutsche Wörter im Französischen

La bildung, le boxer (Hunderasse), le bretzel, le teckel (Dackel), l'ersatz, l'auberge (Herberge), kaputt, le kirsch (Kirschwasser), kitsch, le krach (gemeint ist der Börsenkrach von 1929; das Wort ist von diesem Ereignis her im Franz. hängengeblieben), le kummel (Kümmelschnaps), le leitmotiv, le lied, le schnaps, schuss (beim Skifahren), schnauzer (Hundeart), un bock (ein Glas Bier), le waldsterben, le zinc (Bartheke [aus Zink]), le zugzwang.

Italienisch

Reichhaltig ist der Wortschatz, den die deutsche Sprache direkt aus dem Italienischen übernommen hat, dabei handelt es sich vor allem um Begriffe aus Handel, Geldwesen, Musik und Kunst. Besondere Bemerkungen sind zu machen zu: **Antenne** *antenna* = Segelstange, wurde seit dem 15. Jh. auch auf die Fühler von Insekten angewendet. Guglielmo Marconi (1874–1937), der Erfinder der Funktechnik, übertrug das Wort in den technischen Bereich); **Arsenal** *arsenale* ist urspr. ein arab. Wort: *dar- as-sinaa* = Haus, wo etwas hergestellt wird. Jahrhunderte lang war das berühmteste »Herstellungshaus« die streng abgeschirmte Schiffswerft von Venedig. Von dort aus hat sich das Wort verbreitet, vor allem mit der Bedeutung: Zeughaus. **Balustrade** *(balaustrata/balaustra* = Blüte des Granatapfelbaums; mit deren Form wurden die Balustradensäulen verglichen); **Bratsche** (*viola da braccio* = Armgeige); **Cello** (eigentlich: *violoncello* = kleine Bassgeige; *cello* ist lediglich die Verkleinerungsendung); **Dilettant** (*dilettare* = sich angenehm beschäftigen; *dilettanti* war früher kein abschätziger Begriff, sondern bezeichnete Kunstfreunde mit umfassender Allgemeinbildung), **Kompass** (*compasso*; compassare = rundum abschreiten; das ist das, was die Magnetnadel tut. Das Wort für diese epochale Erfindung wurde in Italien geprägt); **Konfetti** (*confetti* sind eigentlich kleine Süßigkeiten, ähnlich wie bei den Wörtern »Konfekt« und »Konfitüre«: Sie wurden bei römischen Karnevalsumzügen, in Papier eingewickelt, unter das Volk geworfen. Später durch Papierschnitzel ersetzt); **Lava** (neapolitanisches Wort für Sturzbach, auch nach Regengüssen; das Wort stammt aus derselben lat. Wurzel wie »Lawine«); **Lazarett** (kommt sowohl von Nazaret wie von Lazarus. Im 15. Jh. waren in Venedig zwei Siechenhäuser eng benachbart: ein Pesthaus bei der Kirche S. Maria di Nazaret und das Leprakrankenhaus Ospedale di S. Lazzaro. Lazarus war der Schutzheilige der Leprösen. Die beiden sehr ähnlich klingenden Wörter verschwammen ineinander). **Majolika** (in Italien geprägtes Wort für Töpferware aus Mallorca; spätlat. Schreibweise: Maiorica); **Tarantel** (mit großer Wahrscheinlichkeit ist die gefährliche Spinne nach der apulischen Stadt Taranto (Tarent) benannt); **Torso** (*torso* = Kohlstrunk, Pflanzenstängel; mit diesem Begriff bezeichnete man zunächst vor allem den berühmtesten Torso der Welt, den Herkules im Belvedere in Rom. Später wurde das Wort zum Allgemeinbegriff für unvollendete [Kunst-]Werke); **Zervelat**(wurst) (*cervello* = Gehirn, vor allem Schweinehirn, das »nach Mailänder Art« dort zur Herstellung einer danach benannten Wurstsorte verwendet wurde).

Englisch

Die Menge der Wörter aus dem Englischen (ohne moderne Fachsprachen) ist überraschenderweise nur etwa genauso groß wie diejenige aus dem Italienischen. Auffallend ist jedoch , dass die Wörter aus dem Englischen fast ausnahmslos ihre originale Schreibweise beibehalten haben und meist auch »englisch« ausgesprochen werden. Es kommt also kaum zu Eindeutschungen, wie dies zum Beispiel bei italienischen Wörtern der Fall ist. Gründe hierfür liegen sicherlich zum guten Teil in den relativ späten Übernahmen aus dem Englischen (oft erst im 19. oder 20. Jh.), während die Adaptionen aus dem Italienischen wie aus dem Französischen teilweise bis ins Mittelalter und in die Renaissancezeit zurückgehen. Möglicherweise verstärkt die beibehaltene »englische« Aussprache den scheinbar dominanten Charakter des Englischen unter den Fremdwörtern.

Bar (das Wort kam schon aus dem Altfranz. ins Engl. mit der Bedeutung: Schranke [wie auch im Dt.: Barriere], womit vor allem die Schranken des Gerichts gemeint waren. Auch in Wirtshäusern erwies sich eine Barriere vor dem Schanktisch als nützlich. In den USA entwickelte sich der Typus des Nachtlokals, bei dem die Bedienung direkt am Schanktisch die zentrale Rolle spielt. Der Begriff übertrug sich auf eben diesen Typus); **Bluff** (das Wort ist vermutlich nahe verwandt mit »verblüffen«); **Boss** (nl. *baas* = Meister, Aufseher, Herr); **Clan** (das irische Wort *clann* bedeutet wörtlich: Kinder, Nachkommen. Es ist aber kein keltisches Wort, sondern leitet sich von lat. *planta* = Pflanze her); **Farm** (kommt von franz. *ferme*, dem gepachteten Bauerngut; vor allem im amerik. Englisch löst sich das Wort aus diesem »rechtlichen« Zusammenhang); **fesch** (ist eine Eindeutschung von *fashionable*); **Frack** (Eindeutschung von engl. *frock*, dem vorne offenen, hinten mantellangen Überrock für Männer des 18. Jh.); **Gully** (das Wort wurde erst um 1870 gebildet, als man in England mit dem Bau von Straßenkanalisation begann; es leitet sich ab von *gullet* = Kehle, Schlund); **Jeans** (Genua war ein wichtiger Umschlaghafen für Baumwollstoffe; Engländer und Amerikaner sprechen den Stadtnamen »Dschenua« aus. Jeans war daher wohl ursprünglich

Genua-Baumwolle); **Jockey** (ist eine Verkleinerungsform des Namens Jock bzw. Jack); **Klosett** (*water closet* = Wasserkämmerchen); **Klub** (*club* bedeutet im Engl. auch etwas scheinbar völlig anderes, nämlich Keule; *club* ist verwandt mit »Klumpen« und beiden Wörtern liegt die Vorstellung einer Ansammlung von Masse, bzw. beim »Klub« von Menschen zugrunde. Die Bedeutungsübertragung erfolgte über das allgemeinere engl. Verb *to club* = eine Einheit formen); **Lady** (diese Dame ist urspr. die »Teigkneterin«. Das Wort ist in seiner Wurzel eng verwandt mit »Laib« (Brotlaib) und »Teig«. Aus dieser Teigkneterin (altengl. *hlaefdige*), deren Brot an die Burg- oder Schlossbesatzung verteilt wurde, wurde dann die Herrin des Schlosses); **Lord** (ganz analog zu Lady ist der Lord der *hlaford*, in einer noch älteren Wortform der *hlaf-weard*, der Schutzherr (*weard*) bzw. Verteiler des Brots (*hlaf*); **Partner** (das Wort wurde von Goethe aus dem Engl. in der Bedeutung übernommen, die uns heute geläufig ist [Tanz-]partner). Im älteren Engl. und Franz. existierte das Wort bereits vor allem in der Handelssprache (Geschäftspartner). Es stammt von lat. *partire* = teilen. Ein Partner ist also ein Mensch, mit dem man sich eine Aufgabe teilt. **Partie**, **Partei**, **Party** (ganz analog zu »Partner« sind das Veranstaltungen, an denen mehrere Menschen teilnehmen); **Service** (dem Wortursprung nach sind das die Dienste, die ein Sklave (lat. *servus*) leistet. Das Wort kam im Lauf der Jahrhunderte auch im liturgischen Bereich und im Haus- und Hofwesen vor (Bedienung bei Tisch). Mit der ungeheuren Aufwertung des Dienstleistungsbereichs im 20. Jh. gewann auch das Wort eine immer positivere Bedeutung); **Shorts** (ist im Grunde dasselbe Wort wie das dt.

Deutsche Wörter im Englischen

angst, autobahn, blitz (= Blitzkrieg), biergarten od. beergarden, delicatessen, dummkopf, ersatz, festschrift, Fräulein, Fritz, gemütlich, gestalt, götterdämmerung, glockenspiel, glühwein, hausfrau, hinterland, jodeln, kaffeeklatsch, kaputt, kindergarten, kitsch, lager, langlauf, leberwurst, lederhosen, leitmotiv, lied, meister, mensch, panzer, pretzel, pumpernickel, quatsch, realpolitik, rucksack, sauerkraut, schadenfreude, schmalz, schnaps, schnitzel, seltzer (= Selters), spiel, spritz, stau, steppe, strudel, sturm und drang, swindler, uber (= über), urtext, verboten, volkswagen, wanderlust, weltanschauung, weltschmerz, wunderkind, wurst, zeitgeist, zigzag, zink (da urspr. nur in Dtl. gewonnen).

»Schurz« und beides ist wortgeschichtlich und sinnverwandt mit »kurz«); **Steak** (heißt so, weil die Fleischscheibe früher auf einen Bratspieß gesteckt wurde. Dieser Bratspieß war der *steik* [altnordisch]. Von diesem Wort ging die Bezeichnung auf das Bratgut über); **Stop** (gibt es auch im Dt.: Das »stoppen« leitet sich vom »stopfen« her, mit dem sich auch die Vorstellung des Anhaltens verbindet); **Streik** (noch um 1890 gebrauchte man auch in Dtl. die engl. Schreibweise *Strike*. Mit dem engl. Verb *to strike* bezeichnet man auch das Herablassen der Segel, das Abbrechen von Zelten und Gerüsten und davon abgeleitet das Niederlegen der Arbeit [seit ca. 1770]); **Test** (im älteren Engl. war der *test* ein kleiner Tiegel, eine Tonschale, mit der eine Probe von einer Metallschmelze genommen wurde [im Dt. kommt übrigens das Wort »Stichprobe« aus demselben Sachzusammenhang]. *Test* stammt von lat. *testa* = Tonschale: Aus der Metallverarbeitung hat sich das Wort mit dem allgemeinen Sinn »Probe, Eignungsprüfung« sehr weitgehend verselbständigt).

Folgende Wörter gibt es hingegen im Englischen nicht (in Klammern der jeweils korrekte engl. Begriff): **City** (*center*); **Doping** (*drug-taking*); **Handy** (*mobile phone*; »Handy« wurde bei der Telekom in Bonn unter Josef Kedai 1990 aus dem engl. Begriff »handheld phones« – handgetragene Telefone – für die seinerzeit brikettgroßen C-Netz-Geräte entwickelt); **Mobbing** (*bullying*), **Oldtimer** (*veteran car*), **Single** (*single person*), **Smoking** (*dinner-jacket* bzw. *black-tie*; amer.: *tuxedo*), **Training** (*exercise*), **Trainer** (für Mannschaften: *coach*; *trainer* nur als: *personal trainer* und im Pferdesport; *trainers* = Sportschuhe), **Yellow Press** (als Sammelbegriff: *gutter press*, oder als einzelne Boulevardzeitung: *broadsheet*).

Wörter aus anderen europäischen Sprachen

Aus dem Dänischen

schmuggeln

Aus dem Finnischen

Sauna

Aus dem Isländischen

Geysir (Eigenname, eigentlich »in heftige Bewegung bringen«), **Saga**.

Aus dem Niederländischen

Dem Niederländischen verdankt das Deutsche (und andere Sprachen) sehr viele Ausdrücke aus der Seemannssprache. Sie werden daher gesondert vorangestellt: Backbord, Besan, Bö(e), Boje, Bord, Brack(wasser), Deck, Dock, Düne (ev. kelt. Urspr.), Ebbe, entern, Flotte, Fock, Gaffel, Gracht, Harpune, Heuer (eng verwandt mit: Hure), hissen, Kabel, kalfatern, Kaper, kapern, kappen, kentern, Klüver, Koje, Kombüse, Leck, Lee, Lotse, Luke, Luv, Maat, Matjeshering, Matrose, Reede (Bedeutung: bereit[liegen]!), Reeder, Schauermann, Schleuse, Takel(age), Werft.

flüstern (*fluisteren*), **Gelage** (*ghelach* =Gildenmahlzeit, Festmahl), **Juwel** (*juweel* von altfranz. *joiel* = Kleinod), **Kakerlak** (vermutl. aus span. *cucaracha* umgebildet), **klug** (*kloek*, seit dem 12. Jh. vom Niederrhein ausgehend), **krakeelen** (*kreel* = Lärm von franz. *querelle*), **Kram** (*kram* = Kaufmannsbude, Kaufmannsware; eigentlich das aufgespannte Zeltdach über dem Verkaufsstand), **Makler** (*makelaar* von *maken* = machen, handeln); **Lotterie** (*loterij* aus *lot* = Los), **Niete** (*niet* = Nichts, Null), **piek** (fein etc.) (*puik* = vortrefflich, beste Ware), **Plunder** (aus der Küstensprache, kein ie. Wort; verwandt mit »plündern«), **Quacksalber** (*kwakzalver*, *kwaken* = schwätzen), **Rabauke** (*rabauw* = Schurke, Strolch), **Ritter** (mittelalterlich-flämische Übersetzung von franz. *chevalier*), **Römer** (Prunkweinglas; verw. mit »rühmen«), **schildern** (eigentlich: »malen«), **Waffel** (nl. Fasten- und Festgebäck mit wabenartiger Musterung; verwandt mit »Wabe«).

Aus dem Norwegischen

Fjord (verwandt mit: »Furt«), **Krake**, **Ski** (= Schneeschuh; verwandt mit »Scheit«), **Slalom** (Bedeutung etwa: »Schneespur an einem Hang«). Aus Vorläufern der heutigen skandinavischen Sprachen stammen: **Riff**, **Strand**, vorher gab es im Dt. nur die Wörter »Gestade« und »Ufer«.

Aus dem Polnischen

dalli, **Fatzke** (vom poln. Vornamen Wacek = Waclaw), **Grenze** (hat alle vorhergehenden dt. Wörter für »Grenze« wie Ende, Mark, Rain, Scheide verdrängt), **Gurke**, **Klitsche** (*clec* = Lehmhütte, armseliges Bauwerk), **Pulk** (die Urform des slaw. Wortes ist eng verwandt mit »Volk«), **Quark** (*twarog*).

Aus dem Portugiesischen

Fetisch (*feitico*), **Kobra** (*cobra de capelo* = Schlange mit Kapuze, Haube), **Marmelade** (nicht irgendeine beliebige Marmeladensorte, sondern: *marmelo* = Quittenmarmelade).

Aus dem Russischen

Balalaika, **Bolschewik** (wörtl.: »Angehöriger der Mehrheit«), **Datsche** (*dáča* = Landhaus), **Droschke** (*drozki*), **Ikone**, **Jurte** (urspr. turksprachlich: »Haus«, »Wohnung«; gemeint: Nomadenzelt), **Mammut** (ist urspr. kein slaw. Wort, sondern stammt aus einer der sibirischen Sprachen), **Parka** (Aleutenwort = »Felljacke«), **Samowar** (= Selbstkocher), **Schaschlik**, **Sowjet** (= Rat), **Sputnik** (= Begleiter, Reisegefährte), **Steppe**, **Taiga** (urspr. turksprachlich: »Felsengebirge«).

Aus der Schweiz

Putsch (stammt aus der Zürcher Mundart (19. Jh.) und ist lautnachahmenden Ursprungs), **Gletscher** (Tessiner und Walliser Umbildung von spätlat. *glacia*; wie im Franz.: *glacier*), **jodeln** (lautliche Nachahmung ähnlich wie »johlen«), **Lawine** (im Tessin und Engadin aus lat. *lavina*).

Aus dem Serbokroatischen

Krawatte (heißt: »der Kroatische«; gemeint ist: »der kroatische Knoten«. Das Wort gelangte in der französisierten Form als Modebegriff ins Dt.), **Kren** (süddt. Wort für »Meerrettich«), **Vampir** (upir, upirina = Gespenst, Ungeheuer).

Aus dem Slowenischen

Jause (das Wort entstammt einem urslaw. Wort für »Mittag, Süden«).

Aus dem Spanischen

Das Spanische hat viele Wörter aus dem arabischen Sprachraum in die europäischen Sprachen vermittelt. Diese Begriffe finden sich weiter unten bei den »Wörtern aus dem Arabischen«. Außerdem haben die Entdecker Mittel- und Südamerikas etliche Dinge aus der Neuen Welt nach Europa gebracht und damit die Begriffe. Diese finden sich ebenfalls weiter unten bei den jeweiligen Herkunftssprachen.

Adjutant, **Albino**, **Alligator** (*el lagarto des Indias* = die (west)indische Eidechse), **Bolero**, **Brise** (sehr altes, iberoromanisches Wort), **Eldorado**, **Embargo**, **Gala** (formelle Kleidung bei höfischen Festen), **Galan** (war natürlich urspr. ein Teilnehmer an Festen, bei denen Gala getragen wurde), **Gitarre**, **Guerilla**, **Junta**, **Kakerlake**, **Kannibale** (Verballhornung von »Karibisch«; die Kariben waren teilweise Menschenfresser), **Karacho** (*caracho* = Penis), **Karamel**, **Kasko** (*cascar* =

zerbrechen), **Kastagnette**, **Liga**, **Major**, **Mestize**, **Moskito**, **Mulatte**, **Passat**, **Rumba**, **Savanne**, **Silo**, **Tango**, **Torero**, **Trense**, **Vanille**.

Aus dem Tschechischen

Dudel(sack) (*dudy* geht wiederum zurück auf türk. *düddük* = Flöte), **Halunke**, **Pistole**, **Polka**, **Popanz** (*bubák* = Schreckgestalt), **Trabant**, **Zigeuner** (evtl. von: »Sarazener«).

Aus dem Ungarischen

Csardas (eine csárda ist eine Pußtaschenke; das Wort ist persischen Ursprungs und bedeutet »viersäuliger Erker«), **Kutsche** (= Wagen aus Kocs), **Paprika** (ungarisches Wort für »Pfeffer«. Die Pflanze stammt aus Südamerika, Ungarn war und ist aber ein Hauptanbaugebiet), **Säbel** (*szablya*), **Tollpatsch** (*talpas*).

Wörter aus dem Rotwelschen & Jiddischen

Rotwelsch (»Rot« mittelalterlich »falsch, untreu, betrügerisch, gaunerisch«, die »Welschen« waren die Romanen oder allgemein die Fremden) ist die Gauner- und Vagabundensprache, die sich seit dem 13. Jh. als Milieusprache innerhalb des Deutschen bis ins 19. Jh. hinein entwickelt hat. Es folgt im Wesentlichen der Grammatik des Deutschen, hat aber viele Wörter und Begriffe aus dem Jiddischen und der Zigeunersprache aufgenommen. Viele Wörter des Rotwelschen sind andererseits heute noch Bestandteil der deutschen Alltags- und Umgangssprache.

abkochen, abgekocht rtw. *kochen* bedeutet urspr.: bei Diebstahl Gewalt anwenden. Es war auch generell ein Ausdruck für alle Arten von Schwindel und Übervorteilung bis hin zur Erpressung.

abzocken, zocken, Zocker jidd. *s'chcocken* = scherzen, lachen, spielen. Im Jidd. auch ein Ausdruck für das Kartenspiel, im Rtw. generell für das Glücksspiel.

ausbaldowern jidd. *baal* = Herr, Mann; *dowor* = Sache; *baal dowor* ist der Besitzer, Unternehmer, Anführer. Im Rtw. ist *Baldower* derjenige, der die Sache (den Diebstahl) auskundschaftet und der Anführer dabei ist.

ausgekocht jidd. *chochem* bedeutet eigentlich: klug, weise gescheit; auch: gerissen; das Wort kommt nicht vom dt. »kochen« wie etwa »abgebrüht«, auch wenn die Begriffe sinnverwandt sind.

austüfteln Im Rtw. ist *difteln*: gewandt und schlau stehlen. *Diftler* sind auch geschickte Betrüger, die bspw. wohlgekleidet wie Standespersonen auftreten. Im Rtw. ist *Diftler* zudem ein Wort für »Anwalt«, auf jeden Fall jemand, der eine Sache genau durchdenkt.

Beize, Beisl jidd. *bajis* = Haus. Im Rtw. ist damit die Schlafstelle, die Herberge, das Gast- oder Wirtshaus gemeint.

beschickert jidd. *schikkern* = trinken.

bestusst, Stuss jidd. *schtus* = Torheit, Unsinn.

betucht jidd. *betuach* = vertrauenswert, wohlhabend, geachtet.

Bock haben zig. *bokh* = Hunger; übertragen auf alles, worauf man Lust und Appetit hat.

Brüller ist eigentlich der Brillant. Im Rtw. wurden Edelsteine und vor allem Diamanten so bezeichnet.

Chuzpe jidd. *chuzpo* = Unverschämtheit, Anmaßung.

Daffke jidd. *davko* = gewiss, sicher, absolut. Daraus wurde im familiären Jüdisch *dawke* = »nun gerade doch«, »erst recht« oder wie man es heute gebraucht: »aus Trotz«.

dibbern jidd. = sprechen; Rtw: schwätzen, tuscheln, sich unterhalten.

dufte eigentlich: *tofte*; von jidd. *tow* = gut, schön, groß, glücklich.

einlochen rtw. *Leck* = Gefängnis. Das Wort hat nichts mit dem Schiffsleck zu tun, sondern kommt vom rheinischen *lech* = lechzen, schmachten, hungrig sein.

einseifen jidd. *besefeln* = mit Kot beschmieren, betrügen.

filzen Im Rtw. ist ein *Filtzer* ein Kamm. Deshalb wird das Wort im Sinne von »nach verbotenen Gegenständen durchsuchen bzw. durchkämmen« gebraucht.

Fusel evtl. aus dem Alchimistenlat., wo Fusel die Rückstände in der Retorte bezeichnet (*fusile* = etwas Flüssiges).

Ganove jidd. *gannew* oder *ganef* = Dieb.

Gauner jidd. *jowen* = Grieche. Die Griechen waren wegen ihrer Geschicklichkeit im Falschspiel berüchtigt. Im Dt. war das Wort in der Form von *Joner* im Niederdt. und von *Jauner* im Oberdeutschen seit dem späten Mittelalter geläufig.

Geseire jidd. *gesera* bedeutet »amtliche Verordnung« und gleichzeitig »Verhängnis«. Man bezeichnete damit auch alles, was Sorge und Mühe bereitet. Das Gerede und Jammern darüber wurde dann auch in den Begriff einbezogen.

Graf Rotz jidd. *roson* = großer Herr, Fürst.

Großkotz jidd. *kozin* = Richter, Magistratsbeamter, Herr, Fürst.

halbseiden Im Althdt. bedeutete *halbe* = Seite. Aus dem Missverständnis von Seite = Seide und dem Unverständnis von *halbe* entstand dieser tautologische Begriff.

(herum)tigern hat nichts mit »Tiger« zu tun, sondern kommt von jidd. *th'gor* = auf Handel ziehen, evtl. auch von *durjew* = weit gehen.

Kaff, Kaffer kommt aus der Zigeunersprache: *gaw* = Dorf. Das jidd. Wort *kephar* = Dorf ist in älteren Vokabularien des Rotwelschen nicht vorhanden. Hingegen kommt Kaffer = Bauer, Hinterwäldler von *kephar*.

Kaschemme zig. *katšima* = Wirtshaus; eng verw. Wörter mit derselben Bedeutung gibt es in allen slaw. Sprachen.

Kassiber jidd. *kaswenen* = schreiben.

kess Das meist in Bezug auf junge Frauen gebrauchte Wort bedeutet im Rtw: klug, gescheit. Es geht zwar zurück auf jidd. *chochem* = klug, weise, verwendet aber nur die Bezeichnung des 8. Buchstabens im hebräischen Alphabet (ch) = *chess*.

Kittchen Im älteren Dt. gab es das Wort *Keiche* oder *Keuche* = Kerker, Gefängnis. Dessen Verkleinerungsform *Kittchen* hat sich im Rtw. erhalten (das Wort ist verw. mit *Kate* und engl. *cottage*).

Kluft jidd. *kelipho* = Rinde, Schale; in der familiären jüdischen Sprache war die *Kluft* auch das Kleid der Frauen. Die berlinische Redewendung »sich in Schale werfen« ist eine direkte Übersetzung.

Knast jidd. *knas* = Geldstrafe.

Kneipe Das rtw. Wort ist seit dem 18. Jh. im Sinne von »Diebswirtshaus« belegt und fand sehr schnell Verbreitung durch die Studentensprache; es ist identisch mit nl. *knip* = Falle und synonym mit »Klappe« = Bordell.

koscher jidd. = recht, (rituell) rein.

labern jidd. *labbe* = Mund.

Lude Abkürzung von Ludewig.

Macke Das jidd. *macko* = Schlag, Stoß erhielt in der familiären Sprache der dt. Juden auch die Bedeutung: Fehler, Gebrechen.

Macker jidd. *makor* = vertrauter Freund, Kamerad. Im Rtw. erhielt das Wort zusätzlich noch die Bedeutung: Sachverständiger, Kenner.

malochen jidd. *melochnen* = arbeiten.

mauscheln bedeutet so viel wie »nuscheln« mit der besonderen Bedeutung: auf jüdische Art undeutlich reden.

meschugge jidd. = verwirrt.

mies jidd. = ekelhaft, widerlich, hässlich, schlecht. Im Jidd. und im Rtw. ergeben sich dann auch alle bekannten Wortzusammensetzungen mit mies: Miese machen (beim Kartenspiel, bei Geschäften, schlechte Schulnoten), miesmachen, Miesepeter, vermiesen etc.

Mischpoche jidd. *mischpocho* = Familie, Hausgenossen, Völkerstamm.

Mordskerl kommt nicht vom dt. »Mord«, sondern von zig. *murs*, was erstens Hengst und zweitens Mann, Kerl bedeutet. Mordskerl ist also eine Tautologie.

mosern jidd. *mosser* = Verräter, Schwätzer, Angeber, Nörgler. Im Rtw. war »mosern« auch die Verständigung im Gefängnis durch Klopfzeichen.

nassauern jidd. *nossen, naussen sein* = etwas gratis bekommen oder genießen. Im Rtw. wurde aus diesem jidd. Grundwort generell der Begriff *nass* = ohne Geld. Im Rtw. ist der *Nassauer* immer der Schnorrer, Mitzecher, Mitesser.

nebbich ist im Jidd. eine Betonungspartikel wie »tja!« oder »ach, leider!«. Sofern es noch verwendet wird, ist die konkrete Bedeutung heute: »und wenn schon!«, »nichts zu machen!«.

neppen aus dt. »Noppen« und »Nippes« entstand zunächst im Rtw. *Neppes* für »Kostbarkeiten, Wertsachen«. Der negative Sinn von *neppen* als »jemandem unechte oder minderwertige Waren andrehen« tritt erst um 1800 hinzu.

Ölgötze jidd. *ol joez* = hoher Rat. Aufgrund der steifen Sitzhaltung, die Ratsmitglieder einnehmen, fand das verballhornte Wort Eingang in das Rtw. und von dort ins Dt.

Penne, pennen, Pennbruder jidd. *binjan* = Gebäude. In der Gaunersprache auch verwendet im Sinne von Herberge, Nachtquartier, Schlafstelle. »Pennen« hingegen entstand aus jidd. *pannai* = müßig. (Übrigens ist *penai* = Zeit.) Im Rtw. vermischten sich die »Etymologien«: Man pennte in der Penne und wer dort schlief, war ein Pennbruder.

petzen Das rtw. Wort ist aus jidd. *Peizaddik* bzw. *Pezet* = Polizei hervorgegangen. Dies ist wiederum ein Tarnwort, denn eigentlich bezeichnet es nur die Buchstaben P und Z, *pe* für P und *zaddik* für Z.

(feiner) Pinkel Immer in geringschätzigem, ironischem Sinne von einem Mann. Das Wort kommt aus dem Niederdt. *bink, pink* = dreckiger Bauer. »Pinkeln«, »Bengel« (=dicker Penis) und »Penis« sind im Rtw. sehr nahe »verwandte« Wörter. Zu dieser Gruppe gehört auch Dreckfink.

Pleite, Pleitegeier jidd. *pleto* = Flucht. Dieses derbere Wort unserer Umgangssprache aus dem Rtw. bezeichnete dort im erweiterten Sinne den Misserfolg, den Reinfall. Pleitegeier entstand als Kombination aus *pleto* und dt. »gehen« in jüdischer Aussprache: Pleitegeher – *Pleitegejer*.

Ramsch, ramschen franz. *ramas* bzw. *ramasser* ist das Aufsammeln (wertloser Dinge). Das Rtw. bildete daraus evtl. unter Einfluss von hebr. *ramma'ut* = betrügen den Begriff für den Ausverkauf zu Schleuderpreisen.

schachern jidd. *sacheren* = handeln, verkaufen.

schäkern jidd. *chak* bezeichnet die weiblichen Geschlechtsmerkmale Busen und Schoß. Beim Mann, der *schäkert*, ist somit klar, worauf er hinaus will.

Schamott aus dem jidd. Wort *schaz maz* = alles in einem. Daraus Rtw. für Kram, wertloser Plunder.

Scheeks Das auch im Rtw. und heute noch in Ostdeutschland gebräuchliche Wort für »junger Mann, Freund« kommt von jidd. *schekes* = Gräuel, Abscheu vor dem Unreinen; denn es bezeichnet urspr. den nicht-jüdischen Burschen.

Schickse Weibliches Pendant zu Scheeks ist jidd. *schickzo* = das nicht-jüdische Mädchen. Dieses Wort hat im Rtw. und im Jüdischen eine Begriffserweiterung erfahren hin zu: Christenmädchen, Dienstmädchen, Flittchen und wurde schließlich im Rtw. nur noch abwertend gebraucht.

Schlamassel Kombination aus dt. »schlimm« und jidd. *masol* = (Glücks-)Stern.

Schmuh, Schmus jidd. *schmuo* = Erzählung, Gerücht. Im Rtw. ist *schmusen* ein Wort für: plaudern, anpreisen, vorschwindeln. Der so erzielte unredliche Gewinn ist der Schmu.

schnorren Das dt. Synonym für »betteln« entstand im Rtw., weil Bettler früher mit der Schnurrpfeife (Dudelsack) als Bettelmusikanten umherzogen.

schofel jidd. *schophol* = minderwertig, gemein, wertlos.

Schuft Mit dem Wort bezeichnete man urspr. einen verarmten Adligen. Es ist im Rtw. wohl verschmolzen aus nl. *schavuit* = Schurke und jidd. *schophet* = Richter, was möglich ist wegen der richterlichen Gewalt, die Adlige innehatten und von der sie manchmal willkürlich Gebrauch machten. Im Jidd. gibt es das wortspielerische Sprichwort: »Schoftim, kein Schuftim« – Richter, kein Schuft.

Schund zig. *chin(d)ar* = scheißen, auch: betrügen. Im Rtw. erweiterte sich der Begriff von den Exkrementen zu: Unrat, Dreck, schlechte Ware.

Tacheles jidd. *tachlis* = Ziel, der letztendliche Zweck, das Ergebnis. Wurde im Gespräch kein Ergebnis

	erzielt, rief man »Tachlis!« im Sinne von: »Zur Sache!«
Tinnef	jidd. *tinneph* = Kot, Unrat.
Tschick	in Österreich für Zigarette oder Zigarren- oder Zigarettenstummel; von zig. *tsik* = Kot, Schmutz. Dahinter steht die Vorstellung von *Tschickern*, die weggeworfene Stummel aufsammeln und zu Ende rauchen.
vermasseln	jidd. *masol* = Glück, Glücksstern (»Masel tof!« = Viel Glück!). »Vermasseln« wurde im Rtw. vor allem in dem Sinne »bei der Polizei verraten« verwendet.
Zoff	jidd. *soph* = Ende. Im Rtw. das Ende einer Sache, der Ausgang eines Streites im Unfrieden.

Redewendungen

Ab nach Kassel hat nichts mit der Stadt zu tun. Jidd. *gassern* oder *kasseln* = eine Verordnung oder ein Dekret erlassen; und zwar oftmals ganz konkret die Landesverweisung. Man liest die Redewendung daher richtig: *ab nach* = laut *Kassel* = Verfügung.

Auf den Strich gehen an der Grenzlinie entlang gehen; in dem Bezirk, wo Prostitution toleriert wird. Der Strich = Linie = Leine. Deshalb auch: Zieh Leine!

Auf Draht sein Das althdt. Wort *drâte* = »schnell« hat sich in dieser Redewendung im Rtw. erhalten. »Draht« ist hier nicht wortverwandt mit dem Begriff für Metallfaden.

Bammel haben *baal* = Mann, Mensch, Herr; *emoch* = (große) Furcht; ein *baal emoch* ist also ein furchtsamer Mensch.

Damit ist Essig Von jidd. *hessek* = Schaden, Verlust.

Du fällst mir auf den Wecker jidd. *weochar* = er regt (andere) auf.

Es zieht wie Hechtsuppe Eine berühmte missverstandene Eindeutschung. Jidd. *hech supha* bedeutet: ... wie Sturmwind.

Frech wie Oskar jidd. *ossok* = frech, eine Tautologie.

Ich zeige dir, was eine Harke ist / eine haarige Angelegenheit Allen diesen Redewendungen liegt das jidd. Wort *hargenen* = »ermorden, umbringen« zugrunde. Im Rtw. stand *haarig* für alles, was böse, gefährlich und unvorstellbar schlimm war.

Im Eimer sein Das jidd. Wort *emoch* bedeutet: Furcht. Früher gab es viele Abwandlungen dieser Redewendung, in denen »Eimer« im Sinne von »Furcht« vorkam. Ihre Bedeutungen variierten von »Pech haben«, »in Verlegenheit sein«, »ertappt sein«, »entsetzt sein«.

Jemanden auf die Palme bringen Im Rtw. bedeutet »auf der Palme sein«: wütend sein. Das hat nichts mit dem Baum zu tun, sondern kommt von jidd. *baal allim* = gewalttätiger Mann.

Jemanden auf die Schippe nehmen jidd. *chiba* = Liebe. Daraus leitete sich die Bedeutung ab: »jemanden mit (falscher) Liebenswürdigkeit behandeln«, »ihm etwas Angenehmes vorspiegeln« oder ganz allgemein »jemanden verulken«.

Nicht alle Tassen im Schrank haben / eine trübe Tasse sein von missverstandenem jidd. *taschia* = Klugheit, Verstand.

Nicht lange fackeln Im Rtw. ist *fackeln* = hin und her bewegen; es war auch ein Synonym für »schreiben«.

Schmiere stehen jidd. *schmiro* = Bewachung, Wächter.

Wo der Barthel den Most holt *Barthel* = Brecheisen; *Most* = Moos = Geld.

Wörter aus anderen Sprachen der Welt

Arabisch

Zu den überwiegend im Mittelalter und in der frühen Neuzeit ins Deutsche gelangten »Fremdwörtern« zählen auch diejenigen aus dem Arabischen. Viele dieser Wörter finden sich in ähnlicher Form auch in anderen europäischen Sprachen. Das Arabische ist auch der große Vermittler vieler Begriffe aus dem alten Indien (»Ziffer«, »Zucker«) und dem alten Persien (»Haschisch«, »Limone«, »Karmesin«). Ein schönes Beispiel für diese Vorgänge ist pers. *aspanah* = arab. *isbinah* = franz. *espinach* = Spinat. Viele Wörter wurden auch erst vom Arabischen ins Türkische weitergegeben und gelangten von dort nach Europa (ein klassisches Beispiel hierfür ist arab. *qahwa* = türk. *kahve* = Kaffee). Eine kleine Auswahl von Begriffen mit arabischen Sprachwurzeln:

Admiral	*amir* (vgl. *emir* = Fürst); Befehlshaber, Fürst
Alchimie	*al-kimiya* = Stein der Weisen; geht zurück auf griech. *chymeia*: Kunst der Metallverwandlung
Algebra	*al-gabr*: Einrenkung gebrochener Teile; bezieht sich auf mathematische Gleichungen
Algorithmus	Al-Hwarizimi: der Hwarizimer, Beiname des Mathematikers Abdallah Muhammed ibn Musa (9. Jh.), in Anlehnung an griech. *arithmós* = Zahl; bezeichnet schematisierten Rechenvorgang
Alkazar	*al-qasr* = Palast, Schloss (in Spanien)
Alkoven	*al qubba* = Kuppel; kleines Nischenzimmer mit einer eigenen Kuppel
Almanach	*almanah* = Kalender
Arrak	*araq at-tamr* = Schweiß der Dattelpalme
Barchent	*barrakan* = Stoff aus Kamelhaar; heute Bezeichnung für eine Gewebemischung aus Leinen und Baumwolle
Gabardine	*qaba* = Oberkleid

Gamasche	*gadamasi* = Leder aus Ghadames (heute in Libyen)
Haschisch	*hašis* = indischer Hanf, Gras, Kraut
Joppe	*gubba* = langes Kleidungsstück, Unterkleid; daraus auch franz. *jupe* = Rock
Kadi	*qadi* = Richter
Karaffe	*garafa* = schöpfen; auch arab. Bezeichnung für eine weitbauchige Flasche
Koran	*qur'an* = Lesung, Vortrag; arab. *qara'a* = rezitieren, lesen.
Laute	*al-ud*; nur *ud* bedeutet: Holz bzw. Instrument aus Holz
Magazin	*mahazin* = Speicher, Warenlager, dann vor allem auch: Waffenlager
Matratze	*matrah* = Teppich
Monsun	*mausim* = Jahreszeit; Bezug zum jahreszeitlich auftretenden Wind
Moschee	*mašgid* = Gebetshaus; in europ. Sprachen zunächst: meszquita. Wegen der Düfte mit Moschus in Verbindung gebracht.
Razzia	*gaziya* = Beute- und Raubzug
Risiko	*risq* = der vom Schicksal (oder von Gottes Gnade) abhängige Lebensunterhalt
Safari	*safar* = Reise; heutige Bedeutung aus dem Suaheli
Scheich	*šaih* = Greis, Ältester
Sirup	*sarap* = Trank
Sofa	*suffa* = steinerner Vorsprung, Sims, Bank; über franz. *sofa* ins Dt.
Sorbet	*šarbat* = Trank
Sultan	*sultan* = Herrscher
Talisman	*tilasman* = Zauberbild, beruht auf dem griech. Wort *télesma* mit gleicher Bedeutung
Tarif	*ta'rifa* = Bekanntgabe von Gebühren
Tasse	*tassa* = Napf
Ziffer	*sifr* = Null; urspr. aus dem Indischen

Wörter aus anderen Sprachen der Welt

Aus australischen Ursprachen

Bumerang, Dingo, Känguru, Koala.

Aus dem Aztekischen

Avocado (*ahuacatl*), **Kakao** (*cacauatl*), **Koyote** (*coyotl*), **Schokolade** (*xocolatl*, wobei *xoco* = bitter, *atl* = Wasser), **Tomate** (*tomatl*).

Aus dem Bantu

Banane, Schimpanse, Tsetse(fliege).

Aus dem Chinesischen

Ketchup (*koechiap, ketsiap* bedeutet: Fischsoße. Das Wort gelangte über die verballhornte Form im Engl. im 19. Jh. in die übrigen europäischen Sprachen), **Kotau** (*ketau* = »mit dem Kopf auf den Boden schlagen«; tiefe Verbeugung aus dem chin. Hofzeremoniell), **Taifun** (*taifeng* = großer Wind), **Tee** (*te*; aus Hochchin. *cha* wird russ. *cai*).

Aus der Eskimosprache

Anorak, Kajak, Iglu.

Aus dem Hunnischen

Köcher (9. Jh.).

Aus indischen Sprachen

Hierzu muss gesagt werden, dass es eine »indische« Sprache nicht gibt. Die Sprachen des indischen Subkontinents gehören nicht einmal alle der indoeuropäischen Sprachfamilie an. Vor allem die drawidischen Sprachen im Süden (bspw. Tamil) sind nicht indoeuropäisch. Gemeint sind hier Wörter aus verschiedenen Sprachen, die in Indien gesprochen werden.

Brille (leitet sich ab von der Bezeichnung des Halbedelsteins Beryll, aus dem ab ca. 1300 in Oberitalien die ersten Sehhilfen geschliffen wurden. Beryll ist benannt nach der südindischen Stadt Belur, auch das Wort »brillant« ist daraus hervorgegangen), **Bungalow** (Gujarati, »das bengalische Haus«; eingeschossiger Haustyp, in dem die Europäer wohnten. Gujarati ist übrigens die Muttersprache von Mahatma Gandhi), **Curry** (Drawidisch *karil* = Soße), **Dschungel** (Hindi *jangal* = Wald, wildes Land), **Ingwer** (Pali und Drawidisch *singivera* bedeutet ungefähr: Hornwurzel), **Jute** (aus Oriya), **Mango** (Tamil *man-gay*), **Pagode** (im Drawidischen urspr. der Name einer Gottheit; von den Europäern auf den Kultort übertragen), **Paria** (Tamil *paraiyar*, urspr. Trommelschläger bei bestimmten Hindufesten in Südindien, eine sehr niedrige Kaste; *parai* bedeutet: große Trommel), **Pfeffer** (*pippali*), **Polo** (Balti *polo* und Tibetisch *pulu* = Ball), **Pyjama** (Urdu *pa* = Fuß, Bein, *jama* = langes weites Gewand, *paijama*: »Beinkleid, lose geknüpfte Hose«), **Shampoo** (Das Hindi-Wort bedeutet exakt: »knete!«, »massiere!«), **Tank** (*tankh* bedeutet in Gujarati: Wasserbehälter, künstlicher See), **Teak** (von *tekka*; Baumbezeichnung aus der Drawidasprache Malajalam), **Veranda** (aus gleichbedeutendem Hindi: *varanda*).

Aus dem Japanischen

Bonze (urspr. »buddhistischer Priester«; auch im Jap. ein Fremdwort aus China oder Indien), **Futon** (= Matte), **Geisha** (*gei* = Kunst, *sha* = Person, also: Unterhaltungskünstlerin), **Harakiri** (*hara* = Bauch, *kiru* = schneiden), **Ikebana** (= lebende Blume; der Begriff stammt aus Opferritualen in buddhistischen Tempeln), **Jiu-Jitsu** (*ju* = sanft, *jutsu* = Kunstgriff, Technik), **Judo** (*ju* = sanft, *do* = Weg), **Karate** (*kara* = leer, *te* = Hand, also die Kunst, sich mit bloßer Hand, ohne Waffe zu verteidigen), **Kimono** (= »Sache zum Anziehen«), **Mikado** (= »Erhabene Pforte« = Titel des jap. Kaisers; in Europa auch Bezeichnung für das Spiel mit Holzstäbchen), **Samurai** (wörtl. »Dienender«; im alten Japan urspr. bewaffnete Leibwächter des Adels), **Sushi** *(sushi, sui* = säuerlich; wegen der Verwendung mit Essig leicht gesäuerten Reises), **Tatami** (urspr. Bezeichnung für ein Flächenmaß – 1,65 m^2 –, auf die Matte dieser Größe übertragen), **Tenno** (= »Himmlischer Herrscher«; Titel des jap. Kaisers), **Tsunami** (wörtl. »große Welle im Hafen«, weil man die verheerende Grundwelle auf offener See kaum erkennen kann und sie ihre zerstörerische Kraft erst in flachen Küstengewässern entfaltet).

Aus Kariben-Sprachen

Alle diese Wörter wurden über das Spanische in die europäischen Sprachen vermittelt. Die wichtigsten karibischen Indianersprachen heißen Aruak und Taino. **Barbecue** (Taino: »Lager aus Weidengeflecht« und dort »im Erdloch zubereiteter Braten«), **Kanu** (= Baumkahn), **Leguan** (Aruak: *iguana*), **Mahagoni** (Baumname in Aruak), **Mais** (auf Taino: *mahis*), **Orkan** (die Spanier lernten das Taino-Wort *huracan* kennen, dieses geht auf einen Maya-Götternamen *hunraken* = Einbein zurück; damit bezeichneten die Maya das Sternbild des Großen Wagens, da die Herbststürme vorwiegend unter diesem Zeichen auftreten), **Tabak** (vermutlich Aruak-Bezeichnung für eine Vorform der Zigarre; möglicherweise brachten die Spanier die karibische Pflanze aber auch mit einem arab. Wort *tubbaq* für eine aromatische Pflanze in Verbindung), **Zigarre** (Maya: *zicar*).

Deutsche Wörter in anderen Sprachen

Besonders viele deutsche Lehnwörter finden sich im Russischen und im Japanischen (ca. 500 Einträge im ›Kojien‹, dem japanischen ›Brockhaus‹), darunter: arbubeito (Arbeit), zairu (Seil), gerende (Gelände), arupenshutokku (Alpenstock), genepuro (Generalprobe), ruckusacku (Rucksack), kirshuwassa (Kirschwasser), suprechchoru (Sprechchor), gewalt. Besonders »erfolgreich« sind auch Nickel und Quarz (zehn Sprachen vom Finnischen über Russisch bis Türkisch), aber auch Walzer, Schnitzel (acht Sprachen) und Kindergarten.

Aus dem Malaiischen

Amok laufen (*amuk* = wütend, rasend), **Bambus**, **Batik** (= gesprenkelt), **Dschunke** (*djong* = großes Segelschiff; zunächst ins Chin. und von dort in die europ.

Sprachen entlehnt), **Gong**, **Nasi Goreng** (= gekochter und dann gebratener Reis), **Orang-Utan** (= »wilder Waldmensch«).

Aus dem Maldivischen

Atoll

Aus nordamerikanischen Indianersprachen

Mokassin (Algonkin), **Totem** (aus der Ojibwa-Sprache: *ot-toteman* = »er ist aus meiner Verwandtschaft«; bezeichnet das emotionale Zugehörigkeitsgefühl zu einer Pflanze, einem Tier oder einer Naturerscheinung, oft mit einem Tabu belegt).

Aus dem Persischen

Bakschisch (*bahšiš* = Geschenk), **Bazar** (*bazar* = Markt), **Jasmin** (*yasamin*), **Karawane** (*karwan* = Kamelzug), **khaki** (= staubfarben), **Magier** (Angehöriger des Volks der Magoi, eines Priestervolks), **Moschus**, **Mumie** (*mumiya* = harzige Masse, einbalsamierter Leichnam), **Orange** (*narang*), **Paradies** (*pardez* = Garten), **Schach** (*šah* = König; **Schach matt** = *šah mat* = »der König ist gestorben«), **Schakal** (das Wort kam urspr. aus dem Altind, ist aber noch älter), **Spinat** (*aspanah* oder *ispinah* über arab. *isbinah* und franz. *espinach*).

Aus dem Polynesischen

Tabu (*tapu* = »gekennzeichnet«, ganz konkret der Bezirk des Herrschers, der als heilig und unverletzlich galt; in diesem Sinne geht der Begriff im 19. Jh. auf eine Sache oder eine Handlung über), **tätowieren** (in engl. Schreibweise: **Tattoo**: *ta* = einschlagen, einzeichnen, *tau* = Zeichen, Muster).

Aus dem Quetschua

Quetschua ist die Sprache der Anden-Indianer (Bolivien, Ecuador, Peru). Auch hier sind zuerst die Spanier eingedrungen und haben einige Begriffe übernommen. **Chinin** (in span. Schreibweise *quina*, woraus sich im Dt. die Bezeichnung »Chinarindenbaum« ergeben hat. Dadurch wird klar, dass sich der Pflanzenname nicht von dem asiatischen Land ableitet. Das aus der Chinarinde gewonnene Chinin als Vorbeuge- und Heilmittel gegen Malaria war die wichtigste Grundvoraussetzung, dass Europäer in den Tropen überleben konnten, ohne Chinin hätte es die gesamte Kolonialgeschichte nicht gegeben), **Coca**, **Kokain** (der Name des Coca-Strauchs wurde als Namensbestandteil von Coca-Cola zum Weltbegriff), **Kautschuk**, **Kondor** (*cuntur*), **Lama**, **Puma**.

Aus dem Sanskrit

Guru (= ehrwürdiger Lehrer), **Mantra** (= Spruch), **Nirvana** (= vergehen, erlösen), **Karma** (= Tat; basiert auf der Vorstellung, das Leben eines Menschen sei die Folge von Handlungen in früherem Leben), **Yoga** (= anspannen, anschirren; das Wort ist eng verwandt mit »Joch«, gemeint ist die Verbindung eines Einzelwesens mit Gott).

Aus dem Türkischen

Derwisch (kommt urspr. aus dem Pers. und bedeutet: Armer), **Diwan** (urspr. pers. Gedichtsammlung; Regierungskanzlei zur Abfassung von Dokumenten, Regierungssaal. Im Türk.: Empfangssaal mit Sitzpolstern, ab dem 17. Jh. sogar synonym für den Staatsrat. In den europ. Sprachen ist davon nur die bequeme, gepolsterte Sitzgelegenheit übrig geblieben), **Dolmetscher** (*dilmac*), **Harem** (arab. *haram* = »unerlaubt und geheiligt«; auch Mekka und Medina sind *haram*), **Joghurt** (*yogun* = dickflüssig, steif), **Kaviar** (*hawyar*; das Wort kam urspr. aus dem Pers.), **Kebab**, **Kiosk** (wörtl. Bedeutung: Gartenpavillon), **Kismet**, **Minarett** (das arab. Wort ist *manara*), **Tulpe** (*tülbend* = Turban), **Wesir** (*vazir* = Träger, Stütze).

Geld & Wirtschaft

Wörter für Geld

In der Umgangssprache gibt es viele Wörter für Geld und den Umgang mit Geld. Man kann Geld abheben, abkassieren, abzocken, arbeiten lassen, aus dem Fenster werfen, ausgeben, fälschen, investieren, lockermachen, löhnen, raffen, scheffeln, umtauschen, »verbrennen«, verdienen, verlangen, verpulvern, verschwenden, zahlen. Es gibt bares Geld, großes, kleines, leichtes, schmutziges Geld. Einige Ausdrücke haben eine interessante Geschichte:

Asche hat sich vermutlich aus dem franz. Wort *acheter* = kaufen entwickelt und ist im Rtw. als Tarnwort für Geld gebräuchlich geworden. Man unterschied dort: blanke Asche = Silbergeld, rote Asche = Kupfergeld, weiße Asche = Nickelgeld.

berappen Mit Rappen bezahlen.

Blech, blechen Blech ist seiner Wortherkunft (althdt. *bleh*) nach etwas »Glänzendes« (eng verw. mit »bleich«). Bereits im Frühmittelalter verstand man darunter auch schon kleinere Goldmünzen (heute nur noch ungleich wertloseres Eisenblech). Im 15. Jh. wanderte das Wort mit Bezug auf Münzen ins Rtw. und wurde in der Studentensprache des 19. Jh. einschließlich der Ableitung des Verbs wieder aufgegriffen.

Blüten In der Gaunersprache Rtw. wurden Reklamedrucke, Glückwunschkarten, Geschäftsanzeigen oder Werbedrucke von angeblichen Losgewinnen in Form von nachgemachten Geldscheinen als »Blüten« bezeichnet. Ganz Einfältigen wurden solche offenkundigen Nachahmungen auch als Geldscheine untergeschoben. Der Begriff ging dann auf wirkliche Geldfälschungen über.

Flocken Das Wort verweist möglicherweise auf den Herstellungsprozess von Papier und Wertpapieren aus Hadern und Lumpen, für die im Rtw. das Wort »Flocken« gebräuchlich war. Denkbar ist auch eine Anknüpfung an Schneeflocken. Dann verweist das Wort auf das Glänzende des Metalls der wie Schneeflocken angehäuften Münzen.

Geld Hat als Wort seinen Ursprung im Religiösen: Vergeltung ist das Bußopfer, das in kultischen Zusammenhängen erbracht wird. Damit bezahlte man eine Schuld (und keineswegs seine Schulden). Auch im Bereich des Rechts wurde und wird Vergeltung für begangenes Unrecht durch Bußzahlungen geübt. Später erweitert sich die Bedeutung von Vergeltung auf jede Abgabe und Zahlung. Ab dem 14. Jh. gewinnt das Wort seine heutige Bedeutung als Zahlungsmittel. Die ältere Schreibweise mit -t am Ende hat sich noch in Wörtern wie Entgelt und Vergeltung erhalten. Geld kommt auch von gelten: Es ist das, was Wert und Gültigkeit hat: Geld ist das, was als Geld gilt. Das können auch Glasperlen, Muscheln, Kakaobohnen oder Zigaretten sein.

Gips Rtw. Wort für »Geld«. Abkürzung von: »Gib es!«

Kies leitet sich vom jidd. *kis* = Beutel, Säckel ab. In der Gaunersprache des 18. Jh. ging die Bedeutung vom Behälter auf den Inhalt über. Dazu gesellte sich später die Vorstellung von losem Kleingeld.

Kohle (haben) bedeutet eigentlich »arm sein«, »kein Geld haben«, also das Gegenteil von dem, wie wir es heute verstehen. Kohle ist hier nämlich nicht das Mineral, sondern kommt zigeunersprachlich von *kálo* = schwarz und bezeichnete im Rtw. immer etwas Negatives – also hier: das Fehlen von Geld.

Kröten Auf Niederdt. wurde der Groschen (eine wenig kaufkräftige Münze) oft »Groten« ausgesprochen. Die Mehrzahl davon: »Gröten«. Das wurde verzerrt zu Kröten.

Mammon Luther ließ den Ausdruck in der Bibel unübersetzt und gab ihn genauso wieder, wie er sowohl in der lat. Bibelübersetzung als auch im griech. Originaltext vorkommt. Zugrunde liegt das aramäische (die Sprache Jesu von Nazareth) Wort *mamona* = Vermögen, Besitz, Reichtum.

(dicke) Marie In der Zigeunersprache ist *máro* = Brot. In der Gaunersprache Rtw. findet sich oft die Gleichsetzung von Brot mit Geld.

Mäuse Leitet sich von der silbergrauen Farbe vieler Münzen her. Auch der lautliche Anklang an Moos hat zur Entstehung des umgangssprachlichen Wortes beigetragen.

Moos Stammt vom jidd. Wort *moo*, was »Pfennig« bedeutete. Mit dem Plural dieses Wortes: *moos* wurde allgemein »Geld« bezeichnet. *Moo* ist wiederum auf das hebräische Wort *ma'oth* für »Geld, Münzen« zurückzuführen.

Münze, Moneten Das dt. Wort Münze stammt von lat. *moneta*. *Moneta* im Sinne von Geldmünze ist auch im Lat. bereits eine zweite Stufe der sprachlichen Entwicklung, denn *moneta* war urspr. die »Münzprägestätte«. Diese befand sich in Rom auf dem Kapitol beim Heiligtum der *Juno Moneta* (= »mahnende Juno«) – mahnend, weil sie die Römer bei einem Erdbeben daran erinnert hatte, den Göttern zur Besänftigung Opfer zu bringen. Als dies geschehen war, hörte das Erdbeben auf. Die erste Münzstätte der Römer wurde gleichsam unter dem Schutz der Göttin neben ihrem Tempel gebaut. So übertrug sich der Beiname der Göttin auf die darin geschlagenen Münzen. Auch im Engl. ist das Wort in *money* gegenwärtig. »Moneten« fand im 18. Jh. über die Studentensprache als umgangssprachliches Wort Eingang ins Deutsche.

Mücken Gemeint ist in erster Linie Kleingeld wegen der Vielzahl, die man mit dem Begriff assoziiert.

Pekunien, pekuniär Pekuniär gelangte Ende des 18. Jh. über das Franz. ins Dt. und geht auf das lat. *pecuniarius* (= zum Gelde gehörig) zurück. Die urspr. Bedeutung des Wortes reicht aber noch weiter und ist kulturgeschichtlich von höchstem Interesse. Lat. *pecu* war das »Vieh« und damit in archaisch-agrarischen Gesellschaften das »Vermögen« schlechthin. Diese Bedeutungsvermehrung hin zum Vermögensbegriff hat sich schon sehr früh vollzogen. Pekunien waren also bereits für den noch geldlosen Tauschhandel ein ausschlaggebender Wertmesser – eine Art erste Währung.

Penunzen, Pinke Zurückgeführt werden beide Wörter auf den polnischen Begriff *pieniadze* = Geld. Daraus ist das rtw. Wort *Penunge* hervorgegangen und lautmalerisch (klimpernde Münzen: »Pinke-pinke«) hat sich daraus *Pinke* entwickelt.

Pulver Loses Kleingeld.

Schotter Loses Kleingeld analog zu Kies.

Währung Ist das, wofür Ge-währung geleistet wird.

Zaster Rtw. Wort für »Eisen« (18. Jh.), im 19. Jh. auch für »Eisenbahn«. Um die Wende vom 19. zum 20. Jh. griffen Soldaten in Ostdeutschland und Berlin das Wort auf und verwendeten es für ihren Sold. Über die Soldatensprache verbreitete sich das Wort dann allgemein im Sinne von »Geld« in der Umgangssprache.

Zimt Meint im Rtw.: Gold, Goldschmuck und Geld. Das Wort kommt von jidd. *simon* = Zeichen.

Redewendungen mit »Geld«

Angesichts der großen Bedeutung, die Geld und allem, was damit zu tun hat, im täglichen Leben zukommt, wundert man sich nicht über die Fülle von Redewendungen mit Geld und themenverwandten Begriffen.

Allmählich fällt der Groschen Warenautomaten reagieren oft mit einer gewissen Zeitverzögerung.

Auf jemanden oder etwas gemünzt Bezieht sich auf die vor allem im 17. und 18. Jh. sehr beliebten Medaillen und Gedenkmünzen, die oftmals anspielungsreiche Embleme oder Umschriften aufwiesen.

Eine Stange Geld Gerollte Münzen.

Geld stinkt nicht Vom römischen Kaiser Vespasian (9–79), dem Erbauer des Kolosseums, ist der Satz überliefert: *Pecunia non olet*. Er hatte eine Gebühr auf die Benutzung öffentlicher Bedürfnisanstalten erhoben.

Zeit ist Geld Benjamin Franklin (1706–1790), der amerikanische Erfinder, Aufklärer und einer der Verfassungsväter, prägte den Satz: *Time is money* im Jahre 1748 in seinem ›Ratschläge für junge Kaufleute‹. Goethe zitierte ihn auf Dt., doch der Gedanke findet sich schon in der Antike bei Theophrast (um 372–287 v.Chr.): »Zeit ist eine kostbare Ausgabe.«

Namen des Geldes

Münznamen lassen sich nicht immer streng auf nationale gesetzliche Zahlungsmittel eingrenzen, wie wir das bis vor kurzem gewöhnt waren. So war bspw. der Gulden bis 2002 gesetzliches Zahlungsmittel in den Niederlanden, aber bis weit ins 19. Jh. hinein auch eine historische Währung vor allem in den süddeutschen Ländern. Die Wortgeschichte ist vom Geltungsbereich eines Zahlungsmittels also meist unabhängig, wie auch der »Schilling« sowohl in Österreich wie (bis 1971) in Großbritannien zeigt.

Finanzpolitisch hat die Einführung des Euro in Europa teilweise eine Währungseinheit wiederhergestellt, die eigentlich erst in historisch jüngerer Zeit, nämlich durch den Ersten Weltkrieg verlorengegangen war. Bis dahin konnte man nämlich wegen der Goldbindung der Währungen ohne lästigen Geldumtausch durch Europa reisen, weil die Goldmark genauso viel wert war, wie die Goldlira, der Goldrubel, das Goldpfund oder der Goldfranc.

Dinar Der Name der Währungen in Irak, Iran, Jordanien, früher in Jugoslawien, in Kuwait, Libyen, Sudan und Tunesien leitet sich ab von lat. *Denarius* (»Zehner«). Der Denar/Dinar war eine oströmisch-byzantinische Münze. Erstaunlicherweise hat das Wort als Geldname in vielen Teilen des ehemaligen Byzantinischen Reiches überlebt, das sich im Mittelalter auf große Teile des Balkans und des Nahen Ostens erstreckte. Alle diese Gebiete sind von den muslimischen Osmanen (Türken) erobert worden und haben eine tiefgreifende politische und kulturelle Wandlung erfahren.

Dollar Das Wort ist direkt auf das deutsche Wort »Taler« zurückzuführen. Im sprachlichen Sinne stammt der Dollar also aus Sankt Joachimsthal in Böhmen. In den Vereinigten Staaten ist der Dollar gesetzliches Zahlungsmittel seit 1792 (das Dollarzeichen $ entstand aus übereinander geschriebenem U (II) und S für United States; der zweite Längsstrich fiel später weg). Weitere Dollar-Währungen finden wir in Australien, Kanada und Neuseeland.

Drachme Drachme bedeutet wörtl. übersetzt: »Hand voll«. Es war zunächst eine Gewichtsbezeichnung, die schon in antiker Zeit auf Silbermünzen überging. 6000 Drachmen entsprachen einem Talent.

Escudo Ein naher Verwandter des Wortes Schilling ist der span.-port. Escudo, der so viel wie »Schild, Wappen, Münze« bedeutet. Als Goldmünze war er seit 1537 zunächst in Spanien in Umlauf.

Euro & Cent Die Entscheidung über den Namen der europäischen Gemeinschaftswährung fiel am 16. Dezember 1995 durch den Europäischen Rat in Madrid. Der damalige dt. Finanzminister Theo Waigel gilt als Namensgeber. Das Euro-Symbol € wurde von der Europäischen Kommission ausgewählt. Es lehnt sich an den griechischen Buchstaben Epsilon an und verweist damit auf die Wiege der europäischen Kultur sowie auf den ersten Buchstaben des Wortes »Euro« bzw. »Europa«. Die parallel verlaufenden Linien stehen für die Stabilität des Euro. Cent ist eine Abkürzung von lat. *centum* = hundert. Das Wort ist in den romanischen Sprachen ohnehin geläufig und war auch in den germ. Sprachen (bspw. in den Niederlanden) bereits als Münzbezeichnung vorhanden oder jedenfalls verständlich und überall leicht auszusprechen.

Forint Das ist in der ungarischen Sprache Magyarisch die Bezeichnung für den »Goldfloren«, also den Gulden.

Franken/Franc Im Jahre 1360 ließ der französische König Johann der Gute (Gold-)Münzen prägen, die er als Lösegeld benötigte, um gefangene Landsleute freikaufen zu können. Und »frei« heißt auf Franz.: *franc*. Außerdem befindet sich auf den Münzen die Umschrift: »Francorum Rex«. Nach der Französischen Revolution wurde der Franc 1795 einheitliche Landeswährung in Frankreich bis 2002. Im Jahre 1799 führte die damalige Helvetische Republik (die spätere Schweizerische Eidgenossenschaft) den Schweizer Franken ein. Er ist dort heute noch gesetzliches Zahlungsmittel.

Groschen Der Groschen ist »der Dicke«. Das Wort stammt von lat. *grossus*, ital. *grosso*, franz. *gros*, die allesamt »dick« bedeuten. Als Münzbezeichnung kommt das Wort von *Denarius grossus*, einem ca. 1270 in Tours erstmals geprägten Zehnerstück, das auch *grossus Turonensis* genannt wurde. Im deutschsprachigen Bereich wurden Groschen erstmals um 1300 in Prag geprägt (*Grossi Pragenses*). Verschiedene Münzbilder führten auch zu Beinamen wie Adler-, Engel-, Löwengroschen (Flandern und Brabant), Annen-Groschen (Hildesheim), Mariengroschen (Goslar). Der Wert eines Groschens entsprach ungefähr 1/24 Taler.

Gulden Der Gulden war der »Güldene«, der Münzname stammt direkt vom Wort Gold ab. Der Münzname leitet sich von dem aus Florenz stammenden »Goldfloren« (= Gold-Florin = Gold-Florentiner) ab. Wegen der überragenden wirtschaftlichen Bedeutung von Florenz war der Goldfloren im Spätmittelalter und in der frühen Neuzeit eine Art Leitwährung in Europa. Seit dem 14. Jh. wurden auch in Böhmen und von den rheinischen Kurfürsten (Mainz, Köln, Trier, Pfalz) Goldfloren geprägt, bzw. *guldin florin*, wie man sie hierzulande nannte. Neben dem Taler war der Gulden in Deutschland zwischen ca. 1550 und 1873 die wichtigste Währung. Es gab Taler- und Gulden-Länder. Die norddeutschen Länder waren hauptsächlich »Taler«-Länder, die süddeutschen »Gulden«-Länder.

Kopeke Im Münzbild zeigte die früher aus platt geschlagenen Drahtstücken geprägte Münze einen Reiter mit Speer (= russ. *kop'e*).

Krone Dieses vor allem in Europa außerordentlich wichtige Herrschaftssymbol war ein Kranz als Kopfschmuck. Das Wort ist griech. (*koróne* = Gekrümmtes) und lat. (*corona* = Kranz) Ursprungs. Es wurde schon im 8. Jh. ins Dt. und andere europäische Sprachen entlehnt. Als Münzbezeichnung taucht Krone erstmals in Frankreich unter Ludwig IX. (1214–1270) unter der Bezeichnung *Couronne d'or* auf, benannt nach dem aufgeprägten Münzbild der Krone. Diese wurde vielfach nachgeahmt, unter anderem in England (*Crown*) und im 19. Jh. auch in Deutschland und Österreich. In Österreich blieb die Krone bis 1924 Währungseinheit und ist es noch heute in Tschechien und der Slowakei. In den skandinavischen Ländern (außer Dänemark) heißen die Währungseinheiten heute noch so.

Lira Lira ist die ital. Verkürzung des lat. Wortes *libra*, das »Pfund« bedeutet. Dieses Lira-Pfund war im mittelalterlichen Italien ein Münzgewicht zu zwölf Unzen.

Mark Die Mark war urspr. die »Marke«, ein Prägestempel, der auf Gold- und Silberbarren aufgebracht wurde. Diese Marke bezeichnete vor allem das Gewicht des Barrens. Im Frühmittelalter war dies meist ein halbes Pfund. Von der Marke ging der Begriff auf ein geprägtes Geldstück über. Maßgeblich für Deutschland wurde zunächst die seit dem 11. Jh. bekannte Kölnische Mark zu 233,855

Gramm. Ab ca. 1500 wurden Mark-Münzen vor allem in Lübeck und Lüneburg geprägt. Sie waren aber nur ein Zahlungsmittel unter vielen, bis 1874 spielten Taler und Gulden eine wichtigere Rolle. Als einheitliche Rechnungsmünze war die Mark erst im Deutschen Reich, in der DDR und in der BRD von 1874 bis 2002 in Gebrauch.

Pesete Wortvariante von *Peso*, beide Begriffe bedeuten nichts anderes als »Gewicht«. Das lat. Grundwort ist *pendere* = wiegen. Ursprünglich war der Peso eine von Karl V. in Spanien eingeführte Silbermünze. In vielen lateinamerikanischen Ländern sowie auf den Philippinen (bis 1898 spanische Kolonie) ist er die aktuelle Währungseinheit.

Pfennig Der Pfennig war seit jeher die kleinste dt. Währungseinheit. Bereits die Karolinger, die das fränkische Münzwesen neu ordneten, bauten auf dem Pfennig auf. Zwölf Pfennige bildeten einen Schilling und zwanzig Schillinge (also 240 Pfennige) ein Pfund (Silber). Dieses System blieb in Großbritannien (dort *penny*) bis 1971 erhalten. Das Wort selbst ist wohl eine sehr frühe Eindeutschung des lat. Wortes *pondus* (=Gewicht).

Pfund Das Wort Pfund ist eine frühe Entlehnung des lat. Wortes *pondo* und die direkte Übersetzung des lat. Begriffs *libra*, bezeichnete also urspr. eine Gewichtseinheit. Auf diesen Ursprung ist auch die Währungsbezeichnung »£« bzw. Lb. für das englische Pfund zurückzuführen. Pfundwährungen haben außer Großbritannien bspw. auch Ägypten und Syrien und – bis zur Euro-Einführung – Irland.

Rappen Das Wort hat (fast nichts) mit einem schwarzen Pferd zu tun, aber sehr viel mit dem Raben (der Rappe, also ein schwarzes Pferd, heißt aber wiederum deswegen so, weil er schwarz ist wie ein Rabe). Eine »Rabenmünze« wurde zuerst im 14./15. Jh. in Freiburg im Breisgau geschlagen und zwar mit einem Adlerkopf, der jedoch als Rabe angesehen wurde. Rappen sind in der Schweiz gesetzliches Zahlungsmittel.

Rubel Das Wort kommt von russ. *rubit* = abhauen, abschneiden. Rubel bezeichnet dabei urspr. ein abgehauenes Stück Holz. Silberbarren wurden ab dem 13. Jh. im Gebiet von Nowgorod mit einem Gewicht von ca. 200 – 250 Gramm wie ein Stück Holz abgehauen und mit einem Stempel zu Münzen geprägt. Diese Art von Rubel hatte bereits geldähnliche Funktionen. Im 15. Jh. verdrängten Münzen die Barren. 1534 wurde der Rubel Grundlage eines einheitlichen Geldsystems des Moskauer Staates und ist heute gesetzliches Zahlungsmittel in der Russischen Föderation.

Rupie Rupie ist ein altind. Wort für »Silber«. Mit Rupien bezahlte man auf dem gesamten indischen Subkontinent seit dem 16. Jh., also seit der muslimisch-indischen Mogul-Herrschaft. Noch heute ist die Rupie die aktuelle Währungsbezeichnung in Indien, Indonesien (Rupiah), Mauritius, Nepal, Pakistan, Sri Lanka und auf den Malediven.

Schekel Eine 5000 Jahre alte Gewichts- (ca. zehn Gramm) und Münzbezeichnung des Vorderen Orients und Mesopotamiens. Schekel war auch ein alter hebräischer Gewichtsname. Der »Neue Israelische Schekel« ist seit 1985 die Währungsbezeichnung in Israel.

Schilling Leitet sich von dem althdt. Wort *skilling* her. Damit bezeichneten schon die Goten während der Völkerwanderungszeit den oströmischen (Gold-) *Solidus*. Rein wortgeschichtlich kommt *skilling* von »schneiden«: *Skilling* ist das von einem Gold- oder Silberstab abgeschnittene Stück.

Yuan, Yen Mit dem Wort bezeichnete Kublai Khan, der Enkel Dschingis Khans und erste Mongolenherrscher auf dem chin. Kaiserthron seine Dynastie (1271). Das Wort bedeutet »Uranfang«. Das jap. Wort Yen entspricht in Bedeutung und als Schriftzeichen dem chin. Wort.

Zloty Im Polnischen »der Goldene«, das Goldstück.

Historische Münznamen

Batzen Sprachgeschichtlich ist das Wort eng verwandt mit »backen«, weil in beiden Fällen etwas zusammengeklumpt wird. Der Batzen war ein so genannter Dickpfennig, eine Münze von eher kleinem Wert, die zuerst um 1495 in Salzburg und Bern geprägt wurde. Die Münze wurde bald im süddt. Raum nachgeahmt. In Bern wurde das Berner Wappentier, der Bär, aufgeprägt. Aber Batzen kommt nicht von Bätz oder Petz, sondern von (zusammen)batzen.

Deut Eine kleine holländische und niederrheinische Kupfermünze (*duit*), die bis ins 19. Jh. in Gebrauch war. Die Erinnerung daran hat sich nur noch in der Redewendung »keinen Deut besser« erhalten. Damit wird zum Ausdruck gebracht, dass ein Unterschied sehr klein ist – wie es der Wert dieser Münze war.

Dukaten Eine wahre Herzogsmünze ist der Dukaten. Namengebend war die Umschrift auf der Rückseite venezianischer Dukaten, welche lautete: *Sit tibi Christe datus quem tu regis iste ducatus* (Dir Christus sei dieses Herzogtum gegeben, welches du regierst). Auch wenn Venedig sich selbst »Republik« nannte, so wurde diese Adelsrepublik doch von einem Dogen regiert. Das Wort »Doge« kommt von lat. *dux* = Führer und bezeichnet denselben Rang wie Herzog im Dt., *duca* im Ital., *duc* im Franz. und *duke* im Engl. Mit dem Herzogtum auf der Münzumschrift war selbstverständlich das münzprägende Venedig gemeint. Aufgrund der überragenden Stellung Venedigs als Handelsmacht war diese Münze in Europa sehr verbreitet und galt seit 1559 auch als Reichsmünze. Der Dukaten war eine Silbermünze, die im Wert dem Gulden entsprach.

Heller Heller, früher auch »Häller« oder »Haller« geschrieben, leitet seinen Namen von dem ersten Prägeort Schwäbisch Hall her. Urkundlich erstmals erwähnt ist der Heller im Jahre 1189. Seit 1346 wurden Heller auch an anderen Orten geschlagen. Im 18. Jh. wurde der Heller zur Kupfermünze und damit für die Menschen der Zeit zum Inbegriff der kleinsten möglichen Bargeldmenge. Heller und

Pfennig wurden als gleichwertig angesehen. In Österreich-Ungarn war der Heller von 1892 bis 1924 gesetzliches Zahlungsmittel im Verhältnis eins zu hundert zur Krone. Heller ist heute noch die Bezeichnung für ein gesetzliches Zahlungsmittel in der Tschechischen Republik, in der Slowakischen Republik und in Ungarn (*Filler*).

Kreuzer Dass der Kreuzer seinen Namen von einem aufgeprägten Kreuz, dem christlichen Symbol schlechthin, hat, leuchtet unmittelbar ein. Er wurde seit etwa 1270 in Südtirol geschlagen und galt seit 1551 als Reichsmünze. Das Wort »Kreuz« ist eine frühe Entlehnung des lat. *crux*. Der Kreuzer war vor allem in den süddeutschen »Gulden«-Ländern das, was der Pfennig für die Mark war.

Obolus Der Vorläufer des griechischen Wortes *obolós* ist das noch ältere Wort *obelós*, und dies bedeutet »Spieß, Bratspieß« (und von diesem stammt das Wort »Obelisk«). Was das Geld anbelangt, erinnert das Wort daran, dass in sehr früher Zeit keine Münzen, sondern Metallstäbchen als Tauschmittel verwendet wurden. Der *obolós* war im antiken Griechenland die kleinste Münze, nämlich der sechste Teil einer Drachme. Auch im Deutschen verwendet man die Redewendung »seinen Obolus entrichten«, wenn kleine Geldbeträge wie etwa Spenden gemeint sind. Der *obolós* war schließlich auch die Münze, die man den Toten für ihre letzte Reise über den Unterweltfluss Styx in den Mund legte, damit sie den Fährmann Charon für die Überfahrt entlohnen konnten.

Scherflein Der *Scherf* war im Mittelalter ab dem 12. Jh. eine kleine Münze mit dem Wert eines halben Pfennigs, also ein Geldstück mit sehr niedrigem Wert, das zuerst am Niederrhein geprägt wurde. Er wurde seit dem 15. Jh. vom Heller verdrängt. In Erinnerung geblieben ist der Begriff durch Luthers Übersetzung des Wortes Obolos in Markus 12, 42.

Solidus Der *Solidus* war die wichtigste Goldmünze des Byzantinischen Reiches, die 312 von Kaiser Konstantin eingeführt wurde und bis zum Ende des Reiches 1453 bestand. Ganz wie das uns heute noch völlig geläufige Wort »solide« entspricht die lat. Wortbedeutung dem Sinn von »gediegen, fest«.

Talent Ein *Talent* war immer schon sehr viel wert. Es handelt sich urspr. (griech. *tálanton*) um die Waage, dann das darauf gelegte Gewicht, schließlich um eine Rechnungsmünze. Das Talent war nur in der Antike in Gebrauch. Im alten Rom entsprach ein Talent gleich hundert italischen Pfund, was sehr viel Geld war. Anfang des 16. Jh. wurde das Wort »Talent« auf Menschen übertragen, die eine überdurchschnittliche Begabung haben – das »Vermögen«, auf einem bestimmten Gebiet Besonderes zu leisten. Bei der Übertragung des biblischen Gleichnisses von den Talenten (Matthäus 25; Lukas 19) entstand die Redewendung »mit seinem Pfund/Talent wuchern«.

Taler Der Name Taler ist eine Abkürzung von *Joachimstaler* nach der Münzprägestätte im erzgebirgischen Ort Sankt Joachimsthal (Jáchymov). Im Erzgebirge wurden seit sehr alter Zeit Edelmetalle abgebaut, darunter auch Silber. Der Taler war vom Ende des 16. Jh. bis ins späte 19. Jh. die wichtigste Silbermünze in Dtl., er wurde in dieser Bedeutung erst 1874 durch die »reichseinheitliche« Mark ersetzt. Urspr. gab es nicht nur einen Taler, sondern mehrere, der erste wurde ab 1486 in Tirol geprägt. Außerdem gab es den sächsischen »Klappmützentaler«, ein wichtiges Konkurrenzprodukt, gegen das sich der »Joachimstaler« durchsetzen konnte. Das Wort »Taler« fand auch sonst in Europa Verbreitung, etwa in den Niederlanden als *daeler*, in England als *daler* oder *daller*, woraus sich unmittelbar der Dollar ableitet.

Zechinen Die jedem Opernfreund vertrauten Zechinen (ital.: *zecchino*), weil sie in vielen italienischen Libretti, auch bei Mozart, vorkommen, sind nach der »Zecca«, der venezianischen Münzprägestätte benannt. Als Münze sind sie identisch mit den Dukaten.

Grundbegriffe Wirtschaft

Bilanz Aus der ital.-franz. Kaufmannssprache übernommener Begriff für die vergleichende Aufstellung von Einnahmen und Ausgaben, eng verwandt mit »Balance«. Bei erfolgreichem wirtschaftlichen Handeln sollten Einnahmen und Ausgaben im Gleichgewicht sein.

Chance & Risiko Im freien Wettbewerb liegen Chance und Risiko nahe beieinander. Chance wurde aus dem altfranz. *cheance* übernommen, das auf lat. *cadere* (= fallen) zurückgeht – gemeint war der Fall der Würfel beim Glücksspiel. Dieser kann Gewinn oder Verlust einbringen. Risiko ist ein Begriff, der von Anfang an aufs Engste mit wirtschaftlichem Handeln verknüpft war. Fest steht, dass das Wort seit dem Hochmittelalter (12. Jh.) in den seefahrenden Mittelmeerländern (Italien, Spanien) in Gebrauch war und zwar vor allem im Zusammenhang mit den Verlustmöglichkeiten von Schiffsfrachten. Die Bedeutung war hier: Wagnis, Gefahr, Geschick. Das Wort greift weiter auf griech. *rizikón* zurück, womit man in Byzanz ein Besoldungssystem bezeichnete, das auf dem Zufall der Beschaffung des Unterhalts beruht, entsprechend dem arab. *risq* = der vom Schicksal (oder von Gottes Gnaden) abhängige Lebensunterhalt.

Gewinn Ein vielschichtiges Wort, denn der sehr alte Wortstamm *wennan* bedeutet zum einen »sich bemühen« und zwar wirklich im Sinne von »sich abrackern, wütend um etwas streiten, um es zu erreichen«. Zum anderen ist er mit dem altindischen Wort *vanoti* verbunden, das »begehren, erstreben, verlangen« und letztlich »besiegt« umschließt. Der Name der Venus, der Göttin von Liebe, Anmut und Huld leitet sich ebenfalls aus dieser Wurzel ab. Sprachlich gesehen sind: wünschen, lieben, befriedigt sein, etwas erreicht und gewonnen zu haben – alles Eins; auch Wahn, wohnen, Wonne, Wunsch und gewöhnen stammen aus dieser Wortwurzel.

Konjunktur von lat. *coniunctura* (= Verbindung) bezeichnete im Mittelalter und in der frühen Neuzeit die »Lage der Dinge« gemäß den Verbindungen zwischen den Gestirnen. Der Begriff stammt also aus der Astrologie. Seit dem 18. Jh. erfolgte die uns heute in erster Linie geläufige Begriffserweiterung in der Kaufmannssprache hin zu »günstige Geschäftslage« bzw. »günstige Wirtschaftslage«.

Konkurrenz von lat. *concurrere* (= zusammenlaufen, zusammentreffen) ist der Wettstreit oder Wettbewerb um wirtschaftlichen Erfolg. Rivalitäten gibt es in vielen Bereichen des Lebens: im Sport, in der Liebe, in der Politik, im Berufsalltag, unter Geschwistern. In eher wirtschaftstheoretischen Erörterungen bedient man sich deshalb gerne eines etwas enger gefassten Begriffs von Wettbewerb.

Konkurs ist wie bei Konkurrenz das Zusammenlaufen vieler zu einem bestimmten Zweck. Hier ist es eindeutig der lat. *concursus creditorum* (= das Zusammenlaufen der Gläubiger) zum Zwecke der gerichtlichen Teilung der noch verbliebenen Reste des Vermögens eines Schuldners. Der Begriff kam in der lat. Rechtssprache des 18. Jh. auf.

Markt Das Wort gehört zu den schon früh, also in karolingischer Zeit, direkt aus dem Lat. übernommenen Wörtern. *Mercatus* war der Marktplatz wie man ihn heute noch kennt und wie er dem Idealbild des Marktes entspricht: Er ist für jedermann frei zugänglich. Zu einer bestimmten Zeit kommen die Anbieter und Händler mit ihren Waren und bieten diese in Konkurrenz an. Aus dem Verhältnis zwischen Angebot und Nachfrage ergibt sich – vielleicht noch unter Berücksichtigung der Qualität der konkreten Ware – der Preis.

Ökonomie Der Begriff geht zurück auf griech. *oikonomía* = Hauswirtschaft (griech. *óikos* = Haus bzw. Haushalt). In diesem Sinne wird das Wort auch ins Dt. übernommen und ab dem 18. Jh. als Haushaltsführung und (sparsame) Lebensführung verstanden, vor allem in Bezug auf die damals noch überwiegend landwirtschaftlichen Betriebe. Kluges Wirtschaften zum Erhalt der Lebensgrundlage ist also von Anfang an der Inbegriff von Ökonomie. Im 19. Jh. erfährt der Begriff dann eine inhaltliche Erweiterung im Hinblick auf die Staats- bzw. Nationalökonomie.

Preis Preis gelangte erst in der frühen Neuzeit ins Dt. und zwar aus dem Franz. *prix*. Das war zunächst nicht der Geldpreis, sondern das Lob, der Ruhm, so wie man es auch vom Verb »preisen« kennt: die Belohnung für einen Sieg, eine Trophäe. (Diese Bedeutung finden wir etwa in »Nobelpreis« oder in »Preisverleihung«.) Die zum Ausdruck kommende Wertschätzung ging dann als Bezeichnung eines Warenwertes auf dem Marktplatz über.

Steuer Das Wort stammt vom althdt. *stiura* = Stütze, Stützbalken, aber auch Steuerruder. Die Bedeutung als »staatliche Abgabe, Unterstützung« gibt es schon um das Jahr 900. Im Wort »beisteuern« wird der urspr. Sinngehalt besonders deutlich. Um die beiden Bedeutungen deutlich zu trennen, hat sich »Steuer« im Sinne von »Abgabe« mit weiblichem Artikel, »Steuer« im Sinne von »Steuerruder« im Neutrum ausgebildet. Andere europ. Sprachen verwenden für Steuer eine Substantivbildung von »taxieren«; engl. *tax*, franz. *taxe*, ital. *tassa*. Dies betont den Vorgang des Prüfens, Schätzens, der Wertermittelung.

Die Sprache der Werbung

Slogan ist urspr. ein kelt.-schottisches Wort, *sluaghghairm*, dessen Bestandteile *sluagh* = Heer und *ghairm* = Geschrei bedeuten, also: »Kriegsgeschrei, Schlachtruf«. Über das Engl. in der Bedeutung »knappe Redewendung, Werbeformel« im 20. Jh. ins Dt.

Sponsor und sponsern Wurde in jüngerer Zeit aus dem Engl./Amer. übernommen. Der Ursprung liegt im wortgleichen lat. *sponsor*, wo es »Bürge« bedeutet, jemand, der ein (finanzielles) Versprechen abgibt.

Werbung Werben ist ein altes dt. Wort mit dem Inhalt »in-Bewegung-setzen, sich bemühen, antreiben«, auch »drehen, wenden« stecken darin, und mit »wirbeln« ist das Wort ebenfalls verwandt. Die Assoziation von »Wirbel machen« ist bei »Werbung« also sozusagen schon im Wort angelegt. Für kaufmännische Anpreisungen wurde im 19. Jh. das inhaltsgleiche, aus dem Franz. stammende Wort »Reklame« verwendet, Werbung schob sich erst im 20. Jh. in den Vordergrund.

Werbeslogans, die zu Redensarten wurden

Ob man es mag oder nicht: Werbeslogans prägen unsere Sprache und werden mitunter so geläufig wie Redensarten oder Sprichwörter. Dies ist auf jeden Fall immer dann so, wenn sie aus ihrem urspr. Zusammenhang herausgelöst und in anderen Zusammenhängen verwendet werden – oftmals mit durchaus beabsichtigter Ironie. Wie nachhaltig diese gedächtnisprägende Funktion ist, zeigen folgende Slogans:

Ich will so bleiben wie ich bin / Wer es kennt, nimmt ... / Wer wird denn gleich in die Luft gehen .../ Es war schon immer etwas teurer, einen besonderen Geschmack zu haben / Der Duft der großen weiten Welt / Wenn einem so viel Gutes widerfährt, das ist schon einen ... wert / Nichts ist unmöglich / Die Seife der Filmstars / Er läuft und läuft und läuft und läuft / ... wäscht nicht nur sauber, sondern auch rein! / Aus Freude am Fahren ... / ... ist der Geist des Weines / Wenn's ums Geld geht... / ... da werden Sie geholfen / Der nächste Winter kommt bestimmt / ... macht's möglich / Weißer geht's nicht / Frau Antje bringt ... / Nicht immer, aber immer öfter / Sicherheit im Zeichen der Burg / Wir machen den Weg frei / Bezahlen Sie mit Ihrem guten Namen / Pack den Tiger in den Tank / Die süßeste Versuchung, seit es Schokolade gibt / ... mit dem Verwöhnaroma / Der Sekt mit einem gewissen Extra / ... für harte Männer / Er weckt magische Kräfte / Eine Perle der Natur / Dieses Wasser muss durch einen tiefen Stein / Unterwegs ...-Keks / Wir wissen nicht, was Ihnen Ihr Arzt empfiehlt .../ Katzen würden ... kaufen / ... schmeckt jedem Hund / Er hat überhaupt nicht gebohrt! / ... schützt das Leben Ihres Sittichs / ... sitzen Sie in der ersten Reihe / Man gönnt sich ja sonst nichts / Mach mal Pause! / Quadratisch, praktisch, gut.

Die vielen Wörter für »billig«

Eines der wichtigsten Verkaufsargumente überhaupt ist der Preis, vor allem, wenn er niedrig ist oder als niedrig erscheinen soll. Da es zu banal wäre, alles Billige einfach nur »billig« zu nennen und »billig« auch recht abwertende Beiklänge hat, ist der Einfallsreichtum der Werbeleute schier unerschöpflich, wenn es darum geht, etwas »Preiswertes« in positive Begrifflichkeiten umzumünzen: Schnäppchen, Sonderangebot, Sommer-/Winterschlussverkauf, Ausverkauf, Feierabendpreise, Last Minute-…, Aktionspreis, Dauerniedrigpreis, Einstiegsangebot, Knüller, Preissensation, Dumping-Preis, Gebraucht-…, Secondhand, Wochenendticket, Bonusmeilen, Duty Free, Factory Outlet, Occasion, Jetzt-Preis, Frühaufsteherrabatt, Frühbucherrabatt, ohne Verarschungsaufschlag, Appel und Ei, preiswert, günstig, einmalig, reduziert, Discount, Fabrikverkauf, Modernes Antiquariat, (Möbel-) Rampe, Happy Hour, Mini-…

Markennamen

Vor allem in der modernen Konsumgüterindustrie sind Markenartikel und einprägsame Markennamen wichtige Faktoren im wirtschaftlichen Konkurrenzkampf. Das Wort »Marke« in der Bedeutung von »mit Waren verbundenem Kennzeichen« wird seit dem 18. Jh. aus dem franz. *marque* übernommen (der Gedanke der Prägung, wie er schon bei der Erklärung der Mark als Münze zum Ausdruck kommt, sowie die sprachliche Verwandtschaft mit »merken« – das, was sich dem Gedächtnis einprägt – sind in diesem Zusammenhang ebenfalls von Bedeutung). Im Kalkül der Marktstrategen sollen der Markenartikel und der Markenname Vertrauen schaffen, die Qualität des Produkts hervorheben und dadurch den möglicherweise höheren Preis gegenüber anderen, evtl. weniger bekannten Produkten rechtfertigen.

Besonders erfolgreiche Markennamen haben sogar den Gattungsnamen des Produkts verdrängt, wie folgende Beispiele zeigen:

Tempo	Papiertaschentücher
Lenor	Weichspülmittel
Hansaplast	Wundpflaster
Birkenstock	Korksandale
Uhu	Klebstoff
Nivea	Hautcreme
Valium	Beruhigungsmittel
Tesa	Klebstreifen
Knirps	Aufklappschirm
Cola	koffeinhaltige Limonade
Maggi	Suppenwürze
Em-eukal	Hustenbonbons
Nescafé	löslicher Kaffee
Odol	Mundwasser
Teddybär	Plüschbär

Die sprachliche Herkunft einiger Markennamen:

Adidas	Adolf (**Adi**) **Das**sler
Agfa	**A**ktien**g**esellschaft für Anilin**fa**rben
Aldi	**Al**brecht **Di**scount
Alka Seltzer	**Alka**li + **Seltzer** (engl. für: Selters)
Aspirin	**A**cetyl + **Spir**säure + wohlklingende Nachsilbe **in**)
Buko	**Bu** (= dän. Muh); **Ko** (= dän. Kuh)
C & A	**C**lemens & **A**ugust Brenninkmeyer
Canon	nach dem buddhistischen Bodhisattwa **Kwannon**, den der Firmengründer verehrte
Casio	nach dem Firmengründer **Kashio**
Chio-Chips	nach den Firmengründern **C**arl, **H**einrich und **I**rmgard von **O**pel
Crisan	**Cri**nis (= lat. Haar); **san**us (= lat. gesund)
Delial	**Del**os (= griech. Sonne) + **i**de**al**
Dugena	**D**eutsche **U**hrmacher-**Gen**ossensch**a**ft
Dunlop	nach dem Tierarzt, Fahrradreifenerfinder und Unternehmensgründer John B. **Dunlop**

Edeka	E.d.K. **E**inkaufsgenossenschaft **de**utscher **K**olonialwarenhändler (seit 1907, Leipzig)
Eduscho	nach dem Firmengründer **Edu**ard **Scho**pf (Firmengründung 1924 in Bremen)
Emnid	**E**rforschung, **M**einung, **N**achrichten, **I**nformations**d**ienst
Ergee	nach dem Firmengründer **E**dwin **R**ößler aus **Ge**lenau im **E**rzgebirge
Esso	S.O. = **S**tandard **O**il Corporation, gegründet von John Rockefeller (1837-1937)
Fewa	**Fe**in**wa**schmittel
Fiat	**F**abbrica **I**taliana **A**utomobili di **T**orino
Flötotto	nach dem Firmengründer Richard **Flötotto**
Geha	nach dem Firmengründer G.H. = **G**eorg **H**übner
Hanuta	**Ha**sel**nu**ss**ta**fel
Haribo	nach dem Firmengründer **Ha**ns **Ri**egel aus **Bo**nn
Hertie	nach dem Firmengründer **Her**mann **Tie**tz (gegründet 1882 in Gera)
Idee-Kaffee	nach der Herstellerfirma I.D.= **I**. **D**arboven
Ikea	nach dem Firmengründer **I**ngvar **K**amprad aus **E**lmtaryd. **A**gunnaryd ist das zu Elmtaryd nächstgelegene Postamt.
Kaffee Hag	Kaffee-**H**andels-**A**ktien-**G**esellschaft
Kaloderma	**Kalo**s (= griech. schön) + **derma** (= griech. Haut)
Kleenex	**clean** (= engl. sauber) + **ex** (= lat. heraus)
Kukident	nach dem Firmengründer **Ku**rt **K**r**i**sp + lat. dens, **dent**is = Zahn
Lacalut	**Lac**tat + **Alu**minium + angehängtes **t**, die Zahncreme enthält Aluminiumlactat
Lego	**Le**g (= dän. lege); **go**dt (= dän. gut)
Leica	nach dem Firmengründer Ernst L. **Lei**tz + **Ca**mera
Merfluan	**Me**e**r**salz + **Flu**or + angehängte Nachsilbe **an**
Mitropa	**Mit**teleu**ropä**ische Schlaf- und Speisewagen AG
Nescafé	**Nes**tlé + **Café**
Nikon	**Ni**ppon (= Japan) + **Ko**ogaku (= jap. Optik) + angehängtes **n**

Persil	**Per**borat + **Sil**icat
Pokemon	**Pocke**t (= engl.Tasche) + **mon**ster (= engl. Ungeheuer)
Romika	nach den drei Firmengründern **Ro**mann, **Mi**chael und **Ka**ufmann
Rowenta	nach dem Firmengründer **Ro**bert **We**i**nt**r**a**ub
Saba	**S**chwarzwälder **A**pparate**ba**u
Sagrotan	Lat. **sa**nus = gesund + **Groe**thuysen + Nachsilbe **an**. Arnold Groethuysen war 1913 Geschäftsführer der Firma Schülke & Mayr, die das Produkt zunächst als Desinfektionsmittel gegen Cholera herstellte.
Sinalco	**Sin**e (= lat. ohne) + **Alko**hol
Spee	**Spe**zial-**E**ntwicklung (DDR-Produkt, 1968 eingeführt)
Swatch	**S**wiss **watch** (Schweizer Uhr)
Tchibo	**Tchi**ling-**Bo**hne; Carl Tchilinghiryan war Partner des Tchibo-Gründers Max Herz
Teflon	**Te**tra**fl**u**o**raethyle**n**
Toblerone	nach dem Erfinder **Tobler** + torr**one** (= ital. für Mandelkonfekt, Nougat)
Toshiba	**To**kio-**Shiba**ura-Electric; Shibaura ist ein Stadtteil von Tokio
Trigema	Mechanische **Tri**kotwarenfabrik **Ge**brüder **Ma**yer
Tupperware	nach dem Produkterfinder, dem Chemiker Earl **Tupper**
Varta	**V**ertrieb, **A**ufladung und **R**eparatur **t**ransportabler **A**kkumulatoren
Vivil	**Viv**ere (= lat. leben) + o**il** (= engl. Öl)
Vodafone	**Vo**ice (= engl. Stimme) + **Da**ta (= engl. Daten) + Tele**fone** (= engl. Telefon)
Walmart	nach dem Gründer Sam Walton: **Wal**ton-**Mar**ket
Ytong	**Y**xhults Anghärdade Gasbe**tong** (= schwed. gehärteter Porenbeton aus Yxhult)

Tiere als Markenzeichen

Tiere als Markenzeichen sind ebenfalls »Begriffe« in der alltäglichen Warenwelt: Pelikan, Teddybär, Camel. Oft steht ihre Herkunft im Zusammenhang mit einer kleinen Geschichte:

Bacardi-Fledermaus Fledermäuse waren »Untermieter« in der Destille von Don Facundo Bacardi auf Kuba. Da die Fledermaus in den spanischsprachigen Ländern als Glückssymbol gilt, zierte Don Facundo seit 1862 die Etiketten seiner Flaschen mit einem Fledermaus-Emblem. Eines der ältesten Markenzeichen der Welt.

Bärenmarke Für die Gewinnung der Kondensmilch dieser Marke werden selbstverständlich keine Bären gemolken. Die heute zum Nestlé-Konzern gehörende Berneralpen-Milchgesellschaft machte 1912 das Berner Wappentier, den Bären, zu ihrem Kennzeichen.

Camel *Old Joe* hieß das Dromedar des Zirkus Barnum & Baily, dessen Foto 1913 dem Zigarettenhersteller J. R. Reynolds als Vorlage für die Packungen seiner Zigarettenmarke diente.

Erdal-Frosch Als Froschkönig kenntlich an der Krone, hütet er seit 1895 wasserabweisende Schuhcreme im Innern der Dose. Im Lauf der Zeit wechselte er ein paar Mal die Farbe von grün nach rot zu rot-weiß und ziert seit 1986 wieder in öko-grün und ohne Krone die umweltverträgliche Produktlinie Reinigungs- und Waschmittel der Firma Werner & Mertz.

Ikea-Elch Der jeanstragende Ikea-Elch wurde 1985 außer Dienst gestellt, als die junge Generation, die mit ihm aufgewachsen war, auch Möbel in anderem Material wollte als Kiefernholz. Trotzdem ist der Elch im Gedächtnis geblieben.

Lila Kuh Schon die erste Verpackung der Milka-Schokolade aus dem Schweizer Haus Suchard im Jahr 1901 war lila. Und auf ihr prangte auch bereits eine Kuh, damals noch in Schwarz-weiß. Die Kuh steht für die Alpenwelt und die Alpenmilch.

Krokodil René Lacoste (1904–1996), einer der erfolgreichsten Tennisspieler Frankreichs, machte seinen Spitznamen *Le Crocodil* zum Markenzeichen, als er 1926 zum erfolgreichen Polohemdenhersteller wurde. Seine typisch gallische lange Nase und sein gefährlicher Biss beim Spiel hatten ihm diesen Spitznamen eingetragen.

Nipper lauschte *His Master's Voice*. Den Grammophon-Hund gab es wirklich. Der weiße Foxterriermischling hörte sich auch gerne das Lied »After The Ball« gesungen von Dan Donovan an. Aber sein Besitzer war kein Sänger, sondern ein Plakatmaler, der 1899 mit dem Entwurf eines Werbeplakats für die Grammophone Company beauftragt, seinen Hund mit dem schräg geneigten Kopf am Schalltrichter zur Abrundung des Bildes einsetzte.

Pelikan aus dem Familienwappen des Farbenherstellers Günther Wagner, dessen Firma heute eher für Schreibgerät bekannt ist.

Teddybär Er verdankt seinen unsterblichen, weltweit bekannten Namen Theodore – Teddy – Roosevelt (1858–1919), dem 26. Präsidenten der USA. Der Teddy ist ein Geschöpf von Fritz Steiff, einem Neffen der seit ihrem zweiten Lebensjahr wegen Kinderlähmung an den Rollstuhl gefesselten Margarete Steiff aus dem schwäbischen Giengen an der Brenz. Im Jahre 1902 erblickte der Teddy das Licht der Welt. Auf einer Handelsmesse in Leipzig fanden sich 1903 zunächst keine Interessenten für das Plüschtier, bis ein amerikanischer Großeinkäufer es in letzter Minute entdeckte und die ersten 3000 Stück orderte. Einige landeten als Tischdekoration auf der Hochzeit von Roosevelts Tochter. Da Roosevelt schon im Jahr 1902 bei einer Bärenjagd einen kleinen angebundenen Bären verschonte, war die Bezeichnung Teddys Bears (mit eher spöttischem Unterton) bereits in Umlauf. In den USA entstand in den folgenden Jahren die Verbindung von »Teddy« und »Bär« für das Plüschtier, das zunächst bei Steiffs den Artikelnamen PB 55 getragen hatte.

Banken & Börse

Aktie Der Begriff Aktie wurde zuerst im 17. Jh. aus dem Nl. ins Dt. übernommen und nach 1700 allgemein als »Anteilsschein, Wertpapier« verstanden. Zugrunde liegt der lat. Rechtsbegriff der *actio*, was »Klage, Rechtsanspruch« bedeutet. Mittels der *actio* »agierte« man vor Gericht (lat. *agere* = handeln, antreiben, betreiben, in Bewegung setzen). Die Aktie ist also der einklagbare Anspruch, Anteil des Geldgebers an das Vermögen der Aktiengesellschaft.

Baisse Das Fallen der Börsenkurse wird mit dem aus dem Franz. übernommenen Wort, das von *baisser* (= senken) kommt, vornehm umschrieben. *Baisser* wiederum stammt von lat. *bassus* = tief – so wie der Bass in der Musik. Das erfreuliche Gegenteil der Baisse ist die *Hausse*, ebenfalls aus dem Franz. *hausser* (= erhöhen, steigen).

Bank Die Bank heißt deswegen so, weil die Geldwechsler ihr Gewerbe immer schon an Tischen sitzend betrieben haben, wie es bereits in der Bibel beschrieben wird (Matthäus 21,12). So war es auch in den oberitalienischen Städten des Mittelalters, wo der Handel florierte und die Grundzüge des modernen Geldwesens entwickelt wurden. Im Ital. bedeutet das Wort *banca* »Tisch, Tresen«.

Bankrott War ein Geldwechsler in Italien nicht mehr in der Lage, seine Zahlungsverpflichtungen zu erfüllen, so kamen die Gläubiger, die ihm sein Geld anvertraut hatten, und zerschlugen seinen Wechseltisch: *banca* (= Tisch) und *rottare* (= zerschlagen).

Börse im Sinne eines Handelsmarktes geht der Begriff auf den Namen der flandrischen Kaufmannsfamilie van der Beurse bzw. Burse (je nach Schreibweise) zurück. Im Spätmittelalter war Brügge eine der wichtigsten Handelsstädte Europas. In oder vor dem Haus dieser Familie traf man sich, um Handelsgeschäfte abzuschließen. Für diesen »Markt« wurde dort 1409 ein eigenes Gebäude errichtet und nach dieser Familie benannt. Börse im Sinne von »Geldbeutel«

stammt von griech. *byrsa*, lat. *bursa*, was ursprünglich das Fell oder Leder bezeichnete, aus dem der Beutel gefertigt wurde.

Börsenmakler Der Makler ist natürlich der »Macher«. So hat sich das Wort aus dem nl. *maken* abgeleitet, bevor es von dort ins Dt. übernommen wurde. Der Börsenmakler betreut, anders als der »Broker«, keine Privatkunden. Dieser verdankt seine Bezeichnung (ins Dt. aus gleichlautendem Engl.) dem anglonormannischen Wort *brocour, broggour*, was »Weinhändler« bedeutete. *Broker* arbeiten auch für fremde Rechnung und beraten Privatanleger.

Dividende ist entsprechend dem lat. Ausgangswort *dividendum* »das zu Verteilende«. In diesem Zusammenhang wurde das Wort aus dem Engl. (*dividend*) bzw. Franz. (*dividende*) übernommen.

Finanz bedeutet wortgeschichtlich: »Beenden durch bezahlen«. In dem Wort steckt lat. *finis* (= Ende, Grenze). Finanziert (franz. *financer*) werden mussten im mittelalterlichen Frankreich zunächst einmal Lösegelderpressungen, damals ein übliches Mittel der Kriegsführung. In der Folge wurde der Begriff auf staatliche Geldmittelbeschaffung, um eine (unangenehme) Angelegenheit zu beenden, übertragen. Im frühneuzeitlichen Dt. (ca. 1400–1600) war der Bedeutungsinhalt von *finantz* eher: der abschließende Bescheid für eine (steuerliche) Abgabe. Wiederum unter dem Einfluss des Franz. erweitert sich dann ab 1600 der Bedeutungsgehalt zu vergleichsweise eher geordneten Staatsfinanzen nach modernem Verständnis.

Fiskus war schon zu Zeiten der römischen Republik genau das, was es heute noch ist: die öffentliche Kasse, das Staatsvermögen. Alles, was damit zu tun hatte, war fiskalisch. Wurde Privatvermögen zugunsten der Staatskasse entschädigungslos enteignet, so wurde es »konfisziert«. Wörtl. ist lat. *fiscus* nichts anderes als ein »geflochtener Korb«. In einem Geldkorb befand sich also wohl anfangs die römische Staatskasse!

Giro ist ein früher ital. Kaufmannsbegriff im Zusammenhang mit der Weitergabe von Wechseln. Ital. *girare* (= drehen, wenden, im Umlauf sein, sich im Kreis bewegen). Dem ital.-lat. Wort liegt das griech. *gyrós* zugrunde, was generell »rund« bedeutet.

Konto ist ebenfalls ein früher ital. Kaufmannsbegriff, der von *contare* (= zählen, rechnen) kommt, was wiederum direkt und mit derselben Wortbedeutung auf lat. *computare* zurückgeht. Konto und Computer entstammen demnach derselben Wortwurzel.

Kurs kommt von lat. *cursus* = Lauf. Was in der kaufmännischen Sprache immerhin schon seit dem 17. Jh. am Laufen gehalten wird, ist der schwankende Wert – der Preis – einer Sache in Abhängigkeit von der Nachfrage.

Scheck kommt von »Schach«, denn dem Scheck wurde Schach, d.h. Einhalt, geboten, um diese Zahlungsanweisung überprüfen zu können. Das engl. Wort dafür ist *to check*, so wie man auch im engl. klingenden Neudt. eine Sache »checkt«. Der engl. Ausdruck ist wiederum in Analogie zum Schachspiel gebildet worden.

Zins Das Wort wurde bereits in karolingischer Zeit direkt aus lat. *census* eingedeutscht. Census war die Vermögensschätzung zum Zweck der Steuerveranlagung; das dazugehörige Verb *censere* bezog sich entsprechend auf den Vorgang des Begutachtens und Abschätzens, worüber man sich dann, allgemein gesprochen, eine Meinung bildet, also etwas zensiert. Im Mittelalter bezeichnete man als Zins die steuerähnlichen (Natural-)Abgaben oder Pachtzahlungen an die Grund- oder Lehnsherrn. Zins als Entgelt für geliehenes Kapital war als unchristlich verpönt. Genau diese moderne Begriffsbedeutung erhält das Wort erst in der Neuzeit.

Arbeit & Beruf

Arbeit Arbeit im urspr. Bedeutungssinn des germ. Wortes ist »Mühsal, Plage, Anstrengung«. Überdies besteht eine sprachliche Verwandtschaft zu dem altslawischen Wort *rabota* = Diener, Sklave, Knecht (woraus in unserer Zeit der »Roboter« hervorgegangen ist), sowie eine sprachgeschichtlich sehr ferne Verbindung zu »Erbe« und »arm«, weil verwaiste Kinder in dieser frühen Zeit immer in Not gerieten und hart arbeiten mussten. Eine positive Bewertung von Arbeit kommt erst durch die Reformatoren, insbesondere Luther und Calvin, die im vorbürgerlichen Zeitalter der Arbeit hohes Sozialprestige verleihen.

Beruf Der Begriff entwickelt sich am Beginn der Neuzeit hauptsächlich durch Luther zur Betonung der äußerlichen Tätigkeit, nachdem er zuvor auf die innere, geistliche »Berufung« gemünzt war.

Rente Wortgeschichtlich gesehen praktisch identisch mit »Rendite«: ein Einkommen ohne Arbeitsleitung. Damit waren in früheren Zeiten aber keine Zahlungen aus Sozialkassen gemeint, sondern Vermögenseinkünfte, hauptsächlich aus Grundbesitz (bspw. Pachten). Es waren also vor allem reiche Leute, die eine Rente bezogen. Noch im 19. Jh. war »Rentier« ein gängiger Begriff für jemanden, der von seinem Privatvermögen lebte. Der Bedeutungswandel vollzog sich durch die Übertragung des Sinngehalts »Einkünfte ohne Gegenleistung« zunächst wohl auf die Invalidenrente, eine frühe Form der Altersversorgung von Kriegsveteranen, deren Erwerbsmöglichkeiten durch Verletzungen so erheblich eingeschränkt waren, dass der Staat, für den sie immerhin ihr Leben riskiert und ihre Gesundheit geopfert hatten, sie in seine Fürsorge nahm. Die Ausdehnung staatlicher Fürsorge vor allem gegen Ende des 19. Jh. und vollends im 20. Jh. führte zu dem Begriffsverständnis, wie es uns heute geläufig ist.

Tarif bedeutet: Bekanntgabe. Das Wort kommt aus dem Arab. (*ta'rifa*). Dort war damit die Bekanntmachung von Gebühren gemeint. Im Mittelalter zunächst in die Kaufmannssprache im Franz. und Ital. übernommen, bezeichnete das Wort zu jener Zeit Warenlisten mit Angabe der Zollgebühren, später auch Preisverzeichnisse. Solche gestaffelten Listen sind heute noch typisch bspw. für das Transportwesen (Bahntarif), das öffentliche Versorgungswesen (Wasser-, Strom-, Telefontarif) und das Lohn- und Gehaltswesen. Typisch für solche modernen Preisverzeichnisse ist, dass sie einer gewissen behördlichen, insofern »öffentlichen« Kontrolle unterliegen und allgemein verbindlich sind. Tarife sind also Preise, über die, wenn sie einmal bekannt gegeben sind, nicht mehr verhandelt wird.

Team(work) Dass man in einem Team »an einem Strang zieht«, ist wortgeschichtlich zwingend: Team ist nämlich aufs Engste verwandt mit dem dt. Wort »Zaum«. Das Team ist insofern auch das Gespann, die Gruppe von Menschen, die den Karren gemeinsam voran zieht. Das war in ganz alter Zeit vor allem die eigene Familie und die eigene Nachkommenschaft, die, ganz im Sinne von »Zaum« und »Zügel« mitgezogen, d.h. ernährt werden musste. Im 20. Jh. kommt die geläufige Begriffserweiterung zunächst in Bezug auf sportliche Mannschaften und dann auf die Arbeitswelt.

Orientierung in Zeit & Raum

Kalender- & Zeitbegriffe

Frühling, Frühjahr Dieses Wort tritt erst im 17. Jh. als Gegensatz zum »Spätjahr« (Herbst) auf.

Herbst Sprachgeschichtliche Wurzeln für dieses Wort liegen in Wörtern, die »scheren, schneiden« im Sinne von »ernten« bedeuteten. Bedeutung hat der Herbst weniger bei viehzüchtenden, sondern vielmehr bei obst- und weinbauenden Völkern. In Südwestdeutschland wird die Weinlese auch heute noch »herbsten« genannt.

Hundstage Sirius im Sternbild »Großer Hund« ist neben den Planeten der hellste Stern am Himmel. Er ist ab Mai nicht sichtbar, weil er dann zusammen mit der Sonne aufgeht. Erst im Juli erscheint dieser, auch »Hundsstern« genannte, helle Fixstern wieder am Nachthimmel. Die heißeste Zeit des Jahres beginnt mit diesem neuen Auftreten des Hundssterns.

Jahr Das Wort ist in seiner Wurzel verwandt mit dem lat. Wort *ire* (= gehen), sowie mit dem griech.-lat. Wort *hora* (= Stunde). In dem Wort spiegelt sich also unmittelbar der scheinbare Lauf der Sonne durch den Tierkreis bzw. allgemein der Lauf der Zeit.

Kalender *Calendae*, ein Pluralwort im Lat., war der erste Tag des Monats (an dem Zinsen gezahlt wurden). Das Wort kommt von lat. *calare* (= ausrufen). Dieser Tag wurde von einem Staatsbeamten, dem *Pontifex minor*, eigens ausgerufen.

Lenz Bedeutet in etwa »längen« und bezeichnet die länger werdenden Tage, also den Frühling. Das Wort ist schon in althdt. Quellen nachweisbar.

MEZ – Mitteleuropäische Zeit Bis zum Aufkommen der Eisenbahnen gab es in Deutschland (wie auch sonst in Europa/USA) nur Lokalzeiten, die jeweils der exakten Sonnenzeit am Ort entsprachen. In Leipzig war »12 Uhr mittags« bspw. 9 Minuten früher als in Frankfurt. Erst die Notwendigkeit, »gleiche« Abfahrts- und Ankunftszeiten anzugeben, führte zur Einführung der Zeitzonen. Die Ortszeiten wurden in Dtl. 1893 per Gesetz abgeschafft und die Mitteleuropäische Zeit (Greenwich +1) für das gesamte Reichsgebiet als gesetzliche Zeit eingeführt. Die MEZ ist die Ortszeit des 15.Längengrads, der durch Görlitz und in Österreich ungefähr auf halber Strecke zwischen Linz und Wien verläuft. Deswegen kann es bspw. in Wien abends schon dunkel sein, während es zur gleichen Uhrzeit in Brüssel noch recht hell ist.

Minute Im Lat. ist *minuta* verwandt mit minus und bezeichnet einen nicht näher bestimmbaren, sehr kleinen Teil. Genau in diesem Sinne wird das Wort auch heute allgemein im Engl. gebraucht: »Wait a minute!« bedeutet: »Warte einen Moment!« (und nicht: »Warte eine Minute!«). In Anlehnung an das Sexagesimalsystem des Ptolemäus zur Winkeleinteilung wurde das Wort auf die Einteilung der Stunde übertragen.

Sauregurkenzeit Im Juli und August reifen die Gurken. Diese für den Gang der Geschäfte ereignisarme Zeit wurde bereit im 18. Jh. unter Berliner Kaufleuten so genannt.

Sekunde Von lat. *secundus* = der/die/das Zweite. Gemeint ist die zweite Unterteilungsebene der Stunde nach der Minute.

Sommer / Winter Die Germanen unterschieden nur zwischen Sommer und Winter, beide Wörter sind sehr alt und in allen germ. Sprachen fast identisch. Sprachgeschichtlich wird Sommer an das altind. Wort *sem* angeknüpft, das »Jahr« bedeutet, und Winter an die Wortwurzel für Wasser; demnach könnte die Bedeutung von Winter »feuchte Jahreszeit« sein. Im Übrigen zählten die Germanen Ereignisse und Lebenszeiten nach »Wintern«, so dass dieses Wort bei ihnen der Bedeutung entsprach, die wir heute mit »Jahr« verbinden.

Stunde Das Wort ist eine alte Vergangenheitsform von »stehen«. In engem Zusammenhang hierzu gehört auch: stunden, das Stehen lassen, Aufschieben einer (Zahlungs-)Frist. Es handelte sich also bei »Stunde« zunächst um einen Aufenthalt, eine Pause. Erst ab dem 15. Jahrhundert wandelt sich der Inhalt zur Bezeichnung eines festgelegten Zeitabschnittes.

Zeit ist auf seiner wortgeschichtlich tiefsten Verständnisstufe eigentlich ein Raumbegriff, denn die Wortwurzel *dai* und altindisch *dáyte* bedeuten: »das Zugeteilte, der Anteil, ein Teil von etwas«.

Die Namen der Monate

Januar Der elfte Monat des altrömischen Kalenders wurde nach dem altitalischen Gott Ianus, dem doppelköpfigen Wächter der Türen und des Ein- und Ausgangs, benannt. Diese Umbenennung erfolgte mit der Verlegung des Jahresbeginns vom 1. März auf den 1. Januar.

Februar Kommt von dem lat. Wort *februare* (= reinigen) und deutet auf die Sühne- und Reinigungsrituale hin, die nach dem altrömischen Kalender in diesem (letzten) Monat des Jahres vorgenommen wurden. Spuren dieser Rituale haben sich in der katholischen Kirche in den besonderen Ritualen zu Mariä Lichtmess (2. Februar) und wohl auch in den Fastengewohnheiten dieser Jahreszeit erhalten. Ein alter dt. Name für Februar ist übrigens »Hornung«: der Monat, in dem das Rot- und Rehwild die Hörner abwirft.

März Benannt nach dem römischen Gott Mars, der in früherer Zeit nicht nur als Kriegs-, sondern auch als Vegetations- und Fruchtbarkeitsgott galt. Nach dem vorjulianischen Kalender war dies der erste Monat des Jahres.

April Die Herkunft dieses Wortes ist nicht sicher geklärt. Vermutlich bedeutet lat. *mensis aprilis* = der zweite, folgende Monat, der auf den ersten des vorjulianischen Kalenders folgte.

Mai Benannt nach dem römischen Gott Maius, der als Beschützer des Wachstums verehrt wurde. Maius ist eine maskuline Bildung zu Maia, der »Großen Göttin, Mutter Erde«.

Juni Benannt nach der römischen Göttin Juno, der Gemahlin des Jupiter, ursprünglich eine Geburts-, Fruchtbarkeits- und Ehegöttin.

Juli Der urspr. im vorjulianischen Kalender *mensis quintilis*, der »fünfte Monat«, genannte, wurde im Jahre 44. v. Chr. als Geburtsmonat von Cäsar zu dessen Ehren in Julius umbenannt. Im Deutschen setzt sich der Begriff in der Kanzlei- und Urkundensprache erst im 16. Jahrhundert gegen den bis dahin so genannten »Heumonat« durch.

August Auch der lat. *sextilis*, der sechste Monat, wurde umbenannt. Er erhielt seinen bis heute gültigen Namen von Cäsars Adoptivsohn Oktavian, dem ersten römischen Kaiser. Dieser trug den Beinamen Augustus (= der Erhabene, Erlauchte, Heilige). In diesem Monat hatte er sein erstes Konsulat angetreten. Übrigens war der Wechsel von Monaten mit dreißig Tagen und Monaten mit einunddreißig Tagen im älteren römischen Kalender sehr gleichmäßig. Nach der Umbenennung von *quintilis* und *sextilis* in Juli und August mussten um der »Gleichbehandlung« der erhabenen Namensgeber willen beide Monate die gleiche Länge haben. Daher wurde dem Februar ein Tag abgezwackt und dem Juli zugeschlagen, so haben Juli und August bis heute beide 31 Tage.

September / Oktober / November / Dezember In diesen Monatsnamen hat sich die altrömische Kalenderzählung erhalten, die urspr. am 1. März begann. Lat. *septem* = sieben, *octo* = acht, *novem* = neun, *decem* = zehn. Danach handelte sich also um den siebten, achten, neunten und zehnten Monat des römischen Kalenderjahres.

Wonnemonat Diese Bezeichnung für den Mai ist die einzige noch heute geläufige Monatsbenennung aus dem nie angenommenen Versuch Karls des Großen, die Monatsnamen »deutsch« zu taufen: Hartung = Januar; Hornung = Februar; Lenzmonat (von den länger werdenden Tagen) = März; Ostermonat = April; Wonnemonat = Mai; Brachmonat = Juni; Heumonat = Juli; Erntemonat = August; Holzmonat = September, Weinmonat = Oktober; Windmonat = November; Christmonat = Dezember.

Die Namen der Tage

Sumerisch ist die älteste bekannte Kultursprache des Vorderen Orients. Wie viele andere Sprachen ist sie zwar untergegangen, aber altes Ideengut hat sich erhalten und ist über die kulturellen Traditionen des Judentums, der Griechen und der Römer als elementarer Wissensinhalt in unsere Zivilisation eingegangen. Seit den Sumerern/Babyloniern wurden die sieben Wochentage den sieben damals bekannten Planeten zugeordnet, zu denen auch Mond und Sonne zählten.

Sonntag (Tag der Sonne) Die Entlehnung des lat. *dies solis* in die germ. Sprachen muss sehr früh, also vor dem 4. Jahrhundert durchgeführt worden sein (s.a. engl. *sunday*), denn unter dem Einfluss der Christianisierung wurde der Sonntag ab dem 4. Jh. im Bereich der romanischen Sprachen durch die Bezeichnung »Tag des Herrn« lat. *dies domini*, franz. *dimanche*, ital.: *domenica*, span.: *domingo* ersetzt.

Montag (Tag des Mondes) Der »Mond-Tag«, so beispielsweise auch im Engl. *monday* und im Franz. *lundi* (franz. *lune* = Mond).

Dienstag (Tag des Mars) Der Hauptgott bei den Griechen war der himmlische Göttervater Zeus (von den Römern Jupiter, im Genitiv *Iovis* genannt). Jupiter/Jovis ist im Grunde nur eine romanisierte Ausspracheform des griech. Wortes *diós*, womit sowohl »Zeus« als auch Götter im Allgemeinen bezeichnet werden. Auch der Name des germanischen Kriegsgottes Tiwaz leitet sich aus dieser Wurzel her, genauso wie die lat. Bezeichnung Mars für den römischen Kriegsgott. Auch wenn die Götterfiguren auf den ersten Blick verschieden zu sein scheinen – sprachgeschichtlich lässt sich der Wochentagsname auf eine einheitliche Wurzel zurückführen: die Bezeichnung für den großen Himmelsgott. Im engl. *tuesday* ist sie näher am Tiwaz, im franz. *mardi* näher an Mars.

Mittwoch Um das Jahr 1000 verwandelte sich unter dem Einfluss des Christentums der »heidnische« Wotanstag (noch im Engl. *wednesday*) bzw. Merkurtag (franz. *mercredi*) zu dem »Mitte der Woche«-Tag.

Donnerstag (Tag des Donar) Als Donnergott, Blitzeschleuderer und Wettergott nahm der germanische Donar leicht eine ranghohe Position ein, wenn die Germanen bei der Berührung mit der römisch-antiken Kultur ihre jeweiligen religiösen Vorstellungen verglichen. So wurde Donar der Namensgeber des dt. Donnerstag und des engl. *thursday*, wohingegen franz. *jeudi*, ital. *giovedì* und span. *jueves* in ihrer Benennung ganz direkt auf Jupiter zurückzuführen sind. (Die romanischen Sprachen hatten sich ja durch ihre enge Anlehnung an Mars für Dienstag diesen Götternamen sozusagen freigehalten.) Im Bairischen ist für Donnerstag noch das Wort Pfinztag zu finden, das aus dem griech. *pémpte heméra* (= fünfter Tag) abzuleiten ist.

Freitag (Tag der Freya) Namensgeberin in den germ. Sprachen (engl. *friday*) ist die Göttin der Liebe, Freya (im germanischen Götterhimmel als Frigga auch Gemahlin Wotans). Freya ist als Götterfigur und auch wortgeschichtlich identisch mit der römischen Venus, von der sich die Bezeichnung des Wochentages in den romanischen Sprachen herleitet (franz. *vendredi*, ital. *venerdì*, span. *viernes*).

Sonnabend Die im nördlichen und östlichen Deutschland geläufige Wochentagsbezeichnung setzte sich dort im Zuge der angelsächsischen Mission in spätkarolingischer Zeit in Abgrenzung zu dem »heidnischen« »Saturnstag« (lat. *dies Saturni*) weitgehend durch. In Nordwestdeutschland blieb aber auch das Wort »Satertag«, die Entsprechung des nl. *Zatertag* sowie des engl. *saturday*, erhalten.

Samstag Auch der in Süddeutschland verwendete Begriff Samstag ist Resultat eines Verdrängungsprozesses des heidnischen »Saturnstages«, hier allerdings im Rückgriff auf das heb. Wort *Sabbat*. Es gelangte durch die gotisch-arianische Mission des Wulfila donauaufwärts nach Süddeutschland.

Besondere Festtage

Ostern Dieses Wort bewahrt die Erinnerung an den Namen der germanischen Frühlingsgöttin Austro, was »Morgenröte« bedeutet. Sowohl das dt. Wort »Osten« als auch das lat. Wort *aurora* sind aus dieser Wurzel hervorgegangen. Die dt. und die engl. Sprache haben in ihrem Sprachschatz Ostern/*Easter* behalten, in den romanischen Sprachen wurde es durch das vom jüdischen Passahfest hergeleitete Wort *Pâques* (franz.), *Pasqua* (ital.) und *Pascua* (span.) ersetzt. Noch im Spätmittelalter verwendete man auch im nördlichen Deutschland das Wort »Paschen«. Im Nl. heißt Ostern *Pasen*, im Dänischen *Paske*.

Pfingsten ist nichts anderes als »der fünfzigste Tag« (griech. *pentekosté heméra*) nach Ostern. In den anderen europäischen Sprachen hat sich die Ableitung deutlicher erhalten (engl. *pentecost*; franz. *pentecôte*).

Rosenmontag Diese Bezeichnung des Tages vor dem Fastnachtsdienstag kommt von rheinisch *rose* = rasen, toben. Also ist der Rosenmontag der »rasende Montag«.

Weihnacht, Fastnacht Die Germanen folgten dem Mondkalender und zählten deswegen die Nächte; in Wörtern wie Weihnacht, Fastnacht und im Engl. *fortnight* (= 14 Tage) hat sich diese für unseren historischen Raum sehr viel ältere Kalendervorstellung noch erhalten. In Weihnacht steckt außerdem noch althdt. *wih* (= heilig), also »heilige Nacht«. Fastnacht bezeichnete urspr. den letzten Tag vor der Fastenzeit, also einen bestimmten Tag und nicht etwa einen Zeitraum oder gar ganz allgemein das Faschings- oder Karnevalstreiben nach heutigem Wortverständnis. Zu diesem Kalenderverständnis gehört wohl auch ein Begriff wie Walpurgisnacht (30. April), ein Tag, der auch die älteren Bezeichnungen »Freinacht«, »Drudennacht«, »Losnacht« trägt.

Grundbegriffe zur Ortsbestimmung

Afrika Das Wort stammt von den Römern, die das Land um Karthago nach dem Stamm der Afri benannten; später wurde der Name auf das ganze südliche Küstenland des Mittelmeers ausgedehnt, im Zeitalter der Entdeckungen schließlich auf den ganzen Kontinent. Zuvor, in der griech. Antike, wurde der südlich von Ägypten gelegene Erdteil »Äthiopien« genannt – das »Land der schwarzen Gesichter«.

Amerika Benannt nach dem florentinischen Seefahrer Amerigo Vespucci (1451–1512), der als Erster erkannte, dass die von Kolumbus entdeckten Küsten nicht der östliche Teil von Asien, sondern ein eigener Kontinent waren. Daher galt er als der »Entdecker« Amerikas. Der dt. Kosmograf Matthias Ringmann benannte diese Küsten nach Vespuccis Vornamen, und der Kartograf Martin Waldseemüller trug ihn erstmals auf einer Karte ein. Das einzige erhaltene Exemplar dieser berühmten ›Waldseemüller-Karte‹ gelangte erst 2001 aus dem Besitz der Fürsten Waldburg-Wolfegg in amer. Besitz und gehört nun der »Library of Congress« in Washington.

Arktis / Antarktis Im Griech. ist *árktos* = Bär. Die Namensgebung bezieht sich auf die beiden Sternbilder des von den Griechen so genannten Großen und Kleinen Bären, die am nördlichen Sternenhimmel stehen. Die griech. Vorsilbe *ant(i)* = gegen, gegenüber bezeichnet den am gegenüberliegenden Pol liegenden Kontinent.

Asien *Acu* ist ein assyrisches, entsprechend sehr altes Wort, das wörtl. »Osten« bedeutet, also im weiteren Sinne den Sonnenaufgang und das »Morgenland« bezeichnet.

Australien Auf den Karten der Entdeckerzeit ist der südpazifische Kontinent mit dem lat. Namen *Terra australis* = Südland verzeichnet. Der heutige Name leitet sich von diesem Begriff ab.

Europa Die Geschichte von der Entführung der phönikischen Königstochter durch den in eine Stiergestalt verwandelten Zeus nach Kreta ist so bekannt, dass sie nicht wiederholt werden muss. Möglicherweise ist die Erzählung als legendenhafte Verbrämung der Übertragung gewisser zivilisatorischer Errungenschaften aus dem Vorderen Orient in den griechischen Kulturraum zu deuten.

Indien Der riesige Subkontinent, der auf einer eigenen tektonischen Platte liegt und somit erdgeschichtlich nicht zur eurasischen Landmasse gehört, hat seinen Namen vom Indus-Strom, den man von Griechenland kommend zuerst erreicht.

links *Link* ist ein Wort, das erst im Mittelhochdt. auftaucht und das ahdt. Wort *winistar* ablöst. Es bezeichnet wohl das Lahme, Hinkende, Schlotternde, Matte und Schwache (»linkisch«). Auf jeden Fall das Gegenteil von allem Aufrechten, Richtigen und Geraden.

Norden Nord stammt aus der sehr alten Wortwurzel *ner*, was so viel wie »unten, tief, hinten, links« bedeutet. Der Norden ist also die Himmelsrichtung links von einem Betenden, der sich nach Osten, dem Sonnenaufgang zu neigt. Die Gebetsrichtung nach Osten war im Mittelalter elementar, alle Kirchen waren »geostet«.

Osten ist die Richtung des Sonnenaufgangs. Nichts anderes bezeichnet das Ursprungswort *austro*, von dem sich auch Ostern und Aurora (= Morgenröte) herleiten.

rechts Alles, was rechts ist, ist im Sinne der Wortherkunft auch recht, richtig, gerade, aufrecht und rechtens. *Orektós* ist im Griech. »ausgestreckt, erwünscht, ersehnt« und *rectus* im Lat. ist alles Regelrechte und Rechtschaffene schlechthin. Der gerade gerichtete, ausgestreckte rechte Arm ist auch im sprachlichen Sinne das universale Urbild von »rechts«.

Süden ist sprachgeschichtlich verwandt mit »Sonne«, bezeichnet also die Sonnenseite. Das altdt. Wort *sunt* hat sich in Ortsnamen wie Sonthofen, Sundgau erhalten.

Westen Das Wort ist verwandt mit griech. *hespéra* und lat. *vesper*, die beide »Abend« bedeuten. Zugrunde liegt all diesen Wörtern eine Wortwurzel, die »herab, das Untere, fort« bedeutet und die Himmelsrichtung der untergehenden Sonne, die Abendseite, meint.

Zenit stammt aus dem Arabischen. *Samt ar-ra's* bedeutet »Scheitelpunkt«, wörtlich »Weg« (= samt bzw. semt) oder »Richtung des Kopfes«. Damit bezeichneten arab. Astronomen den höchsten Punkt am Himmelsgewölbe. Die in allen europ. Sprachen übliche Schreibweise von »Zenit« ist allerdings Folge eines Übertragungsfehlers. Ein mittelalterlicher Schreiber auf dem Gebiet des heutigen Spanien hatte bei der Übernahme des Wortes den letzten Anstrich des Buchstabens »m« in *semt* als »i« gelesen und somit das Wortende als -nit wiedergegeben. In spanischen Büchern zur Astronomie wurde der Fehler munter kopiert, schließlich breitete sich der Irrtum über ganz Europa aus. Der Gegenpunkt zum Zenit, also der Fußpunkt des Himmelsgewölbes, heißt übrigens **Nadir** von dem arab. Wort *nazir* (= gegenüberliegend).

Sprachliche Orientierung auf See: Die Weltmeere

Die Weltmeere bestehen aus: Antarktisches Meer, Arktisches Meer, Atlantik, Indischer Ozean, Pazifik. Zum Antarktischen und Arktischen Meer s.o. Arktis. Zum Indischen Ozean s.o. Indien.

Dem **Atlantik** haben die Griechen seinen Namen gegeben. Er geht zurück auf den Titanen *Átlas* (Genitivform: *Átlantos*), der sich an einer Verschwörung gegen Zeus beteiligte und zur Strafe die Säulen stützen musste, die das Himmelsgewölbe tragen, oder er musste das Himmelsgewölbe selbst auf seine Schultern nehmen. So wurde er auch bis ins 19. Jh. dargestellt. Nach der Vorstellung der Griechen hausten die Titanen im äußersten Westen der Welt, die für sie an dem Ozean jenseits der Westküste Afrikas endete.

Das Sinnbild des das Himmelsgewölbe bzw. die Weltkugel tragenden **Atlas** findet sich auch auf dem Titelblatt des bahnbrechenden kartografischen Werkes des Deutschen Mercator (1595), was wiederum dazu führte, dass dieses Wort in allen Weltsprachen zum Begriff für kartografische Sammelwerke wurde.

Der **Pazifik** erhielt seinen Namen 1520 durch den portugiesischen Weltumsegler Magellan. *Mar Pacífico* bedeutet auf Port. »stilles, friedliches Meer« (lat. *pax* = Friede), weil Magellan den Eindruck gewonnen hatte, dieses Meer sei relativ frei von Stürmen.

Maße

Die Basis der meisten heute verbreiteten metrischen Systeme ist das Dezimalsystem, es bildet Einheiten in einfachen Zehnerschritten. Man folgte dabei dem Vorschlag des Holländers Jan Hendrick van

Swinden, die vielfachen Dezimaleinteilungen mit griech. Vorsilben, die dezimalen Unterteilungen mit lat. Vorsilben zu versehen. Daraus ergibt sich der noch heute gültige Sprachgebrauch:

deka	*déka* = zehn
hekto	*hekatón* = hundert
kilo	*chilioi* = tausend
mega	*mégas* = groß, hoch, lang, dick, bedeutend; hier für: Million
giga	*Gígas, Gígantes* = Riesen; hier für: Milliarde
tera	Billion
peta	Billiarde
exa	Trillion

dezi	*decimus* = zehnter; hier: Zehntel
zenti	*centenus* = hundertmal; hier: Hundertstel
milli	*mille* = tausend; hier: Tausendstel
mikro	*mikro* = klein, kurz, gering; hier: Millionstel
nano	hier für: Milliardstel
piko	Billionstel
femto	Billiardstel
atto	Trillionstel

Gramm Das griech. Wort bedeutet urspr.: Buchstabe, Geschriebenes (man kennt das aus Wörtern wie »Autogramm« oder »Grammatik«.) Bereits im Griech. bezeichnete grámma auch das Gewicht 1/24 Unze. Die moderne Definition als Messeinheit innerhalb des metrischen Systems erfolgte 1791 in Frankreich als »Masse von einem Kubikzentimeter reinen Wassers bei der Temperatur des Eispunktes«.

Liter Das griech. Wort *lítra* bedeutet Pfund, und zwar schon von früh an sowohl als Gewicht wie als Münze. Als Hohlmaß ist die Verwendung des Wortes auch im Lat. als *litra* bezeugt. Wie Meter und Gramm wurde das Wort dann im Zuge der Einführung des metrischen Systems als Volumeneinheit für Flüssigkeiten und Schüttstoffe definiert (ein Liter entspricht einem Kubikdezimeter).

Meile Das Wort kommt von lat. *mille passuum* = tausend Schritte. Als moderne Maßeinheit ist das Wort heute noch gebräuchlich in: Seemeile, die der Länge einer Bogenminute (1852 Meter) entspricht. Daneben gibt es u.a. die amerikanische *mile*, sie ist 1609 Meter lang. Auf die Seemeile als moderner Maßeinheit bezogen sind:
Faden, er entspricht 1/1000 Seemeile, also 1,85 Meter. Faden wird als Maßeinheit zur Messung der Wassertiefe verwendet. Das Wort kommt von engl. *fathom*, was nicht etwa »Faden« bedeutet, sondern von lat. *patere* = sich erstrecken und griech. *petánnynai* = (die Arme) ausbreiten stammt und das Maß der ausgebreiteten Arme bezeichnet. **Kabel** ist ein Wort lat. Ursprungs (*capulum* = Strick, Tau) und in der Seemannssprache eine Maßeinheit zur Messung von Tauwerk. Eine Kabel(länge) = 100 Faden. **Knoten** ist in der seemännischen Sprache die Angabe der Schiffsgeschwindigkeit (Seemeilen pro Stunde). Diese Messung erfolgte durch ein bleibeschwertes Brettchen (Logscheit), das an einer Leine am Heck des Schiffes ins Wasser gelassen wurde. Die Länge der Leine, die während einer bestimmten Zeit durchläuft, ergibt die Geschwindigkeit. Um sich umständliche Berechnungen zu sparen, wurde die Logleine in bestimmten Abständen mit Knoten versehen. Anhand der Anzahl der Knoten ließ sich die Geschwindigkeit leichter ablesen.

Meter ist zwar ein griech. Wort (*métron* = Maß, Größe, Länge; auch: Messgerät), war aber im antiken Griechenland oder sonst in der Antike nie eine Maßeinheit. Das Geburtsland des Meters ist vielmehr Frankreich. Als Maßeinheit, nämlich als Längengrundmaß, wurde Meter erstmals 1791 von der französischen Nationalversammlung festgelegt. Die Meter-Definition lautete: der zehnmillionste Teil der Länge eines Erdmeridians zwischen Nordpol und Äquator.

Tonne Ein Wort keltischen Ursprungs, das einen Bedeutungswandel von »Weinschlauch« zu »großes Fass« durchgemacht hat. Später wurde das Wort als Maßeinheit für Megagramm (= 1000 Kilogramm) definiert.

Historische Maßeinheiten

Klafter Das Maß der ausgebreiteten Arme; abgeleitet von einem alten Ausdruck für »ein Bündel Heu umarmen«.

Malter bezeichnet »das Gemahlene«, das Mahlgut; Malter war ein Hohlmaß für Getreide von regional sehr unterschiedlicher Größe. Es entsprach bspw. im Großherzogtum Hessen: 1,28 hl, im Kurfürstentum Hessen: 6, 43 hl, dagegen in Sachsen 12,48 hl. Im Lauf des 19. Jh. wurde Malter durch Zentner ersetzt.

Pfund von lat. *pondo, pondus* = Gewicht, von *pendere* = abwiegen mit der Waage; davon auch die Währungsbezeichnungen Pfund oder Lira.

Scheffel Ein kontinentalgermanisches Wort für ein hölzernes Gefäß, später als geräumiges Getreidehohlmaß (je nach Region 30 bis 300 Liter). Daraus abgeleitet: Geld scheffeln (= sehr viel Geld anhäufen), sein Licht nicht unter den Scheffel stellen.

Unze aus lat. *uncia* (= zwölfter Teil eines Maßes oder Gewichts); verwandt mit engl. *inch* (= zwölfter Teil eines Fußes); verwendet noch im Sport zur Bestimmung des Gewichts von Tennisschlägern, Boxhandschuhen u.ä. Anlehnung an die englische *ounce* (= 1/16 eines englischen Pfundes = 28,35 Gramm).

Zoll bezeichnet wortgeschichtlich »ein abgespaltenes Stück Holz«; als Maßeinheit ist Zoll seit ungefähr 1500 in Gebrauch und entsprach der Breite eines starken Daumens. Im Dt. wird das Wort heute noch alltäglich in »Zollstock« gebraucht.

Kultur & Medien

Grundbegriffe Kultur

Abendland In seinem heutigen Verständnis ist das Wort ein Begriff der Romantik. Nachweisbar ist es seit 1529 als Entsprechung zu dem von Luther gewählten Wort »Morgenland« in seiner Übersetzung für *ex oriente* im Matthäusevangelium, wo von den »Weisen aus dem Morgenlande« die Rede ist, die zur Geburt Christi kommen. Bis zum Beginn des 19. Jh. verwendete man das Wort aber nur im geografischen Sinne für (West-)Europa. Erst um 1800 wurde »Abendland« zu einem Leitbegriff für ein neues Geschichtsbild. In bewusstem Gegensatz zur Aufklärung idealisierten die Romantiker (Novalis, Schlegel) ein »abendländisches« Mittelalterbild. Das spätere, liberal oder »preußisch« (also protestantisch) denkende 19. Jh. interessierte sich nicht besonders für den Begriff, den es übrigens nur im Dt. gibt. Erst durch das 1918 erschienene Buch ›Der Untergang des Abendlandes‹ von Oswald Spengler wurde er wiederbelebt.

Bildung Der Erfinder des Begriffs ist der dominikanische Mystiker Meister Eckhart (1260–1328), der in Paris und Köln lehrte. Sein Verständnis war natürlich theologisch, für ihn »bildet« sich die Seele des Menschen in der Ausrichtung auf Gott, so wie nach dem Bibelwort Gott den Menschen nach seinem Bild geschaffen hat. In säkularisierter Form ist der Begriff in der Philosophie des dt. Idealismus wieder von großer Bedeutung, vor allem bei Hegel. Danach ist Bildung jedenfalls mehr als »Erziehung«, mehr als »Ausbildung«, auf jeden Fall mehr als abfragbares Wissen und der Klassikerzitatenschatz im Bücherschrank. Bildung ist wache Neugier und lebenslanges Lernen bei dem stets erneuerten Versuch zu verstehen, warum etwas so ist, wie es ist. Dabei stößt man unweigerlich darauf, dass Dinge des Lebens anders sein können, als man denkt, früher anders waren, als sie heute sind, oder bei anderen Völkern anders gehandhabt werden. Nicht umsonst sagt man: Reisen bildet. Man muss nicht unbedingt »studiert« haben, um Bildung zu gewinnen, umgekehrt bleiben viele Studierte im Grunde ungebildet.

Enzyklopädie Das Bedürfnis nach einer Universalsammlung des Wissens (griech. *enkýklios* = kreisförmig, wiederkehrend, üblich; *paidéia* = Erziehung, Bildung) findet sich bereits in der Antike. Das bedeutendste Werk aus dieser Zeit ist die ›Naturalis historia‹ (Naturgeschichte) des Plinius (23–79, er kam als Befehlshaber der kaiserlichen Flotte beim verheerenden Ausbruch des Vesuv ums Leben). Seine in 37 Büchern geordnete Darstellung des Naturwissens über Geografie, Völkerkunde, den Sternenhimmel, Zoologie, Botanik, Heilpflanzen und Minerale blieb tausend Jahre lang eine vorbildliche Kenntnisquelle. Im 9. Jh. schufen der byzantinische Patriarch Photios erstmals ein antikes Sprachlexikon und der karolingische Abt (Fulda) und Erzbischof (Mainz) Hrabanus Maurus erneut eine 22-bändige »Realenzyklopädie« weltlichen und geistigen Wissens (›De rerum naturis‹). Die Zusammenstellung von Enzyklopädien im modernen Sinn (in alphabetischer Anordnung) wurden zu einem Brennpunkt der aufklärerischen Tätigkeit seit dem späten 17. Jh., zunächst vor allem in Frankreich. Der maßgebliche Organisator der ›Encyclopédie‹ war dort Denis Diderot. Der erste Band erschien 1751, der achtundzwanzigste und letzte 1772. Die ersten maßgeblichen Enzyklopädien in dieser Tradition im deutschsprachigen Raum schufen I. Hübner (1704) und H. Zedler (1731–1754, 68 Bände).

Humanismus Den Begriff »Humanismus« prägte der schwäbische Philosoph und Theologe F. J. Niethammer 1808. Er ist abgeleitet von lat. *humanitas, humanae litterae*, man versteht darunter das durch studierendes Lesen vermittelte Bewusstsein des geistig-kulturellen Erbes von Antike, Mittelalter, Christentum, vor allem in seiner literarisch-philosophisch-theologischen Tradition. Humanismus ist daher aufs Engste verbunden mit der Kenntnis der antiken Sprachen Latein, Griechisch und Hebräisch und beschränkte sich zunächst auf diese literarische Tradition. Andere kulturelle Aktivitäten wie gestaltende Künste galten noch lange als profanes Handwerk.

Kultur, Kult Mehr als zwei Jahrtausende lang bezog sich das Wort in erster Linie auf landwirtschaftliche Tätigkeiten (lat. *cultura* = Landbau). Es umfasst aber auch sonst alles, was angebaut, bebaut, gehegt und gepflegt (= lat. *colere*) wird, bis hin zu religiöser Verehrung nach festen Riten im Kultus, zu Unterricht und Bildung und zum Kult; seit etwa 1700 wurde »Kultur« übertragen von der Pflege des Ackers auf die Pflege des Geistes.

Kulturkampf Politisches Schlagwort seit 1873. Politischer Kampf einiger liberaler Staaten (vor allem Preußen, aber auch Hessen, Baden, Schweiz) gegen die katholische Kirche nach der Verkündung des päpstlichen Unfehlbarkeitsdogmas 1870. Im Zuge dieser Auseinandersetzungen wurden im Preußen Bismarcks und im Deutschen Reich eine ganze Reihe gegen die Kirche gerichteter Gesetze verabschiedet. Der erbitterte Widerstand eines Teils der katholischen Bevölkerung führte von 1886 – 1917 zu einer teilweisen Rücknahme dieser Gesetze. Zivilehe und Staatsschule blieben jedoch bis heute erhalten.

Kulturpapst Das Wort entstand mit dem Aufkommen der Kulturmagazine im Fernsehen Mitte der 1960er Jahre. Es spielt vor allem ironisch auf das Unfehlbarkeitsdogma des Papstes an. Das Kulturpapsttum spaltet sich hauptsächlich auf in Kunstpäpste und Literaturpäpste, also einige einschlägige Kritiker mit großer Glaubensgemeinde.

Renaissance Auch der Begriff »Renaissance« (wörtl.: Wiedergeburt) wurde erst im 19. Jh. geprägt, im Wesentlichen von dem französischen Historiker Jules Michelet und dem Schweizer Kulturhistoriker Jacob Burckhardt. Die Menschen der Renaissance haben sich verstärkt für antike Kultur interessiert und sie sich »neu angeeignet«. Das Verlangen nach einem intellektuellen Aufbruch und neuer geistiger Orientierung entsprang der geistigen Verarmung und dem Stillstand im 15. Jh., der Erstarrung der spätmittelalterlichen Lebensformen und der sich abzeichnenden Dekadenz der Kirche. Man suchte »neue Horizonte«, wie es auch in den Entdeckungsfahrten und theologisch gesehen in den vielfältigen Ansätzen zu einer Reformation zum Ausdruck kommt.

Suhrkamp-Kultur Der Begriff hebt die Bedeutung des Frankfurter Verlages für die literarische und philosophische Diskussion vor allem während der 1960er und 1970er Jahre hervor. Er wurde von George Steiner, einem der bedeutendsten Literaturwissenschaftler der Gegenwart, in einem Beitrag für ›Times Literary Supplement‹ vom 9. 3. 1973 geprägt .

Weltkultur Im Umkreis von Herder, Wieland und Goethe kamen um 1800 Begriffe mit »Welt-« auf. Man hatte schnell bemerkt, dass es sich bei der Französischen Revolution um ein »Weltereignis« gehandelt hat. Die Übersetzungstätigkeit aus den Nationalsprachen nahm rasant zu. Die Zylinderdruckpresse und weitere Druckmaschinen waren um 1820 erfunden; das Zeitschriftenwesen dehnte sich schnell aus. Der Darmstädter Schriftsteller J. H. Merck, der Herder und den jungen Goethe stark beeinflusste, prägte bereits damals den Begriff »Weltwirtschaft«. Herder sprach von »Weltmarkt« als »Weltumlauf der Ideen«. Das war Weltkultur. Man dachte bei »Welt«-zunächst in erster Linie an Europa. Nicht zuletzt das für die damaligen Menschen ungeheure Beschleunigungserlebnis einer Fahrt mit der Eisenbahn ließ den Weltbegriff im Lauf der nächsten fünfzig Jahre wirklich global werden. Die Rekordreise des Phileas Fogg ›In 80 Tagen um die Welt‹ (Jules Verne) markiert 1873 den vorläufigen Höhepunkt dieser Entwicklung. Bereits Goethe sprach vom »veloziferischen Zeitalter«, dem Zeitalter der Beschleunigung.

Literatur & Buchwesen

Belletristik von franz. *belles-lettres* (= schöne Wissenschaften), einem nach 1750 gebildeten Begriff zur Abgrenzung der humanistischen Geisteswissenschaften von den Naturwissenschaften. Nach der Übernahme ins Dt. um 1770 in zunächst abwertendem Sinn (»schöngeistig«), heute wertneutral.

Bibliothek Griech. *bíblos* = Buch (Bibel); *théke* = Behälter, Sammlung. Die Mutter aller Bibliotheken ist diejenige, die längst nicht mehr existiert: die Bibliothek von Alexandria.

Braille(schrift) Louis Braille (1809–1852), der selbst im Alter von drei Jahren erblindete, erfand die Blindenschrift. Sie besteht aus erhabenen Punkten, die in dickes Papier gedrückt werden.

Brockhaus Friedrich Arnold Brockhaus (1772–1823) hat das »Universallexikon« nicht erfunden, aber für ein breites Publikum (»die gebildeten Stände«) zugänglich gemacht. Vorausgegangen war etwa Zedlers Lexikon in 68 Bänden (1731–1754). Brockhaus' verlegerische Großtat war die Konzentration des Wissenswerten seiner Zeit auf eine Edition von zehn Bänden.

Buch kommt von »Buche«. Runenzeichen bestanden aus Buchenstäben. Diese »Buchstaben« waren also Schriftzeichen, und nichts lag näher, als das Wort als Entsprechung für das lat. Wort *litterae* zu verwenden. In der Spätantike ging man gelegentlich dazu über, mit Buchstaben beschriebene Blätter zusammenzubinden, statt sie zu rollen. Diese neue Technik setzte sich dann im frühen Mittelalter durch, und man übertrug das germ. Wort *buohen* für die Buchenstäbe auf dieses Kompendium zu althdt. *buoh*.

Copyright Engl. *right* = das Recht, *to copy* = kopieren, vervielfältigen. Der Anspruch des Urhebers (= Inhaber geistigen Eigentums), ausschließlich über sein Werk verfügen und es wirtschaftlich nutzen zu können, ist erst seit dem 19. Jh. gesetzlich geschützt (in Deutschland seit 1867, die Schutzfrist beträgt heute 70 Jahre). Das Urheberrecht entsteht automatisch mit dem Werk; es muss nicht irgendwo registriert werden.

Drama Das Drama ist eigentlich nur die Handlung eines Stücks (griech. *drán* = machen, tun). Dass sie dramatisch im Sinne von erregend, mitreißend, spektakulär sein sollte, ergibt sich aus den Eigengesetzen des Theaters, sonst wäre es langweilig. Mit einem modernen Fremdwort spricht man heute auch von (engl.) *plot*.

Duden Konrad Duden (1829–1911) veröffentlichte 1880 das für die einheitliche deutsche Rechtschreibung maßgebliche Wörterbuch.

Klassik Im 18. Jh. benutzte man in Frankreich gelegentlich den Ausdruck *auteur* oder *poète classique* zur Bezeichnung eines hervorragenden Schriftstellers. Die Wendung ahmte das lat. *classicus scriptor* nach, womit ebenfalls ein erstrangiger Schriftsteller gemeint war, wörtlich nämlich ein »Schriftsteller erster Klasse«. Klassik bezeichnet heute einfach wertend eine Glanzzeit der Nationalgeschichte oder einer Kunstgattung (bspw. »Wiener Klassik«: das Musikschaffen zwischen Haydn und Schubert). Inhaltliche Aussagen sind damit nicht verbunden. In Spanien und den Niederlanden spricht man gleichbedeutend von »Goldenem Zeitalter« (*Siglo d'Oro* bzw. *Gouden Eeuw*)

Knigge Adolph Freiherr von Knigges (1751–1796) berühmtestes Buch trägt den Titel ›Über den Umgang mit Menschen‹. Es behandelt nur zu einem kleinen Teil »Allgemeine Vorschriften und Lebensregeln« also die sog. Umgangsformen, wegen deren

Buchtitel, die zu Redewendungen wurden

Ferien vom Ich (P. Keller, 1915); Sternstunden der Menschheit (St. Zweig, 1927); Menschen im Hotel (Vicki Baum, 1929); Im Westen nichts Neues (E. M. Remarque, 1929), Kleiner Mann – was nun? (H. Fallada, 1932); Wer einmal aus dem Blechnapf frisst (H. Fallada, 1934); Verlust der Mitte (H. Sedlmayr, 1948); Die heile Welt (W. Bergengruen, 1950); Die Zukunft hat schon begonnen (R. Jungk, 1952); Das Prinzip Hoffnung (E. Bloch, 1954); Ich denke oft an Piroschka (H. Hartung, 1954), So weit die Füße tragen (J. M. Bauer, 1955); Es muss nicht immer Kaviar sein (J. M. Simmel, 1960); Die Angst des Tormanns beim Elfmeter (P. Handke, 1970); Gruppenbild mit Dame (H. Böll, 1971); Die unendliche Geschichte (M. Ende, 1979); Beim nächsten Mann wird alles anders (Eva Heller, 1987); Generation Golf (F. Illies, 2003).

das Werk sprichwörtliche Berühmtheit erlangte. Es enthält größtenteils aus großer Menschenkenntnis und persönlicher Erfahrung geschriebene Betrachtungen über das Verhältnis und Verhalten der Menschen zueinander. Knigge beschäftigt sich, wie der Titel sagt, vor allem mit dem Umgang mit Menschen, nicht mit dem Umgang mit Messer und Gabel.

Komödie Im antiken Griechenland pflegte man nach einem Gelage (*sympósion*) einen possenhaften Umzug aufzuführen, an dem sich professionelle Possenreißer, Bittsteller und Begleitpersonen aus dem Haushalt des Gastgebers beteiligten. Dieser Umzug hieß *kómos*, woraus sich der Begriff der *komodía* ableitete.

Literatur Lat. *littera* ist der »Buchstabe«; das Wort selbst ist übrigens etruskischen Ursprungs. Litterae sind alle Formen von Schriftstücken und, darauf aufbauend, die Gesamtheit des Wissens, das durch Schriftstücke vermittelt wird. Literarische Bildung war also in der Antike eine universale Gelehrsamkeit. Erst im 18. Jh. beginnt sich der Begriff auf die moderne Bedeutung »Dichtung, erzählerische Werke« zu verengen.

Märchen Das Märchen ist das »Märlein«, die »kleine Erzählung«, was wortgeschichtlich auf das aus der Nibelungensage bekannte Wort *maere* zurückgeht. »Märe« war urspr. jede Nachricht, ein Bericht oder auch nur Gerücht, eine Erzählung oder ein Vortrag. Märchen sind wie Mythen älteste und trotzdem sehr lebendige Literatur, die jahrtausendelang nur mündlich tradiert wurde. Erst vor rund zweihundert Jahren begann deren Aufzeichnung (etwa durch die Brüder Grimm). Märchenstoffe sind auch heute noch verbreiteter und vertrauter als jede andere Art von Romanliteratur.

Pamphlet Das Wort kommt von dem Titel eines im Mittelalter beliebten und weit verbreiteten Liebesgedichts: ›Pamphilus seu de amore‹(›Pamphilus oder Über die Liebe‹), wobei der Name der Hauptfigur Pamphilus sich wiederum zusammensetzt aus gr. *pan* = (über)all und *phílos* = der Geliebte, also »der Vielgeliebte«. Weil diese Schrift kurz und weit verbreitet war, wurde aus dem ersten Titelstichwort der Begriff für Broschüren und Flugschriften. *Pamphlet* war vor 1800 ein völlig gängiger Begriff für kürzere Drucksachen, oftmals Meinungsäußerungen oder Erörterungen jedweden Inhalts oder Themas.

Reclam(heft) Anton Philipp Reclam (1807–1896) begründete im Jahre 1867 in Leipzig »Reclams Universal-Bibliothek« mit ›Faust I‹ von Goethe. Nach dem Erlass des Urheberschutzgesetzes entwickelte Reclam ein Konzept zur Veröffentlichung »classischer Werke unserer Literatur« gemeinfreier Autoren in streng kalkulierten, broschierten Einzelausgaben mit Einheitsumschlag. Die erste Auflage des ›Faust‹ (5000 Exemplare) galt als gewagt hoch.

Roman »Romanzen« (altfranz. *romanz*, mittelfranz. *romant*) sind zunächst in Frankreich entstanden: Volkserzählungen in der »romanischen« Sprache. Damit war natürlich vor allem das Französische gemeint, aber auch das Italienische und Spanische, jedenfalls die Volkssprachen und nicht das gelehrte Latein.

Romantik Im Gegensatz zu Klassik hat Romantik einen konkreten inhaltlichen Bezug. Der Begriff bezeichnete zunächst die Literatur in den romanischen Volkssprachen, also alles, was nicht in der akademischen Gelehrtensprache Latein geschrieben wurde. Das waren »Romanzen« des späten Mittelalters und der Barockzeit, also Ritterromane, Minnelyrik, Heiligenlegenden, auch volkstümliche Erzählungen mit teilweise phantastischem, abenteuerlichem und gefühlsbetontem Inhalt. Darauf bezieht sich die Haltung der romantischen Epoche (etwa zwischen 1790 und 1830) in bewusster Abkehr vom klassisch-aufklärerischen Kulturschaffen.

Satire Der Satyr war in der griech. Mythologie eine der charakteristischen Begleitpersonen des Gottes Dionysos, ein besonders den Wein und den Sex liebender Geselle. Er ist die Gestalt mit den Bocksbeinen und den Hörnern auf dem Kopf (und in dieser Form das Urbild einer weitverbreiteten Vorstellung des christlichen Teufels). Die Tragödien wurden bei den Dionysischen Spielen immer als Trilogie aufgeführt, was den Zuschauern ziemlich viel Geduld abverlangte. Zur Entspannung gab es im Anschluss dann ein burleskes Satyrspiel, bei dem die gewohnte Ordnung verspottet und parodiert wurde.

Schinken, Schwarte bezeichnete urspr. ein in Schweinsleder gebundenes Buch.

Schmöker ist das Buch, das sich im Sinne des Wortes in Rauch auflöst. Studenten hatten die Angewohnheit, aus alten, wertlos erscheinenden Büchern die Seiten herauszureißen, diese zusammenzurollen und sich damit ihr Pfeifchen in Brand zu stecken. Dieses Pfeifchen zu rauchen, war das Schmauchen oder »Schmöken«.

sentimental Das Wort geht auf den Titel von Laurence Sternes ›A Sentimental Journey through France and Italy‹ zurück, das Buch erschien 1768 in England und noch im selben Jahr auf Dt. unter dem Titel ›Yoricks empfindsame Reise durch Frankreich und Italien‹. Empfindsam und sensibel zu sein, äußere Eindrücke als Spiegelungen seelischer Zustände künstlerisch zu verarbeiten war ein neuer Zug der in jener Zeit aufkommenden Romantik. Franz./lat. *sentir/sentire* ist »fühlen, wahrnehmen, meinen«. Schon im engl. Wort steckt auch die abwertende Tendenz zur Rührseligkeit. Auch die romantischen Männer jener Zeit schämten sich ihrer Gefühlsausbrüche und Tränen nicht.

Text ist ein kunstvolles »Gewebe« aus Wörtern. Bevor das Wort auch bereits im Lat. das Zusammenfügen der Wörter bezeichnete, bezog es sich zunächst als Fachwort der Weber auf das Verknüpfen der Fäden. »Text« und »Textil« sind also wortgeschichtlich aufs Engste miteinander verwandt, auch »Technik« und »Architekt« entstammen der gemeinsamen griech. Wortwurzel *techné*.

Tragödie, Katastrophe Die Theaterfestspiele im antiken Griechenland waren religiöse Weihespiele, sie wurden ähnlich wie die olympischen, delphischen und korinthischen Spiele nach der Art eines Wettkampfes ausgetragen. In älterer Zeit trug zunächst nur ein einzelner Sänger (*rhapsodós*), allenfalls begleitet von einem Chor, seinen Text in einem Sprechgesang vor. Wer seinen Text am ergreifendsten aufgesagt hatte, hatte gewonnen. Bei den bedeutendsten Festspielen, denjenigen zu Ehren des Gottes Dionysos in Athen, bekam er als Siegespreis einen Bock (*trágos*) geschenkt, das Symboltier des Gottes. Deshalb ist die Tragödie urspr. der »Bocksgesang« zu Ehren des Gottes Dionysos. Als Gattung hat sich die Tragödie schon in antiker Zeit entwickelt, indem nach und nach mehrere Sprecher/Sänger hinzukamen, zwischen denen sich eine dramatische Handlung entwickelte. Essentiell für die Tragödie war die Katastrophe (= Umkehr, Wendung), die schlimmstmögliche Wendung der Handlung, die unweigerlich zum Untergang des Helden führt.

Weltliteratur Das Wort stammt von Wieland (erstmals genannt 1790), aber den Begriff, wie wir ihn heute verstehen, hat Goethe um 1827 entwickelt, indem er die »auf das allgemein Menschliche gerichteten« Inhalte als Kriterium benannte, unabhängig von der Nationalsprache.

Kunst & Architektur

Architekt Griech. *téchne*, wovon sich auch das Wort »Technik« ableitet, ist die Kunst und das Geschick, etwas handwerklich zusammenzufügen – vor allem natürlich ein Dach (griech. *tégos*). Der »Techniker« der Antike ist also in erster Linie ein Zimmermann. Und weil griech. *arché* »Oberster, Haupt-« bedeutet, ist der Architekt folglich der »oberste Zimmermann«. Wortgeschichtlich aufs Engste verwandt mit dieser Kunst des geschickten Zusammenfügens sind neben dem modernen »Techniker« auch der lat. *textor* (= Weber), der »Text« und der »Dachs«, als geschickter Baumeister unter den Tieren.

Auktion Lat. *auctio* = Vermehrung, und zwar Vermehrung des Preises durch (Ver-)Steigerung.

Basilika Basiliken waren römische Markt- und Gerichtshallen mit einem erhöhten Mittelteil (Mittelschiff), das durch eine im Erhöhungsteil angebrachte Fensterreihe eigenes Licht empfing. Die Bezeichnung kommt vom griech. Wort *basileús* (= König), also »Königshalle«. Dies hat wohl mit der Gerichtsfunktion mancher dieser Hallen zu tun, von denen man einige heute noch in Rom sehen kann. Die langgestreckte Basilika wurde der im lateinischen Abendland absolut vorherrschende Typus für Kirchenbauten, im Gegensatz zum Zentralbau, wie er für die orthodoxe Kirche charakteristisch ist.

Farbe In der ie. Wortverwandtschaft wird alles, was gesprenkelt ist, auch als *perk*, »bunt« bezeichnet, dazu zählen die Forelle und das griech. Wort für »Sperber«, *perknós*. Durch Lautverschiebung wurde aus p ein f, und damit ist man schon fast beim »färben«.

Galerie Mit franz. *galérie* werden in der Architektur lange, überdachte Säulengänge bezeichnet, ebenso langgestreckte, hohe Säle. Sie waren nach den fürstlichen »Wunderkammern«, zu denen nur ein beschränkter Personenkreis Zutritt hatte, die ersten Aufbewahrungs- und Aufstellungsorte von Kunstwerken (Skulpturen und Gemälden) vor allem in Schlössern. Diese wurden auch bereits im 18. Jh. teilweise dem Publikum zugänglich gemacht. Im 19. Jh. entstanden dann eigene Galeriebauten oder Museen, im späten 19. Jh. erfolgte eine Begriffserweiterung auf private Ausstellungsräume, in denen Kunstwerke vor allem zu Verkaufszwecken gezeigt werden.

Kanon ist der Titel einer theoretischen Schrift des großen klassischen griech. Bildhauers Polyklet (um 450 v. Chr.). Im ›Kanon‹ erklärt er die »richtigen Proportionen« des menschlichen Körpers. Das Wort Kanon bedeutet ganz wörtlich »Richtscheit«, also eine Art Lineal, im weiteren Sinn dann auch Richtschnur, Regel. Dieser erweiterte Wortsinn ist heute die eigentliche Bedeutung. So gibt es die »kanonischen« (anerkannten) Texte der Bibel, und der Bildungs»kanon« umfasst die Kenntnis der bedeutenden und als richtungweisend angesehenen Werke von Literatur und Kunst. In diesen Zusammenhang gehört auch die Redewendung »unter aller Kanone«. Sie stammt nicht aus dem Militärischen, sondern ist eine scherzhafte Übersetzung von lat. *sub omni canone* = nicht zum Kanon gehörig, unterhalb des Maßstabs des Kanons.

Kuppel Eine Kuppel hat die Form einer umgedrehten Tasse, das Wort leitet sich von dem lat. Wort für Becher, Schale (= *cuppa*) bzw. Gewölbe (= *cupa*) ab. Auch »Kopf« basiert wegen seiner Schalenform auf diesem Wort.

Porträt Das Wort entstammt der lat. Gerichtssprache: *protrahere* bedeutete »vor Gericht bringen, ans Licht bringen, offenbaren, entdecken«. In diesem Sinne wurde das Wort noch im Altfranz. verwendet (*portraire*), bevor es im Sinne der künstlerischen Gestaltung des Abbildes einer Person gebraucht. Mit dem Porträt wird die Person »zum Vorschein gebracht«.

Säule Die »Irminsul«, das germanische Götterstandbild, das der Legende nach Karl der Große am Beginn seiner langwierigen Bekehrungsversuche bei den Sachsen per Axt umhieb, scheint die Form einer Säule gehabt zu haben, wie man das dem germ. Wortbestandteil *-sul* entnehmen kann. In der architektonischen Fachterminologie ist eine Säule rund. Pfeiler sind eckig.

Stil Der Ursprung des Wortes liegt im (lat.) *stilus*, dem Schreibgriffel. Sich in einer bestimmten Art auszudrücken, in einer bestimmten Weise zu schreiben, begründete eine charakteristische Schreibart. Für diese, salopp gesprochen, »Schreibe« verwendete man als Begriff den Namen des Schreibwerkzeugs: Stil. Das konnte das charakteristische Kennzeichen einer Epoche, eines bestimmten sozialen Umfelds oder eine ganz persönliche Eigenart sein. Für die Kunst ist die Stilkunde deswegen von überragender Bedeutung, weil man nur durch genaue Vergleiche der »Handschrift« unsignierte Werke datieren und sogar individuellen Künstlern zuordnen kann. Der Begriff Stil wird heute weit über den Bereich der Kunst hinaus für viele Bereiche verwendet, in denen es um ästhetische Lebensgestaltung geht (»Lifestyle«).

Bühne & Theater

Deus ex machina *Machina* (lat.) ist die »Theatermaschinerie«, mit der die Theaterkulissen heruntergelassen und hinaufgezogen werden oder aus der »Versenkung« auftauchen. In den mythologischen Dramenstücken der Barockzeit, aus der der Begriff stammt, waren die Handlungsfäden oft derart verwickelt, dass die Handlung nur mit Hilfe eines »Götterspruchs« zu einem – guten – Ende geführt werden konnte. Dies war der *Deus* (lat.: Gottheit) *ex machina*.

Foyer ist der Ort, wo das Feuer brennt (altfranz. *foier* = Herd). Damit bezeichnete man noch im 18. Jh. einen Raum zum Aufwärmen für die Schauspieler. Erst im 19. Jh. ging das Wort auf die (beheizbare) Wandelhalle für das Publikum über.

Harlekin Das Wort bezeichnete urspr. keineswegs eine lustige Figur. In der altengl. Mythologie war der *Herle king* der Anführer einer Geistertruppe, von der man annahm, dass sie in Sturmnächten durch die Lüfte brausten. Das Urbild dafür dürfte Wotan selbst gewesen sein, der germ. Wind- und Wettergott. Nach der Christianisierung lebten heidnische Gottheiten oftmals im Volksglauben in Dämonen- und Geistergestalten fort.

Person Im antiken Theater trugen die Schauspieler Masken, diese hießen lat. *persona*. Später ging der Begriff auf die Rolle über, die Person, die der Schauspieler im Stück verkörperte. Heute verstehen wir unter dem Wort praktisch das genaue Gegenteil der urspr. Bedeutung: nicht den starren, gesichtslosen Typus, sondern das menschliche Individuum.

Rolle Weil man in der Theaterpraxis der Renaissance, etwa der Shakespeare-Zeit, gar nicht die technischen und finanziellen Mittel hatte, um komplette Textbücher drucken zu lassen, wurden die Textstichworte samt Bühnenanweisungen von Hand geschrieben und zu einer Rolle aneinander geklebter Papierstreifen zusammengefügt. Jeder einzelne Schauspieler verfügte nur über seine »Rolle«. Von ihr ging der Begriff auf die »Figur im Stück« über.

Theater Das Theater ist der Ort, wo man zuschaut, griech. *theásthai* = zuschauen.

Redewendungen von Bühne & Theater

Viele Redewendungen, die wir täglich gebrauchen, haben ihren Ursprung im Zusammenhang mit Theater und Bühne, ohne dass wir uns dessen immer bewusst sind. Das wird aber sofort klar, wenn man sie im Zusammenhang sieht: Im Rampenlicht stehen; jemandem eine Szene machen; sich in Szene setzen; die Szene beherrschen; auf offener Szene; sein Debüt geben; hinter den Kulissen; aus der Rolle fallen; seine Rolle finden; seine Rolle ausgespielt haben; in der Versenkung verschwinden; aus der Versenkung auftauchen; den Boden unter den Füßen verlieren (wenn sich eine Luke im Theaterboden öffnet); etwas über die Bühne bringen; Knalleffekt; Theaterdonner; Vorhang auf!; Bühne frei!; eiserner Vorhang.

Musik

Chor *Chorós* bedeutet im Griech. »Tanz«, vor allem Reigentanz. Im griech. Theater antworteten diese sich tänzerisch bewegenden Gruppendarsteller auch mit einer Art Sprechgesang auf den Vortrag des Rhapsoden, des Sängers.

Dur / Moll Lat. *durus* = hart; *mollis* = weich. In der frühmittelalterlichen Notation wurde der zweite Ganzton B (heute h) mit einem dem b ähnlichen eckigen (= durus) Zeichen geschrieben. Das um einen Halbton niedrigere Bb (heute b) wurde mit einem runden (= mollis) b geschrieben. Als sich ab dem 16. Jh. die Chromatik ausbildete, gingen die Bezeichnungen auf die beiden Tongeschlechter über.

Melodie *Suozsanc*, wohltönender Gesang, lautete das althdt. Wort, bevor es durch »Melodie« ersetzt wurde (griech. *melodía* = Lied, Gesang).

Orchester Im griech. Theater war die *orchéstra* der Tanzplatz des Chores zwischen den Zuschauerreihen und dem Bühnenhintergrund. *Orchéisthai* bedeutet: tanzen. Im alten Rom bezeichnete man mit lat. *orchestra* den Sitzplatz der Senatoren im Theater, die natürlich vorne in der ersten Reihe saßen. Ab dem 18. Jh. war das Wort dann die Bezeichnung für den vertieften (manchmal aber auch erhöhten) Platz der Musiker in einem Opernhaus, später für das Musikerensemble selbst.

Rock 'n' Roll urspr. amer. Slangausdruck für »Geschlechtsverkehr«.

Schlager Im Zusammenhang mit musikalischen Darbietungen entstand das dt. Wort aus der Übersetzung des franz. Begriffs *Couplet* für die eingängigen Strophenlieder der Operette. »Coup« ist hier sowohl der rhythmische Schlag als auch das »kleine musikalische Stück«. Als umgangssprachlicher wirtschaftlicher Begriff für »Verkaufsschlager« kam das Wort außerdem in der 2. Hälfte des 19. Jh. auf, als journalistische Prägung der Musikkritik ist es seit 1881 fassbar. Die engl. Übersetzung von Schlager lautet *Hit*.

Schrammelmusik Die österreichischen Musiker Johann und Josef Schrammel begründeten 1878 ein Trio, seit 1886 ein Quartett unter dem Namen »D' Schrammeln«, das aus zwei Geigen, Gitarre und Klarinette oder Akkordeon bestand.

wohltemperiert »Temperieren« in der Musik heißt: ausgleichen. Dabei werden auf Instrumenten, vor allem dem Klavier, die Intervalle so gestimmt, dass man alle Tonarten spielen kann

Redewendungen mit »Musik«

Der Ton macht die Musik; den Ton angeben (Ton hier im Sinne von Tonart oder von Melodie: Wer diese vorgibt, bestimmt, was gesungen oder gespielt wird); der Himmel hängt voller Geigen (bezieht sich auf bildliche Darstellungen von musizierenden Engeln); die erste Geige spielen; nach jemandes Pfeife tanzen; auf dem letzten Loch pfeifen (gemeint ist das letzte Loch einer Flöte, das den höchsten Ton hervorbringt; danach geht es nicht mehr weiter); auf die Pauke hauen; mit Pauken und Trompeten (Pauken und Trompeten waren typische Militärinstrumente. Entsprechend den musikalischen Konventionen der Barockzeit war der Einsatz von Pauken und Trompeten bei weltlicher Musik [bspw. Opern] dem Auftritt des Herrschers, bei geistlicher Musik [Oratorien, Kantaten etc.] der Erwähnung des Herrgotts oder Jesu Christi vorbehalten.); immer die alte Leier spielen (knüpft an Drehleier, Leierkasten an); herunterleiern; abgeleiert, alles im Griff haben (die Griffe eines Musikinstruments beherrschen).

Film

Film Ein Film ist ein »dünnes Häutchen« und gehört wortgeschichtlich zu »Fell« und »Pelle«. Nachdem Zelluloid 1870 in England erfunden worden war, erkannte man sehr schnell, dass es sich ideal als Trägermaterial für die lichtempfindlichen Substanzen fotografischer Aufnahmen eignete. Die im Engl. vorgenommene Begriffsübertragung vom technischen Trägermaterial auf das neue Medium insgesamt wurde in den meisten Sprachen übernommen, nicht jedoch im Amer., wo das auf Zelluloid festgehaltene Ergebnis *movie* (= bewegtes Bild) genannt wird, und *film* nur für das Filmmaterial verwendet wird.

Hollywood (= Stechpalmenwäldchen). Dass der Klang dieses Namens hübsch sei, fand auch Mrs. Henderson Wilcox. Gemeinsam mit ihrem Mann besaß sie um 1890 in Cahuenga Valley eine große Ranch. Auf einer Zugreise war sie mit einer Dame ins Gespräch gekommen, und diese hatte beiläufig erwähnt, dass ihr Sommerhaus den Namen Hollywood trug. Das gefiel Mrs. Wilcox so gut, dass sie ihren Mann davon überzeugte, ihre Ranch umzubenennen. Heute ist dieses Gebiet ein Stadtteil von Los Angeles, und der Name der Ranch wurde ein Weltbegriff.

Kino ist die Verkürzung eines aus Wortbestandteilen des Griech. gebildeten Kunstwortes der Kinoerfinder Auguste und Louis Lumière. Ihre Erfindung zur Vorführung bewegter Bilder nannten sie franz. *cinématographe* (griech. *kínema* = Bewegung; *gráphein* = schreiben, aufzeichnen).

Slapstick das »Zusammenschlagen zweier Stöcke« hinter den Kulissen war bereits im Varietétheater ein gängiger Trick, um den beabsichtigten Fall eines Akteurs auf den Allerwertesten akustisch zu untermalen. In den frühen Filmkomödien spielten effektvolle Schlagabtauschszenen eine große Rolle, und der Begriff wurde im übertragenen Sinne für das ganze Genre verwendet.

Star (= Stern). Bereits im 19. Jh. wurden in engl. Theaterkritiken bekannte Schauspieler und Schauspielerinnen als »Sterne« am Theaterhimmel bezeichnet. Der amer. Begriff *movie star* (= Filmstar) wurde 1919 geprägt.

Filmtitel, die zu Redewendungen wurden

Es war eine rauschende Ballnacht (1939, R: C. Froelich mit Z. Leander, M. Rökk); High Noon (amer. Originaltitel von »Zwölf Uhr mittags«

1952, R: F. Zinnemann mit G. Cooper und G. Kelly); Blondinen bevorzugt (1953, R: H. Hawks mit M. Monroe); Die Faust im Nacken (1954 R: E. Kazan mit M. Brando);Denn sie wissen nicht, was sie tun (1955, R: N. Ray mit J. Dean); Die Unschuld vom Lande (1957, R: R. Schündler mit Th. Lingen); Dolce vita (La dolce vita, 1959 R: F. Fellini); Manche mögen's heiß (1959, R: B. Wilder); Sonntags nie! (1960, R: J. Dassin mit M. Mercouri); Odyssee im Weltraum (Originaltitel: 2001 – Odyssee im Weltraum, 1968, R: St. Kubrick); Leichen pflastern seinen Weg (1968, R: S. Corbucci); Der diskrete Charme der Bourgeoisie (1972, R: L. Buñuel); Der letzte Tango (Der letzte Tango in Paris, 1972, R: B. Bertolucci mit M. Brando); Angst essen Seele auf (1973, R: R. W. Fassbinder); Szenen einer Ehe (1973, R: I. Bergman); Unheimliche Begegnung der dritten Art (1977, R: St. Spielberg); Der Stadtneurotiker (1977, R: W. Allen); Alien (1979, R: R. Scott); Die bleierne Zeit (1981, R: M. von Trotta); Sag niemals nie (1983, R: I. Kershner mit S. Connery als J. Bond); Wenn der Postmann zweimal klingelt (mehrere Verfilmungen, 1983, R: D. Mamet mit J. Nicholson); Zimmer mit Aussicht (1986, R: James Ivory) ; Frauen am Rande des Nervenzusammenbruchs (1988, R: P. Almodóvar); Mission Impossible (1996, R: B. Da Palma); Pretty Woman (1990, R: G. Marshall). Die berühmteste Redewendung aus einem Film ist leider nicht der Filmtitel: »Spiel es noch einmal, Sam« (aus Casablanca 1942, R: Curtiz mit H. Bogart, I. Bergman)

Radio, Fernsehen & Presse

Boulevard(presse) *Boulevard* ist eigentlich ein dt. Wort, nämlich »Bollwerk«. Das sehr ähnliche nl. Wort *bolwerc* wurde in leicht verballhornter Form ins Franz. aufgenommen und auf die breiten Geschäftsstraßen übertragen, die im 19. Jh. in Paris auf den ehemaligen Festungswerken angelegt wurden. Vor allem im Zusammenhang mit den »auf dem Boulevard« frei verkauften (und nicht abonnierten!) Zeitungen gelangte das Wort in seiner franz. Form wieder in den dt. Wortschatz zurück.

Eurovision Im Zusammenhang mit der Übertragung eines Narzissen-Festes aus Montreux in sieben andere Länder durch den europäischen Verbund der öffentlich-rechtlichen Sender prägte der britische Journalist George Campey in seinem Bericht im ›Evening Standard‹ vom 6. Juni 1954 den Begriff »Eurovision«. Die Eurovisions-Fanfare stammt aus dem Präludium des »Te Deum« von M. A. Charpentier (ca. 1640–1704).

Funk Durch elektrische Funken wurden von Heinrich Hertz 1887/88 erstmals künstlich Radiowellen erzeugt, darauf basiert das gesamte Funk- und Sendewesen. Die Übertragung drahtloser Signale und ihr Empfang mittels Antennen gelang erstmals dem italienischen Physiker Guglielmo Marconi 1896. Das Wort Rundfunk ist eine bewusst eindeutschende Übersetzung des engl. Wortes *radio* für das Reichsrundfunkgesetz 1923.

Gazette Die *gazeta* war eine kleine venezianische Münze von geringem Wert (so wie man im Dt. von »Groschen« spricht). Sie war auch der Preis für Nachrichtenblätter, die von der venezianischen Regierung herausgegeben wurden. Die Bezeichnung des Preises übertrug sich hier ähnlich wie bei den »Groschenheften« auf den Namen der Ware.

Quote Lat. *quota* = Anteil. Im alten Rom war das vor allem der Zahlungsbeitrag der Steuerpflichtigen.

Soap(-Opera) Seit 1925 bis 1951 wurde im amerikanischen Radio eine Serie mit dem Titel ›Amos 'n' Andy‹ mehr als 4000 mal ausgestrahlt. Deren Erfolg war so groß, dass es 1940 schon 64 andere Endlos-Serien gab. Als Sponsoren standen dahinter vor allem Waschmittelhersteller wie Procter & Gamble.

Tagesschau Der Name der täglichen Nachrichtensendung (ARD) leitet sich ab von den Wochenschauen. Dies waren kurze Filmberichte aktueller Ereignisse, die in Frankreich (›Pathé-Journal‹) schon seit 1907 vor dem Hauptfilm in den Kinos gezeigt wurden. Mit der Vorherrschaft der aktuellen Fernsehnachrichten wurden die Wochenschauen während der 1960er Jahre obsolet.

Yellow Press Die Bezeichnung wurde 1896 von dem amerikanischen Journalisten E. Wardman geprägt. Vorbild war die Comic-Figur »Yellow Kid«, ein Straßenjunge in gelbem Hemd, der Zeitungen verkaufte. Die Figur wurde von R.F. Outcault zunächst für Joseph Pulitzers ›New York World‹, später für W. R. Hearsts ›New York Journal‹ gezeichnet. Wardman bezog den Ausdruck auf die beiden damals heftig konkurrierenden New Yorker Tageszeitungen. Der Begriff wurde dann auf die publikumsorientierte Kaufpresse (Boulevardpresse) schlechthin übertragen.

Zeitung Das Wort bezog sich urspr. nicht auf das periodisch erscheinende Druckerzeugnis, sondern bedeutete »Nachricht, Neuigkeit«. Noch 1502 ist *newe zeytung* einfach eine Neuigkeit, ein mündlicher Bericht über irgendein Ereignis. Erst ab 1600 verbindet sich das Wort mit Druckerzeugnissen (zunächst Wochenschriften), in denen Neuigkeiten verbreitet werden. Das Wort hängt insofern zusammen mit »Zeit« als *zeytungen* eben Nachrichten über Geschehnisse der jüngsten Zeit sind.

Natur & Klima

Namen von Pflanzen

Nicht alle Pflanzennamen lassen sich erklären. Die Ursprünge etwa von Kümmel, Minze oder Zypresse verlieren sich im Dunkel der frühen Sprachgeschichte im Mittelmeerraum. Nicht weiter erklärbar ist auch, warum »Ahorn« nur im Deutschen vorkommt und sonst in keiner anderen Sprache. Andererseits bietet die Bedeutungsherleitung etwa von »Schneeglöckchen« keinerlei Überraschung. Auf solche Beispiele wurde daher verzichtet. Die folgenden Erklärungen zeigen Pflanzennamen, bei denen sich im Wort selbst noch eine interessante Information verbirgt.

Apfelsine Die süße Variante der Orange stammt aus China und wird entsprechend nl. *sinaasappel* = »Apfel aus China« genannt. Die indische Bitterorange war schon im Mittelalter in Europa bekannt.

Aprikose hat ihren Namen indirekt vom Pfirsich. Die Römer bezeichneten die Steinfrucht nämlich als »frühreifen Pfirsich«, und »frühreif« ist auf Lat. *praecox*. Dieses *praecox* ging über eine spätgriech. Form *brekókkia* ins arab. *al-barquq* über und gelangte erst von dort über Spanien ins nl. *abrikoos*, von wo das Wort im 17. Jh. ins Dt. übernommen wurde.

Basilikum ist das »Königskraut«, denn *basileús* heißt auf Griech. »König«. Der starke »königliche« Duft rechtfertigt den Ehrentitel.

Dill ist ein sehr altes Wort, vermutlich vor-ie. Herkunft, daher handelt es sich wohl auch um eines der ältesten Küchenkräuter.

Farn geht zurück auf ein ie. Urwort für »Feder«, die Benennung knüpft also an die federförmige Blattform an.

Hirse Die frühen Formen dieses Wortes sind verwandt mit dem griech. Wort für »Sättigung« (*kóros*) und dem lat. Wort für »wachsen, zunehmen« (*crescere*). Auch *Ceres*, der Name der römischen Göttin für den Ackerbau und die Ernten, gehört zu dieser Wortverwandtschaft. Davon wiederum abgeleitet ist das neumodische Wort für Getreideflocken, Cornflakes etc.: *Cerealien*.

Holunder ist benannt nach der Farbe der Beeren: schwarz, dunkel (*holder* oder *holler*). In der Endsilbe, die auch in »Flieder« und »Wacholder« vorkommt, steckt die Wortwurzel *der, ter* für Baum. Von *ter* stammt übrigens auch »Teer« und engl. *tree*.

Kamille heißt eigentlich »Erdapfel«, denn das Wort kommt vom gleichbedeutenden griech. *chamaí* (= auf der Erde) und *melon* (= Apfel). Der Grund ist der apfelähnliche Geruch der Blüten.

Kartoffel ist ein Wort, das erst um 1750 in der Schweiz aus »Tartuffel« entstanden ist. Tartuffel war abgeleitet von ital. *tartufulo* (= Trüffel), denn die aus Amerika importierten Knollen wachsen wie Trüffel in der Erde (lat *terrae tuber* = Erdknolle).

Kokosnuss kommt vom port. *coco*, was in der dortigen Kindersprache »Schreckgespenst, Popanz« bedeutet, da die Schale wegen ihrer Größe und ihrer Behaarung einem Menschen- oder Affenkopf ähnelt.

Lavendel ist nach seiner Verwendung als wohlriechender Zusatz zu Badewasser benannt: lat. *lavare* = waschen.

Mandarine Nach dem in europ. Sprachen so genannten hohen Würdenträger am chin. Kaiserhof. Möglicherweise kam die Wortübertragung wegen der farblichen Übereinstimmung mit deren Kleidung oder wegen der hohen Qualität der Orange zustande. »Mandarin« ist im Altind.= »Ratgeber eines Fürsten« und das Wort ist verwandt mit »Mantra«, »Rede, heiliger Spruch«.

Margerite hat ihren Namen von der perlweißen Farbe ihrer Blütenblätter (griech. *margarítes* = Perle). *Margarites* ist übrigens auch namengebend für Margarine, ein Kunstwort des 19. Jh, sowie für die Frauennamen Margarete und Marguerite im Dt. und Franz.

Meerrettich ist die »von weit her gekommene Wurzel«. Das erklärt sich aus den Wortbestandteilen: Rettich ist eine direkte frühmittelalterliche Eindeutschung von lat. *radix* = Wurzel; *mer* hat im Germ. zunächst die Bedeutung »über das Meer«, womit »von weit her« gemeint ist (unser heutiges Wort »Meer« geht daraus erst später hervor).

Melisse ist die Bienenpflanze. *Mélissa* ist das griech. Wort für »Biene«; (griech. *méli* = Honig). Melisse wurde bereits im Altertum als Bienenfutterpflanze angebaut.

Melone Das ital. Wort (*melone*), das im 15. Jh. ins Dt. übernommen wurde, ist eine Verkürzung des zugrunde liegenden Wortes *mélopepon*, das aus dem Griech. stammt. *Mélon* (= Apfel) und *pépon* (= reif), in dem genauen Sinn »von der Sonne gekocht«. Das hat seinen Grund darin, dass eine Melone erst in vollreifem Zustand gegessen werden kann.

Muskat ist die nach Moschus duftende Gewürznuss, lat. *muscata* (= nach Moschus riechend).

Narzisse Wegen ihres betäubenden Dufts ist der Name der Pflanze möglicherweise verwandt mit griech. *nárke* (= Erstarrung, Lähmung, vgl. auch Narkose).

Orange geht auf das pers.-arab. Wort *narang* zurück. Es bezog sich urspr. auf die indischen Bitterorangen, die wohl seit dem 11. Jh. in Sizilien angebaut wurden. Erst die Portugiesen brachten im 16. Jh. die süßen Orangen aus China (Apfelsinen), auf die die Bezeichnung ebenfalls übertragen wurde.

Palme ist auf Lat. die »flache Hand« (*palma*). Die Namensgebung bezieht sich auf die fächerförmig wie Finger ausgestreckten Blätter. Übrigens heißt auch im modernen Engl. *palm* (= flache Hand), wovon wiederum die auf die flache Hand passenden kleinen Palm-Rechner ihren Namen haben.

Pfifferling Der Name des Pilzes hat sich aus dem Wort »Pfeffer« wegen des pfefferähnlichen Geschmacks entwickelt.

Rhabarber Der erste Wortteil *Rha* ist ein alter Name für Wolga, weil man dort den Ursprung vermutete; griech. *bárbaros* = ausländisch, fremd unterstreicht die fremdländische Herkunft dieses Gewächses, das urspr. zu Heilzwecken eingeführt wurde. Die Pflanze stammt aus China und wurde teilweise über Russland transportiert.

Schierling ist im wahrsten Sinne des Wortes die »Scheiße-Pflanze«. Die erste Silbe steht für Kotabscheidungen (»scheißen« ist wortverwandt mit »scheiden«). Die Giftpflanze ist nach ihrem Geruch oder ihrem Standort bei Misthaufen benannt.

Schlehe *sli, sleu* ist ein altes ie. Wort für »blau«. Am ehesten ist es uns noch gegenwärtig in Sliwowitz, der serbischen Bezeichnung für »Pflaumenschnaps«.

Thymian ist die »Räucherpflanze«, denn *thymíama* heißt auf Griech. »Räucherwerk«. Die Pflanze wurde wegen ihres aromatischen Duftes bei Brandopfern verwendet.

Tulpe ist die Blume, die wie ein Turban gebildet ist. Alle Beobachtungen deuten darauf hin, dass die um 1550 aus dem Orient in Europa eingeführte Pflanze in Italien wegen ihrer Form nach dem türk. Wort für Turban (= *tülbend*) benannt wurde.

Walnuss ist die »Nuss der Welschen«. »Walch«, »welsch« ist ein bereits im Kelt. vorkommendes Wort für die »Fremden«, in etwas verändertem Sinn dann im Dt. für die Romanen.

Weizen hat seinen Namen von der Farbe des Mehls: weiß.

Zucker Die Zuckerpflanze stammt aus Indien und mit ihr das Wort. Die Kulturpflanze ist sehr alt. Altindisch (Pali) *sakkhara* ist das Urwort für Zucker, verwandt mit altind. *sarkara* für »Kies, Geröll«.

Lateinisches Obst & Gemüse

Die Römer unterhielten in Deutschland während der Zeit ihrer Besetzung und Besiedlung an Rhein und Donau nicht nur Garnisonen, sondern sie betrieben auch großflächig Landwirtschaft, wozu natürlich auch Obst- und Gemüseanbau gehörten. Immer wieder stößt die archäologische Forschung gerade in unserer Zeit auf die Reste von *villae*, die den Gutshöfen ähneln, die man heute noch in Italien finden kann. Die Römer in der damaligen Zeit (1.–5. Jh.) haben Obst- und Gemüsesorten aus dem Mittelmeerraum mitgebracht und mit ihnen natürlich deren Namen, die ins spätere Dt. entlehnt wurden.

Frucht	*fructus*
Garten	Das lat. *hortus* wie das dt. Wort haben einen gemeinsamen ie. Vorfahren, der ungefähr *ghortos* gelautet haben könnte mit der Bedeutung »eingezäunter Ort«.
Pflanze	*planta,* auch im Engl./Franz. *plant(e)*
Birne	*pira* engl. *pear*; franz. *poire*
Feige	*fica* hochlat. *ficus*
Fenchel	*feniculum*
Kirsche	*ceresia*. Die Frucht wurde durch Lukullus aus dem kleinasiatischen Ort Keresa nach Europa eingeführt und nach diesem benannt. engl. *cherry*, franz. *cerise*, ital. *ciliegia*
Kohl	*colis*
Kürbis	*curbita*. Damit waren Flaschenkürbisse gemeint; die Kürbisse nach heutigem Verständnis kamen erst später aus Amerika.

Pfeffer	*piper,* aus Altgriech. *péperi*
Pfirsich	*persicum,* eigentlich: *malum persicum* = der persische Apfel; Pfirsich bedeutet also ganz schlicht und direkt übersetzt: »der Persische«.
Pflaume	*pruma,* hochlat. *prunum*
Radieschen/Rettich	*radix,* das Wort bedeutet: Wurzel.
Rübe	*rapa*
Salbei	*salvia.* Sprachgeschichtlich gesehen ist Salbei das Heilkraut schlechthin. Das Wort ist im Lat. aufs engste verwandt mit *salvus* = gesund.
Veilchen	*viola,* steckt auch in »Levkoje«. Wahrscheinlich stammt das Wort urspr. aus einer nicht-ie. Mittelmeersprache.
Wein	*vinum,* engl. *wine;* franz. *vin.*
Zwiebel	*cepula,* ital. *cipolla*
Zwetschge	*davascena,* die Zwetschge ist die »Damaszenerpflaume«, also die »Pflaume aus Damaskus«. Davascena wurde mundartlich, etwa auch über Twetschken, zu »Zwetschgen« gequetscht.

Pflanzennamen, die von Personennamen abgeleitet sind

Auch wenn alle nachfolgenden Pflanzennamen grammatisches *Genus femininum* aufweisen, handelt es sich dennoch bei den meisten namengebenden Personen nicht um Damen, sondern um Herren.

Begonie: Von dem Botaniker Plumier (Ende 17. Jh.) zu Ehren des Gouverneurs von S. Domingo, M. Begon, eines Förderers der Botanik. **Bougainvillea**: Die Kettersträucher stammen aus Südamerika, Namensgeber ist der franz. Weltumsegler und Erforscher Melanesiens Bougainville (1729–1811). **Dahlie**: Die in Mexiko beheimatete Korbblütlerpflanze wurde im Jahre 1791 von dem Spanier Cavanilles nach dem schwedischen Botaniker Andreas Dahl (1751–1789) benannt. **Forsythie**: Wurde 1805 von dem Botaniker Vahl zu Ehren des englischen Botanikers Forsyth (1737–1804) geprägt. **Freesie**: Die

»Kapmaiblume« (gemeint ist das Kap der Guten Hoffnung in Südafrika, woher die Blume stammt), wurde 1827 von dem Botaniker Ecklon zu Ehren des Arztes F. H. Th. Freese (gest. 1876) so genannt. **Fuchsie**: Die Benennung des südamerikanischen Nachtkerzengewächses erfolgte 1703 durch den franz. Botaniker Plumier zu Ehren des dt. Botanikers L. Fuchs. **Hortensie**: Die von ihm entdeckte Zierpflanze benannte der franz. Botaniker Ph. Commerson im 18. Jh. nach der Astronomin Hortense Lapeaute. **Kamelie**: Der große schwedische Botaniker Linné gab der Pflanze 1737 den botanischen Namen Camellia zu Ehren des mährischen Jesuiten G. J. Kamel (1661–1706), des Verfassers einer Beschreibung ostasiatischer Pflanzen. **Lobelie**: Benannt nach dem nl. Botaniker Matthias Lobelius (de l'Obel, 1538–1616), der in einem Kräuterbuch eine systematische Ordnung der Pflanzen anstrebte. **Magnolie**: Die Bezeichnung wird dem asiatischen und nordamerikanischen Tulpenbaum ebenfalls von Linné 1737 zu Ehren des franz. Botanikers P. Magnol verliehen. **Zinnie**: Auch von Linné, nach dem Schwabacher Arzt und Botaniker J. G. Zinn (1727–1759).

Pflanzennamen, die als Kunstwörter gebildet wurden

Eukalyptus: Ist ein von dem franz. Botaniker L'Héritier 1788 gebildetes Kunstwort. Er nahm die Wortbestandteile aus dem Griech. *eu* = gut, wohl; *kalyptós* = verhüllt, bedeckt. Eukalyptos ist also »der Wohlverhüllte« wegen des kapuzenförmigen Deckels der Blütenkelche. **Geranie**: Ist das griech. Wort für »Kranich« (*géranos*). Linné, der große Systematiker der Botanik, verwendet in seiner Klassifizierung dieses Wort 1737 für die Storchschnabelgewächse. Als eigenständiger Begriff für die südafrikanischen Zierpflanzen bürgert sich das Wort im 19. Jh. ein. **Gladiole**: Auf dieselbe Weise wie Geranie erhält das Schwertliliengewächs seine Bezeichnung durch die Linnésche botanisch-lat. Benennung. Unabhängig davon ist zu dem lat. Wort *gladius* = »kleines Schwert« zu bemerken, dass es ausnahmsweise aus dem Keltischen (ungefähr: *kladdijo*) in das Lat. entlehnt wurde. **Mirabelle**: Die Namensgebung der kleinen gelblichen Pflaume stammt von dem nl. Botaniker Lobelius. Vermutlich wandelte er das griech. Wort *myrabálanos* = Gewürzeichel ab, weil die Mirabelle dieser ähnlich sieht.

Redewendungen mit »Pflanzen«

Das ist nicht die Bohne wert (Bohnen wurden früher auch als Spielgeld verwendet); **das Gras wachsen hören** (Heimdall, der Wächter der nordischen Götter in der ›Edda‹, konnte »das Gras auf der Erde und die Wolle auf den Schafen wachsen hören«); **ins Gras beißen** (schon in der ›Ilias‹ und der ›Aeneis‹ werden tödlich Verwundete geschildert, wie sie vor unerträglichen Schmerzen ins Erdreich bzw. ins Gras beißen); **rein in die Kartoffeln, raus aus den Kartoffeln** (unklare Befehlsausgabe bei Militärmanövern im 19. Jh.: Die Soldaten wussten nicht, ob sie Kartoffeläcker betreten durften, was zu Ernteschäden führte, oder nicht); **über den grünen Klee loben** (den frischen grünen Klee zu loben war eine poetische Standardformel der Barockdichtung); **Lorbeeren ernten / sich auf seinen Lorbeeren ausruhen** (der Lorbeerkranz war das Siegeszeichen der Pythischen Spiele in Delphi); **das bringt mich auf die Palme** (wegen ihres glatten Stammes ist es gar nicht so einfach, eine Palme zu erklimmen; es muss also schon viel passieren, damit etwas einen Menschen auf die Palme bringt); **die Palme erringen** (der Palmzweig war ein Siegeszeichen, vor allem aber auch das Zeichen für christliche Märtyrer, das ihnen ein Engel im Augenblick ihres Todes zum Zeichen dafür, dass Gott ihr Leiden und ihr Opfer angenommen hat, überbrachte); **keinen Pappenstiel wert sein** (Pappenstiel = Pappenblume = Pfaffenblume ist der niederdt. Name für Löwenzahn; da die Samenkrone leicht vom Wind verweht wurde, galt der Stiel als wertlos); **keinen Pfifferling wert sein** (wegen des oft in großen Mengen vorkommenden Pilzes Sinnbild für etwas Wertloses); (nicht) **auf Rosen gebettet** (seit dem Altertum sind Rosen Symbole des Glücks und der Freude; gebettet wurde man natürlich auf Rosen*blätter*).

Namen von Tieren

Tier

Im Alten Testament werden die Lebewesen eingeteilt in: schreitend (Tier), kriechend (Wurm), fliegend (Vogel), schwimmend (Fisch). Die indogermanische Vorform des Wortes »Tier« (ungefähr: *deuza*) ist eng verwandt mit ie. Wörtern für »Geist, Atem, Windhauch, Seele«. Wortgeschichtlich gesehen ist Tier also das »Lebewesen, das atmet«. Eine ähnlich nahe Sinnverwandtschaft findet sich auch in dem lat. (und wortgleich engl.) Wort *animal*; lat. *anima* = Seele.

Aar, Adler, Aar ist das bei weitem ältere Wort und bedeutet eigentlich nichts weiter als »großer Vogel«. Adler entstand aus der Bezeichnung »Edelaar« (*adelar*). **Ameise** ist ganz wortwörtlich die »Abschneiderin«. Der Wortteil *meisen* (schneiden) ist eng verwandt mit »Meißel« und bezieht sich auf das Abschneiden von Pflanzenteilen. **Auster** ist das »Knochentier«. Im früheren Dt. lautete das Wort noch *Oster*, die enge Verwandtschaft zu griech. *ostéon* (= Knochen) leuchtet ein, darüber hinaus bedeutet griech. *óstrakon:* harte Schale. **Bär**, den eigentlichen ie. Namen des Bären, den man sich nur schwer aus den lat. (*ursus*) und griech. (*árktos*) Formen erschließen kann, wollten die germ. und die slaw. Völker lieber nicht aussprechen – aus Angst, man könnte ihn dadurch »herbeirufen«. So erfanden sie für das Tier Ersatzwörter, sog. Hehlwörter. Die Slawen nennen ihn »Honigesser«, die Germanen *bher* und das bedeutet: »der Braune«. (In nordischen Sprachen wurde aus *bher* übrigens *björn*.) **Biber**, auch der Biber ist ein »Brauner«, allerdings einfach wegen seiner braunen Fellfarbe. Die Form des Wortes ist aus einer Verdoppelung entstanden: *bher-bher* ergab »Biber«. **Dachs** ist wortgeschichtlich der »Techniker« unter den Tieren. Sein althdt. Name *thahs* ist aus ie. Formen hervorgegangen, die auch zu den griech. Wörtern *tékton* (Zimmermann) und *téchne* führen, woraus direkt unsere Wörter »Architekt« und »Techniker« hervorgegangen sind. **Dinosaurier** ist die »furchterregende Echse«. Dabei handelt es sich um ein 1841 von R. Owen gebildetes Kunstwort. Griech.-lat. *saura* (= Eidechse, woraus erst später das Wort Echse gebildet wurde), griech. *deinós* (= furchtbar). **Drache** ist das »scharf blickende Tier«, so die Bedeutung des griech. Wortes *drákon*. Dem geflügelten, reptilienhaften Fabeltier schrieb man in der Legende einen lähmenden Blick zu. **Echse**, dieses Wort existiert erst seit 1814. Damals wurde es von dem goethezeitlichen Naturforscher und Arzt Lorenz Oken als systematischer Sammelbegriff aus Eidechse gebildet. **Elefant**, der dt. Begriff wurde kaum verändert aus dem Griech. (*eléphas*) übernommen, aber dahinter steht ein sehr altes Wort orientalisch-ägyptischer Herkunft, dessen genauer Ursprung und Bedeutung nicht bekannt ist. **Fasan** wurde schon in der Antike nach seiner Herkunft aus Kleinasien nach dem dortigen Fluss Phasis an der Grenze zu Kolchis benannt. **Forelle** ist »der gesprenkelte Fisch«. Die Wortvorläufer verweisen auf eine ie. Form *perk* (= gefleckt, bunt); auch unser Wort »Farbe« stammt aus dieser Vorform. **Fuchs** ist »der mit dem buschigen Schwanz«. Das Wort bezieht sich seiner urspr. Bedeutung nach eindeutig nur auf den Schwanz. Hier wurde wie beim Bär ein Hehlwort verwendet, um den eigentlichen Namen nicht nennen zu müssen. **Geier** kann wortgeschichtlich als der Inbegriff der Gier gelten, das Wort ist eng verwandt sowohl mit »gähnen« (klaffendes Maul) und »gierig«. **Hahn** ist sozusagen der Kantatensänger. Denn »Kantate« kommt von lat. *canere* (= singen) und das kommt von ie. *kan* wie eben auch »Hahn«. **Hase**, den Hasen hielt man in Vorzeiten für ein dämonisches Tier und nannte ihn daher nicht beim Namen. Als Ersatzwort diente, ähnlich wie bei Bär und Fuchs, die Farbbezeichnung: der Graue (*hasa*). **Hecht**, nicht nur der Haifisch hat Zähne, sondern auch der Hecht; er ist sprachverwandt mit Wörtern wie hacken, Haken, Hechel. **Hummel**, das alte Wort *hummen* ist gleichbedeutend mit »summen«. **Igel** ist »der Schlangenfresser«. Das Wort hat sich aus derselben Vorform (*eghi*) entwickelt, aus der auch das griech. Wort für »Schlange« (*echis*), sowie Eidechse hervorging. **Insekt**, von lat. *insecta* (= eingeschnitten), dies entspricht genau dem entsprechenden dt. Begriff: Kerbtier. Die lat. Form stammt aus der Neuzeit (ab 16. Jh.). **Käfer** und »Kiefer« sind eng verwandte Wörter, die Fresswerkzeuge des nagenden Insekts wurden also namengebend. **Kanarienvogel** hat seinen Namen von seinem Ursprungsort, den Kanarischen

Inseln. **Krebs**, »krebsen« entstammt der gleichen Wortwurzel wie »krabbeln«. **Krokodil**, griech. *kroke* = Kies und griech. *drilos* = Wurm. **Libelle** kommt von lat. *libra*, was unter anderem »Waage« bedeutet. Bei Libellen sind die Flügel während des Fluges waagerecht ausgespannt. **Maulwurf**, heißt so, weil er *molt* bzw. *mul* (= Haufen) aufwirft. **Maus** bedeutet in seiner Urform *mus*: stehlen. Auch »mausen« bedeutet eigentlich »stehlen, verstohlen herumschleichen«. **Murmeltier**, murmelt nicht schlafend vor sich hin. Das Wort kommt von lat. *murem montis* (= Bergmaus). **Nachtigall** ist die »Nachtsängerin«, -gall ist verwandt mit »gellen«. **Ochse**, das Wort ist verwandt mit griech./lat. *hygros/uvidus* (= feucht, nass). Der Ochse ist demnach der Befeuchter, der Samenspritzer. **Orang-Utan** ist ein »wilder Waldmensch«. Die Bezeichnung für den langarmigen Primaten auf Borneo und Sumatra wurde im 17. Jh. aus dem dortigen Malaiischen übernommen *(orang* = Mensch; *utan* = wild, Wald). **Pavian**, nicht sehr schmeichelnd ist die Bedeutung des Wortes für den Felsenaffen, das über das Nl. aus dem Altfranz. ins Dt. gelangte: *Babouin* heißt so viel wie »schiefes Maul, Fratze, groteske Figur«. **Pelikan**, heißt so wegen seiner Schnabelform, die einem Hammer oder Beil (griech. *pélekys*) ähnelt. **Pinguin** kommt entweder von lat. *pinguis* (= fett, feist), das entspräche der früher gebräuchlichen Bezeichnung für den antarktischen Vogel: »Fettgans«. Denkbar ist aber auch eine Herleitung des Wortes aus breton. Wörtern: *penn* (= Kopf) und *gwenn* (= weiß). **Pudel** kommt von »pudeln«, ein norddt. Wort, mit dem »im Wasser plätschern, waten« gemeint ist. Wegen seiner Vorliebe für Wasser ist der Pudel also der Wasserhund. **Qualle** kann ohne weiteres zu »quellen« gestellt werden, womit alles Aufgeblasene, Angeschwollene bezeichnet wird. **Rabe** ist ursprünglich ein Schallwort mit der Bedeutung »Krächzer«. Die charakteristische Schallsilbe *kr* ist sozusagen die Keimzelle des Wortes und in allen ie. Formen des Wortes mehr oder weniger ausgebildet. **Robbe**, heißt so, weil sie »robbt«, d.h. sich am Boden »reibend« fortbewegt. **Schmetterling**, der Begriff beruht auf dem Volksglauben, dass Hexen in Schmetterlingsgestalt fliegen, um Sahne (= Schmetten, Schmant) zu stehlen. **Schwan**, für den Schwan war wahrscheinlich sein Schwanengesang namengebend. Altengl. swinn (= Musik, Gesang) und lat./altind. *sonare/svánti* (= tönen, klingen). **Seehund**, das Wort stammt vom engl. *seal* (= Robbe). Dies hatte man schon im dt. Sprachgebrauch der frühen Neuzeit nicht richtig verstanden und fälschlicherweise das urspr. als »Seelhund« übernommene Wort aus naheliegenden Gründen zu »Seehund« verändert. **Storch**, ist nach seinem stelzenden Gang benannt. Wörter wie »stracks« und »stark« und »starr« und »steif« stammen alle aus derselben Wurzel (*ster* bzw. *sterg*) wie Storch. **Wal** und **Wels** und **Waller** gehen alle auf ein germanisches Wort zurück (*hwala*), das »großer Fisch« bedeutet. Ähnlich: **Walross**. **Windhund** hat nichts mit »Wind« zu tun, sondern das ist der »wendische« Hund, von dem Völkernamen der slawischen Wenden. **Zebra** stammt von einem älteren span.-port. Wort *cebra*, womit ein Wildesel der Pyrenäen bezeichnet wurde, der um die Zeit der großen Entdeckungsfahrten ausstarb. Portugiesische Seefahrer haben das Wort vermutlich auf das afrikanische Wildpferd übertragen.

Redewendungen mit »Tieren«

Affe

Dem Affen Zucker geben: Mit Zuckerstückchen hielten Leierkastenmänner oder umherziehende Scherenschleifer ihre mitgeführten Äffchen bei Laune.

Bär

Einen Bärendienst erweisen: Der übermäßig diensteifrige Bär wird in einer Fabel von La Fontaine geschildert, wo er die lästige Fliege auf der Nase seines Herrn mit einem Stein tötet, was nicht nur die Fliege, sondern auch den Herrn umbringt. **Einen Bären aufbinden**: Gemeint ist eher anbinden. Es ist so gut wie unmöglich, jemandem einen Bären ans Handgelenk zu binden, ohne dass er es merkt. **Da tanzt der Bär**: Höhepunkt einer Zirkusveranstaltung.

Bock

Einen Bock geschossen haben: Der Bock war der Trostpreis bei Schützenwettbewerben für den schlechtesten Schützen. **Den Bock**

zum Gärtner machen: Ein Ziegenbock im Garten frisst unweigerlich sämtliche Blumen und Pflanzen ab.

Ente

Das hässliche Entlein: Titel eines Märchens von H. C. Andersen.

Hahn

Hahn im Korb: Küken wurden zur Begutachtung in Körbe gesetzt; männliche Küken sind von Natur aus selten. **Nach ihm kräht kein Hahn**: In der Bibel wird von Jesus vorhergesagt, dass Petrus ihn verleugnet, bevor der Hahn dreimal gekräht hat. **Der rote Hahn**: Sinnbild für Feuersbrunst. **Hahnrei** bzw **jemandem die Hörner aufsetzen**: Einem Kapaun (zur Mast kastrierter Hahn) wurden als Kennzeichen die abgeschnittenen Sporen in den Kamm eingesetzt, wo sie hornartig weiterwuchsen.

Hase

Da liegt der Hase im Pfeffer: Wenn der Hase erst einmal in der Pfeffersauce liegt, ist an seinem Schicksal nichts mehr zu ändern. **Wissen, wie der Hase läuft**: Erfahrene Jäger lassen sich vom Hakenschlagen des Hasen nicht täuschen und erkennen die Richtung, in die er wirklich will. **Das Hasenpanier ergreifen**: Bei der Flucht richtet der Hase seine Blume (Schwanz) wie ein Banner (= Panier) auf. **Mein Name ist Hase, ich weiß von nichts**: Wahre Begebenheit um einen Heidelberger Studenten Viktor von Hase, der einem Kommilitonen nach einem Duell Fluchthilfe geleistet haben soll. Bei der Eröffnung des Gerichtsverfahrens gegen ihn fielen die berühmten Worte.

Hecht

Wie der Hecht im Karpfenteich: Der Hecht ist ein wendiger Raubfisch und versetzt die trägen Karpfen in Unruhe. So wurde Bismarck in dem politischen Witzblatt ›Kladderadatsch‹ 1867 als »Hecht im europäischen Karpfenteich« apostrophiert. **Hier zieht's wie Hechtsuppe**: Missverstandene Eindeutschung des jidd. Ausdrucks *hech supha* = Sturmwind.

Huhn

Ein blindes Huhn findet auch einmal ein Korn / Da lachen ja die Hühner: Hühner gelten als besonders dumm. Wenn schon sie anfangen zu lachen, muss etwas recht unsinnig sein. **Das Huhn, das goldene Eier legt**: Es wurde in der Fabel von La Fontaine von seinem Besitzer dummerweise geschlachtet, weil er glaubte, ein Schatz befinde sich darin.

Hund

Da liegt der Hund begraben: Hat nichts mit dem Tier zu tun, sondern kommt von dem mittelalterlichen Wort *hunde*, was »Schatz, Beute« bedeutet. **Bekannt wie ein bunter Hund**: Gefleckte (= bunte) Hunde hatten kein gutes Image. **Heulen wie ein Schlosshund**: Gemeint ist der mit einem Schloss angekettete Wachhund. **Aufpassen wie ein Schießhund**: Spürhund, der das angeschossene Wild aufspürt.**Da wird der Hund in der Pfanne verrückt**: Till Eulenspiegel folgte der Anweisung des Braumeisters »Hopfen zu sieden« und warf dessen Hund mit dem Namen »Hopfen« in die Braupfanne.Weitere negative Redewendungen beziehen sich auf das schlechte Image der Hunde im Mittelalter: **Auf den Hund kommen / ein krummer Hund / vor die Hunde gehen / den Letzten beißen die Hunde / abknallen wie einen Hund / behandeln wie einen Hund / keinen Hund vor die Tür jagen**.

Kuckuck

Weiß der Kuckuck: Im Volksglauben dichtete man dem Kuckuck wahrsagerische Fähigkeiten an; auch galt er als Künder der Lebensjahre; oder man klopfte auf die Geldbörse, wenn man den Kuckucksruf vernahm. In den Wendungen **Hol's der Kuckuck!, Scher dich zum Kuckuck!** und **Zum Kuckuck!** ist eigentlich der Teufel gemeint, den man nicht bei seinem Namen nennen wollte.

Kuh

Das geht auf keine Kuhhaut: bezieht sich auf die Kuhhäute, aus denen Pergament gewonnen wurde, im Mittelalter die wichtigste Schreibunterlage, auf der auch das Sündenregister eines Menschen festgehalten wurde. War eine »Kuhhaut« bereits vollgeschrieben, handelte es sich somit um einen argen Sünder.

Maus

Arm wie eine Kirchenmaus: In Kirchen gibt es keine Speisekammer, aus der sich Mäuse ernähren können.

Pferd

Das hält kein Pferd aus: Als Arbeitstiere gelten Pferde als ausdauernd und robust. **Mit jemandem Pferde stehlen können**: Pferdediebstahl wurde früher schwer bestraft, deshalb musste man sich auf seine Kumpane besonders gut verlassen können.

Reiher

Reihern, kotzen wie ein Reiher: Wenn der im Flug etwas langsame Großvogel von Raubvögeln, bspw. Jagdfalken, verfolgt wird, »erleichtert« er sich, um an Höhe und Geschwindigkeit zu gewinnen.

Sau

Wie eine gesengte Sau: Das ist das angeschossene Wildschwein oder ein Schwein, dem gerade ein Brandmal aufgedrückt wurde.**Unter aller Sau**: Hat nichts mit dem Tier zu tun, sondern hier wurde das jidd. Wort *seo* (= Maßstab) scherzhaft missverstanden; trotzdem gebrauchen wir die Redewendung sinnrichtig: unter aller Kritik.

Schaf

Schwarzes Schaf: Für die Wollverarbeitung nicht brauchbar. **Seine Schäfchen ins Trockene bringen**: Schafherden wurden zum Schutz vor ansteckenden Krankheiten aus sumpfigen Gebieten ins Trockene gebracht, denn für einen Herdenbesitzer waren sie natürlich das wichtigste Kapital. Möglicherweise liegt der Ausgangspunkt für die Redewendung aber auch in dem niederdt. Mundartwort »schepken« (= Schiffchen), das zum Schutz vor Unwetter oder zur Ausbesserung ins Trockene gebracht wurde.

Schlange

Eine Schlange am Busen nähren: In einer Fabel von Äsop wärmt ein Bauer eine Schlange unter seinem Hemd und wird später von ihr gebissen.

Schwalbe

Eine Schwalbe macht noch keinen Sommer: In einer Fabel Äsops versetzt ein Mann seinen Mantel, nachdem er im Frühling eine Schwalbe gesehen hat, die er dann erfroren auffindet.

Wurm

Da sitzt der Wurm drin: Sprachbild von wurmstichigem Obst. **Würmer aus der Nase ziehen**: In der vorwissenschaftlichen Medizin vermutete man Würmer als Auslöser von allen möglichen Krankheiten und glaubte mehr oder weniger ernsthaft, diese durch Herausziehen heilen zu können. Der Wurm ist eines der wichtigsten metaphorischen Tiere, weil man »Würmern« einige früher unerklärliche Dinge zuschrieb: **Drehwurm** (Schwindel); oder man sprach vom **Bauwurm** etwa der gräflichen Familie Schönborn, deren exzessiver Bauwut Süddeutschland zahlreiche prächtige Residenzschlösser verdankt; auch in unserem technischen Zeitalter spricht man noch vom **Computerwurm** oder von **Wurmlöchern** im All.

Namen der Steine

Amethyst ist der Stein, dem seit dem Altertum die Kraft zugeschrieben wird, gegen Trunkenheit zu schützen. Daher hat der violett-rötlich gefärbte (wie verdünnter Rotwein, der auch nicht mehr betrunken machen kann) Stein seinen Namen: Griech. *méthysos* = betrunken; *á-méthysos* = unberauscht).

Asbest Griech. *á-sbestos* bedeutet: unauslöschlich. In der Antike bezog sich das Wort auf ungelöschten Kalk. Heute bezeichnet man damit ein fasriges Mineral, das nicht unauslöschlich, aber unbrennbar ist.

Basalt Seinen Ursprung hat das Wort in der Landschaft Basan in Ostpalästina. Welche harten dunklen Steine dort allerdings vorkamen und von dem antiken Naturhistoriker Plinius beschrieben wurden, ist nicht ganz klar. Der Verfasser des ersten Handbuches der Mineralogie, der Sachse Georgius Agricola, glaubte jedenfalls in den eckigen Steinsäulen des Schlossberges von Stolpe dieses *basanites* (gelegentlich auch *basaltes* genannt) des Plinius wiederzuerkennen und seitdem trägt das vulkanische Gestein diesen Namen.

Diamant »Adamas« war im Mittelalter das dt. Wort für den härtesten Edelstein; daraus entwickelten sich »Demant« und später Diamant. Schon bei Walther von der Vogelweide heißt es: »Den diâmant, den edelen stein / gap mir der schoensten ritter ein.« Das griech./lat. Wort *adámas* bedeutet: Der Unbezwingliche.

Jade Als die Spanier nach Amerika kamen, bemerkten sie, dass die Indianer grüne Steine als Amulette gegen Nierenleiden trugen. Zu diesem Zweck führten sie die Steine auch in Europa ein. Span. *ijada* bzw. *yada* = Leisten- oder Lendengegend; Jade ist also der »Lendenstein«. (Jade wird auch Nephrit genannt, und da griech. *nephrós* = Niere bedeutet, steht auch hinter dieser Namensgebung dieselbe Vorstellung.)

Kalk Griech. *chalix* und lat. *calx* bedeutet nichts anderes als »kleiner Stein«. Die Entlehnung von Kalk aus Lat. *calx* muss schon zu sehr früher Zeit erfolgt sein, als man die Akkusativform *calcem* noch »kalkem« aussprach und nicht »kalzem«.

Kristall heißt nichts anders als: Eis (griech. *krystallos*). Jahrhunderte lang bezeichnete man mit dem Wort ausschließlich den Bergkristall.

Opal Indien, sonst reich an Edelsteinen, ist aber arm an Opalen. Gleichwohl stammt das Wort *upala* (= Stein, Edelstein) von dort, bezeichnete aber mit Gewissheit einen anderen Stein.

Porphyr hat seinen Namen von seiner Purpurfarbe. Die Farbbezeichnung wiederum leitet sich ab von der Purpurschnecke (griech.

porphýra) , aus der dieser in der Antike kostbarste, den Kaisern vorbehaltene Farbstoff gewonnen wurde. Der Name der Schnecke ist allerdings kein ursprünglich griech. Wort, sondern stammt aus einer unbekannten, untergegangenen Mittelmeersprache.

Quarz Der wichtige mineralogische Begriff ist wohl wie etliche andere bergmännische Wörter (Kobalt, Nickel, Wolfram) im Spätmittelalter im böhmisch-sächsischen Bergbaugebiet entstanden und ähnlichen Ursprungs: als Scheltname (*quarx, querx* = Zwerg) für Berggeister, die dem Bergmann ins Handwerk pfuschen. Dann hätte man mit Quarz ursprünglich den wertlosen Abraum oder minder werthaltiges Gestein bezeichnet.

Rubin hat seinen Namen von der Farbe: lat. *rubeus* = rot. Im Mittelalter bildet sich in der Provence die altfranz. Form *rubin* als Bezeichnung des Halbedelsteins aus, die so in dieser Zeit ins Dt. übernommen und sich danach nicht mehr verändert hat.

Saphir kommt aus dem Orient, wahrscheinlich aus Indien oder Babylon. In Griechenland fand es die Form, die wir kennen: *sáppheiros*. Das Altertum bezeichnete damit aber nicht den Saphir, den wir kennen; dieser Stein war damals praktisch unbekannt. Man bezeichnete damit vielmehr den blauen Stein, den wir Lasurstein nennen. Von dem sehr alten persischen Wort *lazur* leitet sich übrigens auch *azur* ab, die in manchen romanischen Sprachen geläufige Bezeichnung für »blau«.

Smaragd ist ein geheimnisvolles Wort indisch-persischer Herkunft (Sanskrit *marakata*; pers. *zumurrud*). Das Wort ist sehr alt. Es gibt dafür Entsprechungen im Akkadischen (*barraqtu*) wie in den semitischen Sprachen (hebr. *baräqät*), die auf eine Grundbedeutung »glänzen« schließen lassen. Im Altertum verwendete man das Wort für alle grünen Edelsteine.

Stein ist ein gemeingerm. Wort, dessen altslaw. Variante (*stena*) auch: »Mauer«, und dessen Urbedeutung »Geronnenes, Erstarrtes,

Festgewordenes« ist. Am Wortursprung steht also die Vorstellung, dass etwas (Zäh-)Flüssiges zum Stehen gekommen, hart, fest und stark geworden ist.

Urgestein Die Erkenntnis, dass Gebirge geschichtet sind, bildete sich erst Ende des 18. Jh. aus genauerer Kenntnis vor allem des Harzes. Hier nahm man ältere »uranfängliche Berge«, also Gesteinsschichten wahr. Dieser heute völlig geläufige Gedanke war damals sensationell neu und beflügelte auch den großen »Naturforscher« und späteren Ilmenauer Bergwerksleiter Johann Wolfgang von Goethe auf dem geist- und geisterumwitterten Brocken. Genauso wie »Welt«-Begriffe liebten Goethe und seine Zeit »Ur«-Begriffe. Goethe gebrauchte selbst: Urgebirge, Urmeer, Urgebirgsmassen, Urgestein – und natürlich: die berühmte Urpflanze.

Klima

Im Griech. ist *klima* die Neigung – und zwar die Neigung der Erde vom Äquator gegen die Pole. Im Spätlat. kam als Wortbedeutung hinzu: »Himmelsgegend«, »Zone« und dann die »Witterungsverhältnisse in bestimmten Zonen«, also das, was wir in erster Linie unter dem Wort verstehen. Der Anwendungsbereich des Wortes ist heute sogar noch größer, wenn man an solche Begriffe wie »Gesprächsklima«, »Arbeitsklima« denkt.

Eis ist wie »Schnee« und »Wasser« eines der Leitwörter der ie. Sprachen: Es ist in allen Sprachen dieser Sprachfamilie ähnlich. Die ie. Grundform dürfte *ei* oder sogar nur *i* gelautet haben, die germ. Grundform *is*, denn beide Laute kommen unabhängig von der jeweiligen Schreibweise überall vor, selbst in den stark abgewandelten romanischen Varianten (franz. *glace*).

Schnee Die starke Ähnlichkeit dieses Wortes in allen ie. Sprachen gilt auch für das Griech. (*níphas*) und die romanischen Sprachen (lat. *nix, nivis*; franz. *neige*), wo eigentlich lediglich das anlautende s- fehlt. Natürlich kennen auch nordische, baltische, slawische, keltische und indische Sprachen ganz verwandte Wörter. Die angenommene Urform *sneigh* hat die Grundbedeutung »feucht und klebrig«.

Die Namen der Winde

Föhn Lat. *favonius* (= lauer Westwind) wird im Althdt. zu *phonno*. Das meteorologische Phänomen des warmen Fallwindes an Gebirgen kommt nicht nur in den Alpen vor, sondern auch in Nordamerika und in Argentinien, wo er *Chinooh* bzw. *Zonda* heißt.

Mistral Der kalte und trockene Fallwind der Provence ist der »Hauptwind«: altfranz. *maestre* (= Meister).

Monsun Das Wort stammt ab von arab. *mawsim* und gelangte über port. *monçao* und engl. *monsoon* ins Dt., das Wort bedeutet »Jahreszeit«, die Windrichtung des Monsuns wechselt halbjährlich.

Schirokko, Chamsin Der heiße, staubbeladene Wüstenwind, der manchmal aus der Sahara bis ins Rhein-Main-Gebiet weht, hat seinen Namen vom arab. Wort *sarqi* (= östlicher Wind). Im Nahen Osten (Ägypten, Israel, Syrien) wird er auch als *Chamsin* oder *Samum* bezeichnet.

Die Namen der Wolken

Auf einem Vortrag im Dezember 1802 über ›Die Modification der Wolken‹ benennt der junge Apotheker und Amateurwissenschaftler Luke Howard erstmals typische Wolkenformationen mit den poetisch klingenden lateinischen Namen, die bis heute Bestand haben. Frühere Ansätze zu Wolkennamen hatten sich immer an der flüchtigen Gestalt orientiert (Bär, Drache, Vogel, Fisch), weswegen es nie zu einer dauerhaften Namensbildung kam. Howard kategorisierte und benannte als erster grundlegende Wolkentypen, die immer wieder vorkamen.

Nimbus Regenwolke; lat. *nimbus* bedeutet »Nebel, Gewölk, Platzregen« und auch die »Nebelhülle, in der die Götter den Menschen erscheinen«.

Stratus niedere Schichtwolke; lat. *stratum* ist »das Ausgebreitete, die Decke«; der Bedeutungsumfang geht bis zu »Pflasterdecke (einer Straße)«. Das Wort »Straße« selbst leitet sich hiervon ab.

Kumulus Haufenwolke; lat. *cumulus* bedeutet »Haufen«, eigentlich »Ansammlung, Anschwellung«; als Fremdwort kennen wir auch »akkumulieren«.

Zirrus hohe Federwolke; lat. *cirrus* bezeichnet urspr. »die Haarlocke, Franse«.

Kumulonimbus Gewitterwolke.

Altokumulus Schäfchenwolke.

Zirrokumulus hohe Schäfchenwolke.

Wissenschaft & Technik

Die Namen der Zahlen

Vor allem die Grundzahlwörter gehören zum klassischen Bestand der ie. Gemeinsamkeiten: Alle Grundzahlwörter sind in allen indoeuropäischen Sprachen im Prinzip gleich. Sie weisen daher ein sehr hohes Alter auf und ihre Herkunftserklärung bereitet keine Schwierigkeiten und bietet kaum Überraschungen. Allerdings steckt in diesen einsilbigen Wörtern mehr Sinn, als man auf den ersten Blick vermutet.

null Von lat. *nullus* (= nichts). Dieses Zahlwort kommt in Europa erst im 13. Jh. zusammen mit dem von den Arabern vermittelten Rechnen mit indisch-arab. Zahlen auf. Die Antike und das Mittelalter rechneten noch nicht mit der 0. *Nullus* ist die lat./ital. Übersetzung des arab. Wortes *sifr* (= leer). Von der arab. Originalform *sifr* leiten sich unsere Wörter »Ziffer«, »Chiffre« und engl./franz. *zero* ab.

eins Das Wort ist Ausdruck der »Einheit«. In diesem Sinne steckt »ein« auch in »all-ein« und in der Negation »n-ein«. Viele Wörter wie »einer«, »einmal«, »einig« betonen die »Ein-heit«.

zwei ist im Lat. *duo* und im Engl. *two*. Der Grundgedanke ist die Verdoppelung, die paarweise Anschauung: beide Ohren, beide Henkel eines Gefäßes. Viele alte Sprachen kennen neben »zwei« solche Parallelausdrücke (Paar, beide, doppel), entsprechende Begriffe für Dreiheiten oder Vierheiten fehlen aber bereits. »Zwei« ist die sächliche Form des im Alt- und Mittelhochdt. in allen drei Genus gebrauchten Wortes. »Zwo« ist die weibliche Form, wie sie im Alt- und Mittelhochdt. noch gebräuchlich war. Die Form mit maskulinem Genus war »zween«.

drei »Aller guten Dinge sind drei« und »nicht bis drei zählen können« (als Ausdruck großer Dummheit) weisen auf die außerordentliche Bedeutung dieses Zahlennamens hin. Gäbe es eine mathematische Wortformel, wäre 3 sozusagen *dr* mal *ein*. Die Zahl der kleinsten Vielheit hatte von jeher größte Bedeutung als Ausdruck der Vollkommenheit, ein Gedanke, der sich ganz bewusst in der christlichen Dreifaltigkeit widerspiegelt.

vier spielt für das gesamte voraufklärerische Weltbild von Antike und Mittelalter eine überragende Rolle als grundlegende Ordnungszahl: 4 Elemente (Erde, Wasser, Feuer, Luft), 4 Himmelsrichtungen, 4 Jahreszeiten, 4 Winde, 4 Paradiesflüsse, 4 Körpersäfte, aus denen sich die Temperamente des Menschen mischen (Galle, Blut, Schleim, schwarze Galle).

fünf ist eine wichtige Zahl in der Natur. Sehr viele Pflanzen bilden 5 Blütenblätter und der Mensch hat 5 Finger an der Hand, was uns wohl das schnelle Zählen in Fünferschritten vereinfacht. Die Römer benutzten für bestimmte Fünferschritte jeweils ein neues Zeichen: I, V, X, L, C, D, M entsprach jeweils 1, 5, 10, 50, 100, 500, 1000.

sechs galt in der Alten Welt als besonders vollkommene Zahl, als Zahl der Harmonie und des Gleichgewichts. Nach der Bibel war die Weltschöpfung Gottes ein Sechs-Tage-Werk und somit ursprünglich vollkommen. 6 ist die einzige Zahl, die zugleich Summe und Produkt dreier aufeinanderfolgender Zahlen ist. Bienen bauen ihre Waben als regelmäßige Sechsecke.

sieben ist in den alten Kulten und Kulturen eine mannigfache Symbolzahl, bspw. seien genannt: 7 Tage der Woche, 7 Planeten, 7 Weltwunder, die 7 Hügel Roms, der 7-armige Leuchter, das 7-malige Umrunden der Ka'aba.

acht bedeutet: zwei mal vier. Gemeint sind die vier Finger einer Hand (ohne Daumen). Die Verdoppelung kommt in der lat. Form *octo* auch lautmalerisch besonders deutlich zum Ausdruck. Sie entspricht wohl am ehesten der ie. Urform. Auch die Überreste der keltischen Zählweise, die sich noch im Franz. erhalten hat (*quatre-vingt* = vier mal zwanzig = achtzig), zeigen, wie man in sehr früher Zeit Zahlen aufgefasst und gebildet hat.

neun ist dasjenige Zahlwort, das sich neben »eins«, »zwei« und »drei« gerade auch in seiner dt. Form, aber auch in den anderen europ. Sprachen am wenigsten von seiner vermuteten Urform *neun* oder *enun* entfernt hat.

zehn In der lat. Form dieses Wortes (*decem*) kommt für uns noch am deutlichsten zum Ausdruck, dass das Wort wohl ursprünglich aus einer Form *de-kem* = zwei Hände (mit zehn Fingern) entstanden sein dürfte. Auf der 10 beruht unser gesamtes neuzeitliches Rechen- und Messsystem (Dezimalsystem).

elf In der engl. Form *e-leven* wird noch deutlicher als in der verkürzten dt. Form, was das Wort aussagt: »eins bleibt übrig«. Nämlich dann, wenn man zehn durchgezählt hat, bleibt noch eins übrig, das Elfte.

zwölf Die Bildung des Wortes zwölf verlief ganz analog zu elf: Zwei bleiben übrig = *zw-ölf*. Unsere Zeiteinteilung ist aufs Engste mit der Zahl 12 verknüpft: 12 Monate (entsprechend 12 Tierkreiszeichen), 12 Tagstunden, 12 Nachtstunden. Willkürliche kulturelle Prägungen vor allem in der Bibel (12 Apostel, 12 Stämme Israels etc.) seien nur erwähnt. Das Dutzend (aus lat. *duo-decim* = zwei + zehn) spielt seit jeher bei der mengenmäßigen Zusammenfassung von Handelsgütern eine große Rolle, denn die überschaubare Menge 12 ist durch viele Zahlen (2, 3, 4 und 6) teilbar.

hundert ist wortgeschichtlich eine Verdoppelung: *kmtom*, die »Zehnheit von Zehnern«, das sind zehn mal die zehn Finger.

tausend bedeutet einfach: »viele hundert«. Die erste Silbe *tau* entstammt einer Urform, die »alles Angeschwollene«, also »eine

Menge« bezeichnet. Auch das Wort »Daumen« ist aus dieser Form hervorgegangen.

Million kam erst im 15. Jh. durch ital. *milione* ins Dt. *Milione* sind »Abertausende«. Im Ital. wird durch angehängtes *-one* das Wort *mille* = tausend einfach vergrößert. Das muss nicht rechnerisch exakt »tausend mal tausend« sein.

Milliarde kam erst im 18. Jh. ins Dt., diesmal aus dem Franz. (*milliard*). Dort ist das Anhängsel -ard nochmals eine Steigerung von *mille* = tausend. Das Wort wurde im Dt. anfangs jedoch kaum benutzt. Geläufig und im Sinne von »tausend Millionen« ein festumrissener Begriff wurde es erst nach 1870/71 durch die fünf Milliarden Kriegsentschädigung, die Frankreich zu zahlen hatte und die in Deutschland zum Wirtschaftsboom der Gründerzeit führten.

Fibonacci-Zahlen In der Fibonacci-Zahlenfolge ist jedes Glied gleich der Summe der beiden vorangehenden Glieder. Sie beginnt also: 1, 1, 2, 3, 5, 8, 13, 21, 34, 55, 89, 144, 233 usw. Die Zahlenreihe stammt von Fibonacci, der eigentlich Leonardo von Pisa hieß und im frühen 13. Jh. ein Mathematiker am Hof des Stauferkaisers Friedrich II. in Italien war. Er verfasste im Jahre 1202 das ›Liber abaci‹, in dem er praktisch das gesamte mathematische Wissen seiner Zeit darstellte und das Abendland erstmals mit dem indisch-arabischen Zahlensystem bekannt machte, vor allem mit der Null. Mit der Erfindung des Buchdrucks setzte sich dieses System endgültig durch, Rechenbücher, wie das geradezu sprichwörtliche von Adam Riese (1492–1559), waren damals Bestseller. Neben ihrer Bedeutung für die mathematische Fachwissenschaft liegt die Faszination der Fibonacci-Folge in ihrem verblüffenden Modellcharakter für Erscheinungen in der Natur, besonders beim Pflanzenwachstum. Im 19. Jh. untersuchte man die Anordnung von Blättern um Stengel herum: Blätter wachsen spiralförmig, dabei ergeben sich hinsichtlich der Abstände immer wieder annäherungsweise Zahlenverhältnisse, die denjenigen der Fibonacci-Folge entsprechen. Gleiches findet sich bei der äußerst regelmäßigen Anordnung von Sonnenblütenblättern oder bei Tannenzapfen.

Auch in der modernen Informatik spielt die Zahlenreihe eine hervorragende Rolle.

Kreiszahl π 3,14 und die **Quadratur des Kreises** Die Kreiszahl π, 3,14... (sie geht begrifflich auf den Basler Mathematiker Leonhard Euler zurück) gilt als die berühmteste und bemerkenswerteste Zahl überhaupt: Sie beschreibt als irrationale Zahl das exakte Verhältnis von Kreisumfang und Kreisdurchmesser (Durchmesser mal π = Umfang). Die möglichst exakte Berechnung der unendlich vielen Dezimalstellen von π ist bis heute eine mathematische Herausforderung. Wenn π endlich viele Dezimalstellen hätte, wäre es möglich, nur mit Zirkel und Lineal aus einem Kreis ein flächengleiches Quadrat zu konstruieren. Diese »Quadratur des Kreises« hat schon die Griechen sehr beschäftigt, ist aber bis heute ungelöst.

Primzahl Die Primzahlen (lat. *primus* = erster) sind sozusagen die Elementarzahlen des gesamten Zahlensystems. Eine Primzahl ist eine natürliche Zahl größer als 1, die nur durch 1 und durch sich selbst teilbar ist. Jede natürliche Zahl ist eindeutig als Produkt von Primzahlen-Potenzen darstellbar, daher gelten die Primzahlen als Bausteine der multiplikativen Struktur der ganzen Zahlen.

Die »goldene«, »göttliche«, »heilige« **Verhältniszahl τ 1,618** Heutzutage am bekanntesten unter der Bezeichnung goldener Schnitt, die wohl auf Leonardo da Vinci zurückgeht. Beim goldenen Schnitt wird eine beliebige Strecke so geteilt, dass sich die ganze Strecke zur größeren Teilstrecke ebenso verhält wie die kleinere Teilstrecke zur größeren. Das Maßverhältnis (1,618 entspricht ungefähr 8 : 5) war bereits den Ägyptern beim Pyramidenbau bekannt, der ›Papyrus Rhind‹ spricht vom »heiligen Verhältnis«. Auch die Griechen verwendeten die Verhältniszahl beim Tempelbau und in der Bildhauerkunst. Hier wurde die Maßzahl auf die »idealen« Proportionen des menschlichen Körpers angewendet. Auch die uns geläufigen Papierformate (etwa DIN-A 4) beruhen auf dieser »goldenen« Verhältniszahl.

Begriffe aus der Alchimistensprache

Das Wort Alchimie selbst ist arab. Ursprungs, und aus ihm ist wiederum der moderne Begriff der naturwissenschaftlichen Chemie abgeleitet. Das Herumexperimentieren mit allerlei »chymischen« Praktiken begann im spätantiken Ägypten und hielt im ganzen Mittelalter bis in die frühe Neuzeit an. Noch ein Mann wie Isaac Newton (1643–1727) hatte als »Alchimist« angefangen, bevor er durch seine bahnbrechenden Erkenntnisse die Grundlagen der modernen Physik legte. Natürlich hatte man schon in der Antike chemische Prozesse beobachtet, wusste sie aber bis ins 18. Jh. nicht zu deuten und systematisch zu erforschen. Die Suche nach dem »Stein der Weisen«, nach dem Lebenselixier (*aqua vitae*) und die Umwandlung unedler Metalle in Gold war ein zentrales Anliegen vieler Alchimisten, deren Tätigkeit oftmals geheimnisumwittert war. Einige Begriffe aus der Alchimistensprache sind bis heute als Alltagsbegriffe geläufig.

Elixier Das arab. Wort *al-ixir* bedeutet »Stein der Weisen« und ganz genau übersetzt: »trockene Substanz mit magischen Eigenschaften«. Mit der »trockenen Substanz« waren in erster Linie Heilkräuter gemeint, mit Hilfe von »Lebenselixieren« hoffte man nichts weniger als das Leben zu verlängern.

Essenz, Quintessenz Essenz ist die Eindeutschung des lat. Wortes *essentia* (= das Wesentliche, die Substanz). In der alchimistischen Praktik war dies ein konzentrierter Auszug, vor allem aus Heilkräutern. Die Steigerungsform ist die Quintessenz, lat. *quinta essentia* (= das fünfte Seiende). Hierunter stellte man sich eine schon von Aristoteles unter genau diesem Begriff (griech. *pempte usía*) postulierte feinste Ursubstanz vor, einen Grundstoff allen Lebens. Aristoteles hatte sich das in Form eines »Äthers« als fünftem »Element« neben Erde, Feuer, Wasser, Luft gedacht. In übertragener Bedeutung lebt das Wort als Synonym für »das Wesentliche« fort.

Gelatine, Gel Für gallertartige, klebrige, leimartige Substanzen verwendeten die gelehrten Alchimisten das direkt an das lat. Wort *gelatio* (= gefrieren) angelehnte Wort. Es wird in ähnlicher Form auch in der modernen Chemie verwendet bis hin zum Alltagsbegriff »Gel«.

hermetisch kommt nicht vom griech. Gott Hermes, sondern von dem legendären ägyptischen Urvater der Alchimie *Hermes Trismegistos*. Übersetzt heißt dieses griech. Wort »Hermes, der dreimal Größte«, mit anderen Worten »der Allergrößte«. Dieser soll die Kunst erfunden haben, Schätze und Gefäße mit einem geheimnisvollen Siegel luftdicht (hermetisch) zu verschließen. Vieles von der Geheimniskrämerei der Alchimisten geht auf diesen Zauberer und Weisen zurück.

Metall ist ein relativ junges Wort. Die ie. Ursprachen wie das frühe Germ. oder das frühe Griech. kennen das Wort nicht. Einen Oberbegriff für die versch. Metallarten gab es zunächst nicht, man sprach im Mittelalter allenfalls von »Geschmiedetem«: das Geschmeide! Erst die Alchimisten (bspw. Paracelsus, 16. Jh.) ersetzen dieses Wort durch das im klassischen Griech. vorkommende Wort *metallon*, welches »Grube, Bergwerk« bedeutete, sich dann auch auf das dort abgebaute Erz bezog.

Porzellan Dem Sachsen Johann Friedrich Böttger (1682–1719) gelang in Dresden 1708 zufällig die Herstellung von weißem Porzellan (eigentlich hatte ihn August der Starke zum Goldfabrizieren angestellt). Das war das erste echte Porzellan in Europa, nachdem es in China längst bekannt war. Dort hatte es Marco Polo gesehen und als *porcellana* bezeichnet, nach einer Muschelschnecke mit milchweißer, glänzender Schale. Ital. *porcella* wiederum bedeutet zum einen »kleine Sau«; und zum zweiten deren Geschlechtsteil, das der fraglichen Muschelschnecke ähnelt.

Tinktur Das mit »Tinte« eng verwandte Wort stammt aus dem Lat. (*tinctura*) und bedeutet urspr. »Färbewasser«. Seit dem 16. Jh. versteht man darunter in der Alchimie und Pharmazie auch einen dünnflüssigen Auszug pflanzlicher oder tierischer Grundstoffe. In der Alchimie glaubte man auch, lediglich durch das Eintauchen unedlen Metalls in die richtige Tinktur Gold bzw. Silber gewinnen zu können.

Physik & Chemie

Physikalische Begriffe in der Alltagssprache

Atom bedeutet wörtlich, dass man »nichts mehr abschneiden« kann (griech. *a* = nicht; *témnein* = schneiden). Also die letzte unteilbare Einheit, der kleinste Baustein der Materie. Bekanntester Vertreter dieser Auffassung im antiken Griechenland war Demokrit (um 460 v. Chr.). Dessen Atommodell geriet zwischenzeitlich in Vergessenheit, wurde jedoch von den neueren Naturwissenschaften wieder aufgegriffen. Obwohl sich das »chemische« Atom als weiter spaltbar erwiesen hat, wurde das Wort als laienhafter Begriff für kleinste Materieeinheiten beibehalten.

Energie ist die »Kraft, die etwas bewirkt«. Der Wortbestandteil griech. *érgon* stammt aus derselben Wurzel, aus der auch das dt. Wort »Werk« hervorging. In die dt. Sprache gelangte das Wort erst nach 1700 durch Übernahme aus dem Franz., und zwar nicht in naturwissenschaftlichen Zusammenhängen, sondern als Schlagwort in aufklärerischen Schriften, die die Französische Revolution vorbereiteten. Erst in der 2. Hälfte des 19. Jh. wurde der Begriff auch in den Naturwissenschaften verwendet.

Magnet ist der griech. *líthos magnétis*, der Stein aus Magnesia. Magnesia ist eine thessalische Landschaft, wo schon früh reichlich Steine gefunden wurden, die die bekannten magnetischen Eigenschaften aufwiesen. Wegen der großen Bedeutung gerade im Bereich der modernen technischen physikalischen Anwendungen hat das Wort heute mehr denn je fundamentale Bedeutung.

Kunstwörter

Kunstwörter sind künstlich geschaffene Begriffe wie »Automobil« (von griech. *autós* = selbst, lat. *mobilis* = beweglich) für Dinge, die es früher gar nicht gab. Auch ihnen musste man einen »Namen« geben. Da Griechisch und Latein die universalen Sprachen im naturwissenschaftlich forschenden Europa waren und diese klassischen Sprachen den meisten Gelehrten und Wissenschaftlern geläufig waren, griff man dafür häufig auf griechische und lateinische Wörter oder Wortbestandteile zurück. Oftmals lässt sich die Person benennen, die den Begriff geprägt hat, oder wenigstens die Zeit eingrenzen, wann dies geschah.

Castor ist ein »Behälter für die Lagerung und den Transport radioaktiven Materials«. Als Kurzformel ist auf Engl. ein Akronym aus den Anfangsbuchstaben gebildet worden: Cask for Storage and Transport of Radioactive Material.

Dynamit Der Sprengstoff wurde von seinem Erfinder Alfred Nobel 1867 selbst so benannt. Gebildet aus griech. *dýnamis* = Kraft. Dynamit besteht zu 75 Prozent aus Nitroglycerin, ist aber bei weitem weniger stoßempfindlich als reines Nitroglycerin.

Elektron ist das griechische Wort für Bernstein. Als Grundbegriff für alles, was mit Elektrizität zu tun hat, fand es deshalb Verwendung, weil die Reibungselektrizität zuerst am Bernstein wahrgenommen wurde.

Gas Wortschöpfung des Brüsseler Arztes und Chemikers van Helmont (1. Hälfte des 17. Jahrhunderts), der damit »den durch Kälte erzeugten Wasserdunst« vom durch Wärme erzeugten Dampf abgrenzen wollte. Das Wort entstand wahrscheinlich in Anlehnung an das französische Wort *gaze*, eine gerade in jener Zeit in Mode gekommene Stoffart, zurückzuführen auf das griechische Wort *cháos*. Gas war zunächst ein reines Fachwort und fand erst durch die aufkommende Gasbeleuchtung und die Ballonflüge allgemeine Verbreitung.

Laser ist »Lichtverstärkung durch erzwungene Emission von Strahlung« Akronym aus engl.: Light amplification by stimulated emission of radiation.

Mikroskop / Teleskop Das Wort »Teleskop« ist bereits 1613 bei Johannes Kepler zu finden, das erste einer Vielzahl von technisch-wissenschaftlich-gelehrten Begriffen, die mit der griech. Erstsilbe *tele* (= fern) gebildet werden (hier mit griech. *skopéin* = schauen, betrachten, sehen). Zu großer Verbreitung dieser *tele*-Kunstwörter kommt es aber erst im 19. und 20. Jh. mit Telegrafie, Telefon und Television. *Mikroskopium* wurde erstmals 1618 als neulateinische Bildung für das optische Vergrößerungsgerät gebraucht (griech. *mikro* = klein; griech. *skopéin* = schauen, betrachten). Solche Wortbildungen entstanden nach dem Vorbild älterer Begriffe wie »Horoskop«, wo man die Geburtstunde (lat. *hora* = Stunde) betrachtet und aus deren Planetenkonstellation glaubt, das Schicksal deuten zu können.

Neutron Neutronen sind Bestandteile des Atomkerns ohne elektrische Ladung. Der Name wurde von seinem Entdecker, dem engl. Physiker James Chadwick, 1932 aus lat. *ne-utrum* = »keins von beiden« gebildet.

Pferdestärke Die berühmte Maßangabe PS für Leistung in der Technik wurde 1770 von dem schottischen Ingenieur James Watt *horse-power* genannt. Watt war der Erfinder der für die industrielle Revolution bahnbrechenden Dampfmaschine.

Radar Radar – im Zweiten Weltkrieg in England entwickelt – ist ein Akronym aus engl.: Radio detection and ranging, was so viel wie »Funkortung« bedeutet.

Radioaktivität Der selbsttätige Zerfall bestimmter Atomkerne in andere Atomkerne wurde 1896 von dem Franzosen Antoine H. Becquerel durch Zufall am Uran entdeckt. Dabei wird Energie in Form von Strahlung frei. Die Physikerin und Chemikerin Marie Curie erfand den Begriff in Anlehnung an das chemische Element Radium.

Roboter Das Wort ist eine Erfindung des tschechischen Romanautors Karel Capek. In seinem utopischen Drama ›Rossum's Universal Robots‹ von 1920 bezeichnet er damit künstlich geschaffene Menschen, die ferngesteuert selbständig Arbeiten ausführen und sogar reden können. Das Wort schließt an tschechisch *robota* (= schwere Arbeit, Frondienst) an.

Sauerstoff Der franz. Chemiker A.L. Lavoisier, der Begründer der modernen organischen Chemie, benannte das von ihm schon früher entdeckte Element *gaz oxygène* = säurebildendes Gas. Er stellte den sauren (griech. *oxýs* = sauer, herb, bitter) Charakter vieler Sauerstoffverbindungen fest und nahm fälschlich an, dass alle Säuren Sauerstoff enthielten. Christoph Girtanner deutschte den Begriff 1791 nach dem Muster von Stickstoff und Wasserstoff ein.

Stickstoff 1791 durch Girtanner aus *nitrogenium* in Anlehnung an das Wort »ersticken« gebildet, weil es Feuer erstickt. Stickstoff wurde 1772 als selbständiges Element entdeckt.

Wasserstoff Girtanner übersetzte ebenfalls 1791 den franz. Begriff *hydrogène*. Griech. *hýdor* (= Wasser).

Viskose ist vom Begriff her »Vogelleim«. Lat. *viscum* bezeichnet nämlich den aus Mistelbeeren gewonnenen zähklebrigen Stoff. 1892 wurde das Wort von engl. Forschern zur Bezeichnung der zähflüssigen, klebrigen Masse verwendet, aus der Kunstfasern gesponnen werden.

Zellophan ist eine glasklare Folie, die im Dt. zunächst »Zellglas« genannt wurde. Der Schweizer Chemiker J. E. Brandenberger übertrug in der 1. Hälfte des 20. Jh. das franz. Wort *cellophane* ins Dt. Aus Zellulose / *cellulose* = Zellstoff und griech. *phanós* = sichtbar, durchscheinend.

Haushaltsnamen organischer Verbindungen

Alkohol Arab. *al-kuhul* war ein pulverisiertes, kosmetisches Mittel zum Färben der Augenbrauen (sog. Bleiglanz), das Wort wurde über die maurische Kultur in Spanien ins frühneuzeitliche Europa vermittelt und von den Alchimisten zur Bezeichnung von Destillationen verwendet. Paracelsus wandte es dann um 1526 auf den Weingeist (*alcool vini* im Sinne von: »Essenz des Weines«) an und mit dieser Verbindung ist der umgangssprachliche Gebrauch bis heute verknüpft.

Ammoniak Das stechend riechende Stickstoff-Wasserstoffgas ist begrifflich dem altägyptischen Gott Ammon geweiht. Der früheste Fundort des Ammoniaksalzes lag in der Antike nahe der Oase Siwa, die ein wichtiges Ammon-Heiligtum beherbergte. Die Griechen nannten dieses Salz *ammonikon* und die Römer *sal ammoniacum*. Im Haushalt dient verdünntes Ammoniak als Reinigungsmittel.

Azeton kommt von lat. *acetum* (= saurer Wein) wie übrigens auch das Wort Essig. Azeton ist ein Lösungsmittel und findet sich in Lacken und Harzen.

Benzin »Weihrauch aus Java« hieß im Arab. *luban gawi*. Dieses nach Vanille duftende Baumharz gelangte um 1500 durch den katalanischen Orienthandel nach Europa. Im Katalanischen entfiel die erste Silbe *lu* und es bildete sich dort das Wort *benjuí*, im Franz. *benzoin* heraus. Im Dt. sprach man von »Benzoeharz« bzw. Benzoe. Den Wortstamm *Benz-* übernahmen der engl. Physiker Faraday und kurz darauf (1833) der dt. Chemiker Mitscherlich zur Bezeichnung der Benzoesäure. Dabei handelt es sich um einen flüssigen Kohlenwasserstoff, den man industriell aus Steinkohlenteer, in der 2. Hälfte des 19. Jh. auch aus Erdöl gewann.

Salz Ungebleichtes Salz ist grau, und so kam es früher in den Handel. Von der uralten Farbbezeichnung *sal* (= schmutziggrau) hat das Salz seinen Namen. In der Fachsprache der Chemie sind Salze alle kristallinen Verbindungen, die durch Einwirkungen einer Säure auf Metalle entstehen.

Metall- und Mineralnamen

Aluminium wurde von dem engl. Chemiker H. Davy 1808 zunächst »Alumium« genannt, von lat. *alumen* = bitteres Tonerdesalz. 1812 änderte Davy den Namen in »Aluminum«, wie es in den USA noch heute gebräuchlich ist. Zur Angleichung an andere Kunstnamen im chemischen Periodensystem wurde das Wort 1812 nochmals in Aluminium verändert.

Arsen ist das »Goldgelbe«. Die europ. Sprachen haben das Wort aus dem Griech. übernommen, aber eigentlich kommt es aus dem älteren Persisch, wo *zarnik* so viel wie »goldfarben« bedeutet. Arsen wurde im Dt. früher auch »Arsenik« genannt.

Blei heißt so, weil seine frischen Schnittstellen bläulich-bleich glänzen. Alle Wörter, die auf etwas hell Glänzendes gemünzt sind (blank, blond, blau, Blech, bleich, Blei, Blitz, Blick) stammen aus einer gemeinsamen Wortwurzel.

Kalium wurde 1797 durch den dt. Chemiker Klaproth aus dem Arab. latinisiert. Arab. *al-qali* bedeutet »Pottasche« und beschreibt unmittelbar die Gewinnung von Kalium durch Auskochen von Pflanzenasche.

Kobalt Die sächsischen Bergleute im Mittelalter glaubten, dass ihnen ein Kobold, ein Berggeist, ein wertloses Metall unterschob, wenn sie statt des erhofften Silbers nur dieses Erz abbauten, und belegten es daher mit diesem Schimpfwort.

Kupfer kommt aus Zypern. Die Mittelmeerinsel (griech. *Kýpros*) war im Altertum der Hauptlieferant des Halbedelmetalls.

Nickel hat eine ähnliche Wortentstehungsgeschichte wie Kobalt, eine Verkürzung von »Nikolaus«. Nickel galt schon damals, wie auch gelegentlich noch heute, als Synonym für »Dummkopf, Taugenichts«. Erst der schwed. Mineraloge Cronstedt erkannte in dem vermeintlich unbrauchbaren Erz das eigenständige Metall und benannte es mit dem dt. Wort.

Phosphor ist bekanntlich lichtspendend (»phosphoreszieren«), das nichtmetallische Element hat von dieser schon im Altertum bekannten Eigenschaft seinen Namen: griech. *phosphóros* (= Lichtbringer).

Platin ist »das kleine Silber aus dem (peruanischen Fluss) Pinto«. In dessen Flusssand entdeckte man im 18. Jh. das weißglänzende schwerste Edelmetall und nannte es span. *platina del Pinto*, wobei *platina* eine Verkleinerungsform von *plata* (= Silber) ist. Platin gelangte erstmals 1748 nach Europa.

Uran Die Benennung erfolgte durch den Entdecker des Schwermetalls, den dt. Chemiker Klaproth, 1789. Er wollte damit den Astronomen Herschel ehren, der 1781 den Planeten Uranus entdeckt hatte.

Wolfram Die Wortentstehungsgeschichte ist ähnlich der von Kobalt und Nickel: Es handelt sich um ein Schimpfwort der sächsischen Bergleute, das »Wolfsschmutz« bedeutet, wobei *-ram* ein altes Wort für »Ruß, schmutziger Staub« ist. Die Bergleute erhielten dieses schmutzfarbene Erz beim Zinnabbau, wobei es die Zinnausbeute verringerte, also wie ein Wolf das Zinn auffraß.

Technik

Erfinder und Forscher, deren Namen zu Maßeinheiten wurden

Ampère André Marie Ampère (1775-1836); Maßzahl der elektrischen Stromstärke. Ampère entdeckte u. a. die Anziehungs- und Abstoßungskraft elektrischer Ströme.

Becquerel Antoine Henri Becquerel (1852–1908); Maßzahl für die Aktivität einer radioaktiven Substanz. Becquerel entdeckte die natürliche Strahlung radioaktiver Elemente.

Celsius Anders Celsius (1701–1744); Temperatureinheiten. Celsius war ein Naturforscher und Forschungsreisender. In seiner 100-teiligen Temperaturskala bezeichnete er den Gefrierpunkt des Wassers mit 100, den Siedepunkt mit 0. Erst der große Taxonom Linné kehrte die Reihenfolge um.

Curie Marie Curie (1867–1934); Einheit der Aktivität einer radioaktiven Substanz. Curie erzielte bahnbrechende Erkenntnisse über radioaktive Substanzen.

Hertz Heinrich Rudolf Hertz (1857–1894); Einheit der Frequenz eines periodischen Vorgangs. Hertz wies nach, dass sich Licht und Funk wellenförmig ausbreiten.

Joule James Prescott Joule (1818–1889); Maßzahl der Energie und der Arbeit. Joule formulierte den 1. Hauptsatz der Thermodynamik.

Kelvin William Thomson, Lord Kelvin (1824–1907); Basiseinheit der thermodynamischen Temperatur. Kelvin formulierte den 2. Hauptsatz der Thermodynamik und entwickelte eine

	Temperaturskala, die beim absoluten Nullpunkt beginnt.
Mach	Ernst Mach (1838–1916); Maßzahl für die Schallgeschwindigkeit. Mach erkannte wesentliche Phänomene von Geschwindigkeit im kosmischen Bereich und wurde so zu einem geistigen Wegbereiter der Relativitätstheorie.
Newton	Isaac Newton (1634–1727); Maßzahl der Kraft. Newton legte die Grundlagen der modernen Physik u. a. durch die Formulierung der Gesetze der Schwerkraft.
Ohm	Georg Simon Ohm (1789–1854); Maßzahl des elektrischen Widerstands. Ohm entdeckte das Gesetz der elektrischen Stromleitung.
Volt	Alessandro Graf Volta (1745–1827); Maßzahl der elektrischen Spannung. Volta machte mehrere bedeutende Entdeckungen auf dem Gebiet der Elektrizität.
Watt	James Watt (1736–1819); Maßeinheit für jede Art von Leistung. Watt war der Erfinder der Dampfmaschine.

Namen von Erfindern und Forschern, die zu Begriffen wurden

Bunsen(brenner) Robert Wilhelm Bunsen (1811–1899). Der bedeutende dt. Chemiker entwickelte den sehr gut regulierbaren Gasbrenner für das Arbeiten im Labor.

Diesel Rudolf Diesel (1858–1913); Erfinder des selbstzündenden Verbrennungsmotors.

Galvanismus Luigi Galvani (1737–1798), Entdecker elektrischer Entladungen (Froschschenkelversuche), die in vielen elektrochemischen Bereichen Anwendung finden (etwa in Batterien).

Kardan Geronimo Cardano (1501–1576); Philosoph und Mathematiker. Erfand die Aufhängung eines Körpers innerhalb dreier beweglicher Ringe, etwa für Kompasse und Uhren. Das Prinzip wird bspw. auch für Gelenke im Autobau verwendet.

Otto Nikolaus August Otto (1832–1891); Maschinenbauer und Erfinder des Viertaktgasmotors, aus dem der Verbrennungsmotor für flüssigen Kraftstoff entwickelt wurde.

Röntgen Wilhelm Conrad Röntgen (1845–1923); entdeckte 1895 die Röntgenstrahlen. Erster Nobelpreis für Physik 1901.

Zeppelin Ferdinand Graf von Zeppelin (1838–1917); Offizier, Erfinder des lenkbaren Starr-Luftschiffes.

Automarken, die sich von Personennamen herleiten

Bugatti Ettore Bugatti (1881–1947), Rennfahrer und Autokonstrukteur. Produzierte von 1907 bis 1939 hauptsächlich Sport- und Rennwagen im Elsass.

Cadillac Antoine de la Mothe Cadillac (1658–1730), französischer Offizier und Gründer von Detroit (der amer. Autostadt); Wagentyp nach ihm benannt 1902.

Chevrolet Louis Joseph Chevrolet (1878–1941), Schweizer Uhrmachersohn, Rennfahrer und Autokonstrukteur. Wanderte 1900 in die USA aus und gründete 1911 die gleichnamige Automobilfirma (heute Teil von General Motors).

Chrysler Walter P. Chrysler (1875–1940) schuf 1925 die Chrysler Corporation durch Fusion zweier Vorgängerfirmen.

Citroën André Citroën (1878–1935), stellte urspr. Zahnräder her, daher der Doppelwinkel als Markenzeichen. Sein erstes europäisches

Automobil in Großserie nach dem Ersten Weltkrieg verfügte erstmals über einen elektrischen Anlasser und ein Reserverad. Neben der »Ente« war das berühmteste Auto der Citroën DS. DS stand für »Desirée Speciale«.

Daimler Gottlieb Daimler (1834–1900), entwickelte den schnell laufenden Benzinmotor und zusammen mit Maybach das erste moderne Auto.

Ferrari Enzo Ferrari (1898–1988) gründete 1943 die gleichnamige Automobilfirma.

Ford Henry Ford (1863–1947) konstruierte 1892 sein erstes Auto und gründete 1903 die gleichnamige Automobilfirma.

Honda Soichiro Honda (1906–1991) gründete 1948 zunächst eine Firma zum Bau von Antriebsmotoren für Krafträder.

Lamborghini Ferruccio Lamborghini (1916–1993), urspr. als Traktorenfirma gegründet. Das Markenzeichen – der Stier – war das Sternzeichen des Firmengründers.

Lancia Vincenzo Lancia (1881–1937) war zunächst Rennfahrer und Fiat-Mitarbeiter, bevor er 1906 eine eigene Autofirma gründete.

Maybach Wilhelm Maybach (1846–1929) erfand den Vergaser und ist der eigentliche Entwickler des modernen Kraftfahrzeugs.

Mercedes Der österreichische Geschäftsmanns Emil Jellinek, der sich als Rennfahrer und auf Grund einer Vertriebsvereinbarung für die Daimler-Automobile engagierte, benutzte den Namen seiner Tochter Mercédès als Pseudonym bei Rennveranstaltungen, also zunächst nicht als Markennamen. Der erste von Wilhelm Maybach entwickelte Mercedes wurde im Dezember 1900 ausgeliefert. 1901/2 wurde der Name als Markenname geschützt. Der »gute Stern auf allen

Straßen« wurde 1921, der Dreizackstern im Ring 1923 als Markenzeichen geschützt.

Opel Adam Opel (1837–1895) produzierte in seiner Firma zunächst Nähmaschinen, dann Fahrräder, ab 1898 Autos.

Peugeot Die Familie Peugeot besaß im 19. Jh. eine Kornmühle und produzierte Sägeblätter, Uhrwerksfedern, Kaffeemühlen, Pfeffermühlen, Fahrräder. Durch Armand Peugeot (1849–1915) seit der Jahrhundertwende auch Autos.

Porsche Ferdinand Porsche (1875–1951) entwickelte seit 1934 den Volkswagen und nach dem Zweiten Weltkrieg gemeinsam mit seinem Sohn Ferry den nach ihnen benannten Sportwagen.

Renault Louis Renault gründete 1898 den späteren Staatsbetrieb.

Rolls-Royce Charles Rolls (1877–1910) und Frederick Royce (1863–1933) arbeiteten von Anfang an eng zusammen. Royce war der Techniker, Rolls ein Marketingexperte. Ihr »Silver Ghost« (1906; Preis: 305 Pfund) galt sofort als bestes Auto der Welt.

Mensch & Medizin

Medizinische Grundbegriffe

Die Temperamentenlehre der Antike

Die Temperamentenlehre der Antike war die grundlegende medizinische Theorie des vorwissenschaftlichen Zeitalters. Ihr zufolge zirkulieren im Innern des Menschen vier verschiedene Körpersäfte: Blut, gelbe Galle, Schleim und schwarze Galle. Beim gesunden Menschen stehen sie im richtigen Mischungsverhältnis, Krankheiten waren Ausdruck einer fehlerhaften Mischung. Die Namen dieser vier Körpersäfte sind uns noch heute als alltägliche Bezeichnungen der menschlichen »Temperamente« gegenwärtig:

cholerisch Griech. *cholé* = Galle. Auf einen Überschuss an Galle wurden Hass und Zorn zurückgeführt. Man glaubte, diese Menschen seien an »Cholera« erkrankt (nicht im mod. Sinn des Wortes), jähzornige Menschen bezeichnete man im Dt. etwa seit dem 16. Jh. als »cholerisch«.

melancholisch Griech. *mélas* = schwarz, *cholé* = Galle. Wenn Menschen – modern gesprochen – depressiv sind und zu Trübsinn und Schwermütigkeit neigen, so glaubte man das auf einen Überfluss von schwarzer Galle im Körperinnern zurückführen zu können. Die Melancholie galt als Hauptform des Wahnsinns.

phlegmatisch Griech. *phlégma* = Brand, Hitze, Entzündung. Zäher, entzündlicher Schleimfluss war nach alter Sichtweise die Ursache für alles, was Menschen schwerfällig, gleichgültig und affektlos macht.

sanguinisch Lat. *sanguis* = Blut. »Zu viel Blut« mache die Menschen hitzig und leicht erregbar, stellte man sich vor. Die heutzutage geläufigste begriffliche Annäherung für diesen Zustand ist: temperamentvoll und eine etwas übertrieben heitere Gemütsart.

Der Mensch beim Arzt

Arzt ist wortgeschichtlich zunächst keine Berufsbezeichnung gewesen, sondern ein Ehrentitel. Aufgekommen ist die Bezeichnung im orientalischen Nachfolgestaat des Reiches Alexanders des Großen, im Reich der Seleukiden. Dort erhielten die Leibärzte den griech. Ehrentitel *archiatrós*. (*Iatrós* für »Heilkundiger, Wundarzt«, *arché* als Vorsilbe für Haupt- / Ober- /Erz-). Die Römer verwendeten den Begriff (lat. *archiater*, später *arciater*) für ihre Oberärzte am Kaiserhof. Schon im 9. Jh. ist das Wort in der Form von *arzat* im Althdt. nachweisbar. Das geläufigere Wort für Arzt im Lat. war *medicus* (= Heilkundiger), das im Dt. gelegentlich als Fremdwort begegnet und von dem sich Grundbegriffe wie Medizin und Medikament herleiten. Der »Doktor« ist im Lat. urspr. ganz allgemein der »Gelehrte«; ab der Zeit um 1450 beginnt die Verengung des Begriffs auf den studierten Mediziner in Abgrenzung zu den Quacksalbern, Badern und Kurpfuschern.

Diagnose Griech. *gnosis* (= Erkenntnis); wenn man zwei (*dia*) Dinge erkennen kann, so kann man sie unterscheiden – das genau ist der Wortsinn von »diagnostizieren«.

Hospital Überwiegend im Österreichischen und Schweizerischen (Spital) sowie in anderen europäischen Sprachen das Wort für das Krankenhaus (lat. *hospes* = Gast). Mit *hospitale* bezeichnete man im Mittelalter die Schlafstuben für Gäste, Pilger, dann auch für Arme und Kranke. Im Sinne der christlichen Lehre war die Krankenpflege eine wichtige Aufgabe der Orden und ihrer Klöster. Daraus ging der Begriff auf die dafür eigens errichteten Gebäude oder Gebäudeteile über.

Narkose ist im modernen Sinne der bewusst herbeigeführten Betäubung eine künstliche Wortschöpfung des 19. Jh., die sich jedoch stark an griech. *nárke* (= Erstarrung, Lähmung) anlehnt. Von *nárke* ist auch der Pflanzenname Narzisse (wegen des betäubenden Dufts) abgeleitet.

Praxis ist griech./lat. ganz einfach das »Verfahren«: Im Sinne tatsächlich durchgeführter Handlungen von Ärzten und Anwälten tritt das Wort in der Aufklärungszeit in bewussten Gegensatz zu »Theorie«. In dieser Zeit auch im Sinne von Berufstätigkeit und Berufserfahrung. Im Dt. wird das Wort erst im 20. Jh. auch auf den Ort der anwaltlichen oder medizinischen Beratung übertragen.

Quarantäne Zeitraum von 40 Tagen (40 = ital. *quaranta*). Für diese Dauer isolierte man schon im 14. Jh. in italienischen Mittelmeerhäfen Schiffe, die aus (mutmaßlich) krankheitsverseuchten Gebieten eintrafen. Auch Moses und Jesus zogen sich jeweils 40 Tage in die Wüste zurück, und die christliche Fastenzeit dauert ebenfalls 40 Tage.

Rezept ist im medizinischen Zusammenhang die lat. formulierte Anweisung des Arztes an den Apotheker »Recipe« : »Nimm!« (... diese und jene Substanzen zur Herstellung eines Heilmittels). Analoges gilt natürlich auch für die Zutaten von Kochrezepten.

Symptom ist im Griech. ganz wortwörtlich das »Zusammenfallen«: Bereits in der antiken medizinischen Terminologie das gemeinsame Erscheinen von Anzeichen und Krankheit.

Therapie, Therapeut *Therápon* ist im Griech. urspr. ein Diener oder Helfer in der *therapeia*, dem Götterdienst. Schon in der Antike ist der Begriff auf die heilkundigen Pfleger und Wärter übergegangen. Ähnlich eng ist der wortgeschichtliche Zusammenhang zwischen Gottesdienst und Krankendienst bei der Bezeichnung Diakon, die sich in umgekehrter Richtung aus dem »Krankenpfleger« zu einem Begriff des religiösen Bereichs (Tempeldiener, Priesterdiener) verengt hat.

Umgangssprachliche Namen von Krankheiten

Gicht Im frühen Dt. (9./10. Jh.) war eine *jicht* bzw. *gicht* eine »Aussage«, ein »Bekenntnis«. Das Wort »Beichte« leitet sich davon ab. Von hier ist der Bogen zum Krankheitsnamen schnell geschlagen, wenn man sich daran erinnert, wie sich die Menschen früher das Entstehen von Krankheiten oft durch das Aussprechen von Wörtern (bspw. Flüchen), Besprechen und Behexen vorstellten. Gicht bedeutet also die »durch Besprechen angezauberte Krankheit«.

Grippe Grippe von franz. *gripper*, das mit dem nahe verwandten Wort »(er)greifen, fassen« zu übersetzen ist, ist die Krankheit, von der man plötzlich erfasst wird.

Infarkt von lat. *infarcire* (= voll stopfen), war im 18. Jh. die Bezeichnung für die Darmverstopfung, im 19. Jh. allgemein für eine Blutstauung; erst im 20. Jh. verengt sich die Wortbedeutung im Allgemeingebrauch auf den Herzinfarkt.

Migräne Aus dem Franz. *fièvre migraine* (= Fieber auf einer Kopfseite) wurde der Begriff um 1700 übernommen. Das franz. Wort beruht auf griech. *hemi* (= halb) und *kraníon* (= Schädel).

Rheuma Griech. *rhein* bedeutet »fließen, strömen« und davon abgeleitet *rheuma*, »Fluss«. In der Antike stellte man sich vor, dass die Rheumaschmerzen von Krankheitsstoffen hervorgerufen werden, die den Körper durchfließen.

Schnupfen Variante der Wörter »schnüffeln« und »schneuzen«.

Sodbrennen ist beinahe ein Zwillingswort, denn *Sod-* kommt von »sieden«, also ein heftig brennender Schmerz.

Pharmazeutische Grundbegriffe

Apotheke Bei den Griechen und Römern verstand man unter diesem Wort nichts weiter als ein Warenlager, eine Vorratskammer. In byzantinischer Zeit bezeichnete man damit einen Kramladen. Das span. Wort *bodega* und das franz. Wort *boutique* sind daraus hervorgegangen. In mittelalterlichen Klöstern ist der *apoteker* dann bereits der Verwalter des Vorratsraums für die Heilkräuter.

Dosis Wegen der Risiken und Nebenwirkungen weiß jedermann, dass es im Arzneimittelgewerbe vor allem auf die richtige *dósis* (griech. = Gabe, Geschenk) ankommt, also auf das, was der Apotheker richtig bemessen zugibt.

Droge Das Wort kommt aus dem Nl. In den dortigen Häfen wurden bestimmte Waren in *droge vaten* (= trockene Fässer) aufbewahrt, vor allem Gewürze, Kräuter und Arzneimittel, also nichtflüssige Handelswaren, die vor Feuchtigkeit geschützt werden mussten. Droge ist eine Verkürzung dieses Begriffs.

Gift Im Engl. ist *gift* ein Geschenk, wie es auch im Dt. noch in *Mitgift* gebräuchlich ist. Gift kommt von »geben«. Zur Unterscheidung der »tödlichen Gabe« entwickelt sich im 16. Jh. das Neutrum »das Gift«.

Pharmazie Das in den europ. Sprachen gebräuchlichste Wort für die Heilmittelkunde wurde schon im antiken Griech. so verwendet: *phármakon* (= Heilmittel). Nur im Dt. ist der Begriff auf die universitäre »Heilmittelwissenschaft« beschränkt, in anderen europ. Sprachen heißen auch die Verkaufsstellen für Heilmittel so (franz. *pharmacie*, engl. *pharmacy*).

Neue medizinische Wörter

Die zahlreichen Entdeckungen der medizinischen Wissenschaft und ihrer Hilfswissenschaften seit dem 19. Jh. brachten zum Großteil neue Phänomene, die nach neuen Begriffen verlangten. Ähnlich wie in den Naturwissenschaften bediente man sich daher mit Wörtern und Wortbestandteilen aus dem Griechischen und Lateinischen.

Allergie 1906 gebildet von dem österreichischen Arzt von Pirquet aus griech. *állon* (= ein anderes) und *érgon* (= Wirksamkeit). Gemeint ist die (Über-)Reaktion des Organismus auf fremde Reizstoffe.

Chromosomen heißen »Farbkörper« (griech. *chróma* = Farbe und *sóma* = Körper), weil sie durch Färbung sichtbar gemacht werden können. Die Keimzellen des Menschen enthalten 23, die Körperzellen 46 Chromosomen.

Gen Der dänische Botaniker Johannsen prägte den Begriff 1909 in einer auf Dt. verfassten Schrift. Er suchte nach einem wissenschaftlich klingenden Begriff für die »Buchstaben« des Vererbungscodes und leitete ihn vom griech. Wort *gennán* (= erzeugen, werden) ab. Johannsen hatte noch die Vorstellung vom Gen als etwas Unteilbarem, so wie man sich zu seiner Zeit auch noch ein Atom vorstellte. Heute weiß man, dass Gene aus komplexen Molekülen bestehen und veränderbar sind.

Enzym Das Wort wurde im 19. Jh. aus griech. *en* (= in) und *zýme* (= Sauerteig) gebildet. Enzyme sind komplizierte Eiweißstoffe, die als Katalysatoren die Stoffwechselprozesse steuern.

Hormon Der engl. Physiologe Starling publizierte 1905 eine Schrift, in der das Wort erstmals vorkam. Es lehnt sich an griech. *hormán* (= in Bewegung setzen, anregen) an. Hormone steuern Stoffwechsel, Fortpflanzung und Wachstum.

Mikrobe Einer der Hauptgründe für die lange Stagnation der vorwissenschaftlichen Medizin war die Unkenntnis über die Kleinstorganismen im Körper, die erst von den großen Bakteriologen Louis Pasteur, Robert Koch und anderen entdeckt und verstanden wurden. Von dem franz. Chirurgen Sedillot stammt das 1878 geprägte Wort aus griech. *mikrós* (= klein) und *bíos* (= Leben).

Penicillin Sein Entdecker, der engl. Bakteriologe A. Fleming hat den Wirkstoff, der Bakterien vernichtet, 1928 nach dem Schimmelpilz benannt, aus dem er gewonnen wurde: *penicillium* (Pinselschimmel).

Schizophrenie Der moderne Begriff für eine Gruppe von Krankheiten, die hauptsächlich Persönlichkeitsspaltungen sind, wurde 1908 durch den Schweizer Psychiater Eugen Bleuler aus griech. *schízein* (= spalten) und *phren* (= Zwerchfell) gebildet; nach alter Vorstellung galt das Zwerchfell als Sitz der Seelentätigkeit, vor Bleuler nannte man das Phänomen *Dementia praecox*.

Vitamin 1914 stand dieses Wort erstmals auf einem Buchtitel des Biochemikers Funk (aus lat. *vita* = Leben und *amin,* einem Derivat des Ammoniak); man meinte früher, alle Ergänzungsnährstoffe seien von Stickstoffverbindungen (Ammoniak) abgeleitet.

Wörterbuch der Gefühle

Angst Das Wort ist nahe verwandt mit »eng« und »Bedrängnis«. Seine Herkunft ist weiter nicht bekannt, es kommt nur im Dt. und sehr nahe verwandten Nl. vor.

fühlen hat sich vermutlich aus einem Begriff entwickelt, den man zwar nicht mehr genau kennt, der aber wohl das konkrete Betasten mit Finger und Hand zum Ausdruck brachte und später auch auf die innere Empfindung ausgedehnt wurde.

froh, Fröhlichkeit entspringt einer ie. Wortwurzel, die »springen, hüpfen« bedeutet; aus derselben Wortwurzel stammen die Begriffe: frei, Freude, Freund und Friede.

glauben heißt eigentlich »loben«. Die Kraft des Wortes »glauben« war früher stärker, denn es steckt auch »lieb« darin, und was man gern hat, wird man auch gutheißen, loben und preisen. Das vertrauensvolle Verhalten des Menschen zeigt sich in der religiösen Sphäre im deutlich vernehmbaren Lobpreis Gottes. Das war: glauben. Die abgeschwächtere Form im Sinne von »für wahr halten« – natürlich auch eine Form des Vertrauens – trat erst später hinzu. Im engl. *to believe* ist dieser Dreiklang von »lieben, loben, glauben« deutlich spürbar.

Kummer ist ein Begriff, der schon aus der gallorömischen Vorform des Franz. seinen Weg ins Dt. fand. Die wörtliche Bedeutung ist »Trümmer, Schutt«, dahinter liegt die Vorstellung von zusammengetragenen Haufen und Hindernissen (franz. *encombre*), welche den Weg versperren.

leiden ist urspr. ein Begriff der Fortbewegung und daher auch verwandt mit »leiten«. Leiden meint: sich fortbewegen, einen Weg zu Ende gehen, etwas durchstehen und erdulden, letztlich auch vergehen.

lieben hatte früher im Dt. eher eine schwache Bedeutung im Sinne von »angenehm«, etwa so wie man heute noch sagt: »Das ist mir lieb«. Das urspr. starke dt. Wort für die Liebe war bekanntlich »Minne« und »minnen«. Aber irgendwann bekam das Wort »Minne« einen anstößigen Beiklang, und *lieb* rückte an seine Stelle als Ausdruck für das starke, echte Gefühl. Die Nähe des Wortes zu lat. *libido* (= Geschlechtstrieb) zeigt aber auch die begehrlichen Konnotationen des Wortes. »Lieben«, »loben«, »glauben« und »erlauben« sind eng verwandte Wörter mit gemeinsamem Ursprung aus einem ie. Wort *leub* mit all diesen Bedeutungen.

Schmerz Die Wortwurzel von Schmerz (*smer*) bezeichnet ganz konkret die Leid verursachenden Vorgänge: drücken, reiben, scheuern. Auch die Ergebnisse dessen, was körperlicher oder seelischer Schmerz bewirkt, kann mit Wörtern beschrieben werden, die aus der gleichen Wortwurzel stammen: »zermürbt« und »morsch«.

trauern bedeutet: »den Kopf senken«, »die Augen niederschlagen«, die urspr. Bedeutung von *truren* war: fallen, kraftlos sinken.

Wut Dieser heftige Zorn macht den Kern des Götternamens Wotan aus: der rasende Gott, der wie ein Sturmwind daherbraust. In diesem Zusammenhang ist es von Bedeutung, dass Wotan ein Himmelsgott war. An einer sehr tiefen Wurzel ist Wut nämlich verbunden mit dem »Wehen« der Luft, einem Sinnbild für das Außer-sich-Sein der Wut.

Zorn die auf ein konkretes Ereignis bezogene Form von Wut steht in einem wortgeschichtlichen Zusammenhang mit Zerrissenheit, Zwist und Streit. Die uralte Wortwurzel (*der*) hat auch »trennen« und »zerren« hervorgebracht.

Wörterbuch der Körperteile

Die allermeisten Wörter für Körperteile und für Körperorgane sind germanischen Ursprungs und lassen sich auf ie. Wortwurzeln zurückführen. Nur bei »Hand« und »Bauch« vermutet man den Ursprung in einer älteren, vor-ie. Sprache. Einige wortgeschichtliche Besonderheiten gibt es bei:

Blut eng verwandt mit »Blume« und »Blüte«, denn Blut ist gar nicht das urspr. germanische Wort für den roten Körpersaft, sondern ein Ersatzwort, ein sog. Tabuwort. Die Anknüpfung von »Blut« an »Blüte« ergibt sich durch das anschauliche Hervorquellen und Hervorsprießen.

Kopf eine frühe (8. Jh.) Übernahme aus dem lat. *cuppa* = Becher, Schale, natürlich in Anlehnung an die Form der Hirnschale. Das urspr. germ. Wort für Kopf war »Haupt«, das sich neben Kopf behaupten konnte und später in die gehobene Sprache abwanderte. (Im Franz. vollzog sich übrigens ein ganz analoger Prozess aus lat. *testa* = »Tonscherbe, Schale« zu *tête* = »Kopf«.)

Körper ist eine hochmittelalterliche Übernahme von lat. *corpus*. Hier wird das urspr. germ. Wort *lich* hingegen so gut wie völlig verdrängt. Nur in »Leiche«, also dem Begriff für den toten Körper, ist es in der Gegenwartssprache geläufig.

Muskel kommt von lat. *musculus* (= Mäuschen). Sowohl die Form mancher Muskeln wie die Muskelbewegungen unter der Haut erinnern an das Huschen von Mäuschen.

Nerven geht zurück auf lat. *nervus* (griech. *neúron*). Vor dem 19. Jh. waren mit Nerven recht pauschal auch alle Sehnen und Muskelbänder gemeint, weshalb es schon eine große Zumutung sein musste, wenn einem etwas »auf die Nerven« ging.

Penis von lat. *penis* (= Schwanz). Hintergrund dieser Wortbildung ist das »Schwankende«, »Schwingende«, wie es bei vielen Tieren zu beobachten ist. Aus der lat. Verkleinerungsform *penicillus* ist das dt. Wort »Pinsel« abgeleitet, das altdt. Wort für das männliche Körperteil war *zagel*. Erhalten ist dieses Wort noch in »Rübezahl« (urspr. »Ruobezagel« = Rübenschwanz), einem Spottnamen aus dem 13. Jh. für den Berggeist aus dem Riesengebirge.

Schleim Eines von vielen verwandten Wörtern, mit denen zähe, schmierige Flüssigkeiten bezeichnet werden: Schlamm, Leim. In der alten Medizin wurde nicht so genau unterschieden und Schleim auch als Synonym für Eiter und Blut verwendet.

Skelett Das aus dem Griech. stammende Wort (*skeletós* = ausgedörrt, abgemagert) bezeichnet urspr. den mumifizierten, geschrumpften Körper. Die Bedeutungsübertragung auf das blanke Knochengerippe liegt jedoch nahe. Erst ab dem 16. Jh. im Dt. verwendet.

Körpersprache

Arm

Jemandem unter die Arme greifen: Personen, deren Aufgabe es war, Taumelnden und Verletzten unter die Arme zu greifen, waren Knappen von Turnierrittern und Sekundanten von Fechtern. **Jemanden auf den Arm nehmen**: Jemanden wie ein Kleinkind behandeln, das man zum Spielen auf den Arm nimmt.

Arsch

Arsch auf Grundeis ist ein Ausdruck für einen akuten Angstzustand. Das Krachen tauenden Grundeises wird mit dem Rumoren in den Eingeweiden bei Angst in Zusammenhang gebracht. Auch **den Arsch voll haben** (Arsch ist hier der Mastdarm) bezieht sich auf die bei vielen Tieren und beim Menschen zu beobachtende extrem beschleunigte Verdauungstätigkeit in Paniksituationen.

Auge

Redewendungen mit »Auge«, mit »Kopf« und mit »Hand« sind fast nicht zu zählen. Bei »Auge« stehen natürlich viele im Zusammenhang mit dem Sehen, dem Blick und der Empfindlichkeit dieses Sinnesorgans. Einige Redensarten sind durch literarische Zusammenhänge geprägt: **Da bleibt kein Auge trocken** stammt aus einem Gedicht von Johann Daniel Falk (1768–1826), ›Paul, eine Handzeichnung‹: »In schwarzen Trauerflören wallt/ beim Grabgeläut der Glocken/ zu unserm Kirchhof jung und alt:/ Da bleibt kein Auge trocken.« **Mit einem lachenden und einem weinenden Auge**: Nachdem König Claudius (in Shakespeares ›Hamlet‹) Hamlets Vater ermordet und dessen Witwe geheiratet hat, sagt er darüber: »Wir haben also unsre weiland Schwester /mit einem heitren, einem nassen Auge /zur Eh genommen.«

Bart

Um den Bart gehen: Nach altgermanischer Vorstellung galt der Bart als wichtigster Teil des Männergesichts. **Beim Barte** wurde geschworen (durch Berühren!), nur Freie durften ihn tragen; Knechte und

Gefangene wurden geschoren, daher der bairische Ausdruck »G'scherte« – die Geschorenen: Gesindel, Flegelhafte. Wer dem Herrn **um den Bart** ging, dem Zeichen seiner männlichen Würde schmeichelte, wollte die Person ehren.

Bauch

Wut im Bauch: Schon bei den Griechen galt die Galle (*cholé*) als Sitz des Zorns.

Bein

Etwas ans Bein binden: Damit verband sich die urspr. Vorstellung, dass man alles, was man nicht höher als bis zum Knie (Bein) gelangen lässt, sich auch nicht so zu Herzen nimmt.

Brust

Sich an die Brust schlagen entspringt einem Trauerritual vieler antiker Völker; dazu gehörte auch, sich »die Haare zu raufen«. Diese urspr. natürlichen Trauergesten waren schon früh ritualisiert und wurden öffentlich vorgeführt. Oftmals engagierte man dafür auch noch auf diese Dienstleistung spezialisierte »Klageweiber«. **Einen zur Brust nehmen** gehörte zu den früher noch sorgfältiger beachteten Trinkritualen, wobei man nach dem Zuprosten das Glas zur Brust führte, bevor man es zum Mund hob.

Daumen

Daumen drücken / halten ist eine abergläubische Geste des Festhaltens missgünstiger Dämonen. **Den Daumen draufhalten**: Der Daumen ist der stärkste Finger und steht stellvertretend für die ganze Hand. Unter den vielen Rechtsgesten des Mittelalters war das Auflegen der Hand auf eine Sache deren sowohl symbolische wie rechtsverbindliche Inbesitznahme. **Den Daumen senken** (oder nach oben recken) ist die aus den römischen Gladiatorenkämpfen bekannte Geste der Verurteilung oder der Gnade; der gereckte Daumen ist eine vor allem im Engl. (»thumbs up!«) sehr geläufige Siegesgeste.

Finger

Finger auf die Wunde legen: Geht entweder auf die Berührung der Marterwunden Jesu durch den Apostel Thomas zurück oder auf die heilende Berührung von Kranken durch Jesus selbst. **Sich etwas aus den Fingern saugen, etwas im kleinen Finger haben, das sagt mir mein kleiner Finger** und **Fingerspitzengefühl haben** sind alles Redewendungen, die auf dem Aberglauben beruhen, dass vor allem der kleine Finger dem Menschen etwas mitteilen kann und dass er der Sitz besonderer Weisheit und besonderen Feingefühls sei.

Fuß

Den Fuß auf etwas setzen, den Fuß in den Nacken setzen beziehen sich wie das mittelalterliche Handauflegen auf Rechtsgesten der Inbesitznahme. Darstellungen, auf denen der Herrscher den Fuß auf den Nacken besiegter Feinde stellt, gehörten schon in der Bibel und in der Antike zum Standardrepertoire der Herrschersymbolik. **Stehenden Fußes** (lat. *stante pede*), also »sofort«, musste man vor Gericht Einspruch einlegen, wenn man verhindern wollte, dass ein Urteil rechtskräftig wurde.

Gesicht

Das Gesicht verlieren bzw. **das Gesicht wahren** sind Redewendungen, die in dieser Form aus dem Engl. übernommen wurden. Sie beschreiben wiederum die Selbstbeherrschung vor allem asiatischer Völker, bei denen »Gesichtsverlust« (Bloßstellung, Verlust von Ansehen) bis heute als kaum wieder gutzumachender Ehrverlust gilt.

Haar

Haare auf den Zähnen: Haare und vor allem lange Haare galten bei vielen Völkern des Altertums als Zeichen von Männlichkeit und Stärke. Die Redewendung, seit jeher vor allem auf Frauen gemünzt, attestiert diesen also sozusagen männliche Kraft. **Sich die Haare raufen** ist eine antike Klagegeste. **An den Haaren herbeiziehen** kommt vom Herbeiziehen unwilliger Tatzeugen vor den Richtertisch.

Hals

Zum Hals heraushängen: Das Hervorwürgen unverdaulicher oder widerwillig eingenommener Speise. **Hals über Kopf** bedeutet: sich überschlagen, »mit dem Hals zuerst«.

Hand

Die Hand auf etwas legen: In mittelalterlichen Rechtsgebärden das Zeichen für die rechtsverbindliche Inbesitznahme. **Um die Hand anhalten**: Auch hier eine symbolische Form der Inbesitznahme; die Hand steht für eine Person. **Hand aufs Herz!**: Mittelalterliche Schwurgeste für Frauen und Geistliche; Männer schworen bei ihrem Bart. **Mir sind die Hände gebunden**: Das symbolische Binden der Hände gehörte im Mittelalter zur Begründung eines Lehensverhältnisses. **Hand und Fuß haben**: Mit der rechten Hand führte der mittelalterliche Ritter sein Schwert, mit dem linken Fuß trat er in den Steigbügel. Solange er über beides verfügte, konnte er seine vornehmste Funktion, den Kampf, ausüben. **Die Hand ins Feuer legen**: eine Form der mittelalterlichen Gottesurteile: Verbrannte die Hand des Angeklagten in der Glut nicht, galt seine Unschuld als erwiesen. **Die rechte Hand**: Der vertraute Helfer wird der rechten Hand zugeordnet, weil die Begriffe rechts und links früher symbolbeladen waren: »Rechts« galt als das Richtige, Tätige, Positive, »links« war immer abwertend; daher: **Mit der linken Hand** in der Bedeutung von »nebenbei«, »nicht so wichtig« und, noch schlimmer, wenn man **Zwei linke Hände** hat.

Haut

Mit Haut und Haaren: Mittelalterliche Bestrafungsart durch Rutenschläge über »Haut und Haar« , also über den ganzen Körper – nicht bloß aufs Gesäß.

Herz

Aus seinem Herzen keine Mördergrube machen: Jesus vertreibt die Händler und Geldwechsler aus dem Tempel mit den Worten: »Es steht geschrieben: ›Mein Haus soll ein Haus des Gebetes genannt werden.‹ Ihr aber macht es zu einer Räuberhöhle.« (Matt. 21, 13).

Aus der Räuberhöhle wurde im Volksgedächtnis die Mördergrube. Sehr viele Redewendungen mit Herz wie **das Herz erobern**, **das Herz brechen**, **ein weiches Herz haben** gehen von der alten Vorstellung des Herzen als Sitz der Empfindungen und Gefühle aus. **Auf Herz und Nieren prüfen**: Diese gründliche Prüfung – weil sie auch das Innere umfasst – kommt schon in der Bibel vor (Psalm 7, 10).

Kopf

Wenn einem der Kopf raucht liegt das daran, dass bei angestrengter (geistiger) Tätigkeit die Körpertemperatur steigt: 70 Prozent der Wärmeabgabe des menschlichen Körpers erfolgt über den Kopf, was man an den Schweißperlen auf der Stirn gut erkennt. Auf mittelalterlichen Gemälden kann man bisweilen sehen, wie christliche Märtyrer ihren **Kopf unter dem Arm tragen**: Sie sind schon so gut wie tot. **Den Kopf in den Sand stecken** beruht auf der irrigen Annahme, dass der Vogel Strauß bei Gefahr seinen Kopf in den Sand steckt.

Leber

In den medizinischen Vorstellungen der vorwissenschaftlichen Zeit galt die Leber als besonders empfindliches Organ und daher als Sitz der Empfindungen und Gefühle. Allen Redewendungen mit Leber liegt diese Vorstellung zugrunde. Wenn jemandem **eine Laus über die Leber** gelaufen ist, so verursacht schon eine winzige Laus das Gekränkt-Sein. Solch eine Kränkung kommt auch bei der **beleidigten Leberwurst** zum Ausdruck; der Zusatz »Wurst« trat erst später in der Volkssprache hinzu.

Mund

Mundtot machen: Hier ist nicht der sprechende Mund gemeint, sondern das altdt. Wort *munt* (Rechtsschutz eines Vormundes für ein Mündel). Mundtot machen bedeutet, dass diese Rechtsmacht genommen werden soll. Nachdem das Wort *munt* in Vergessenheit geraten war, wurde der Inhalt in »zum Schweigen bringen« umgedeutet. **Kein Blatt vor den Mund nehmen** entspringt der früher im Theater gebräuchlichen Sitte, ein Blatt vor den Mund zu nehmen, wenn der Schauspieler etwas sagen musste, was andere Figuren auf der Bühne zwar nicht hören, wohl aber das Publikum erfahren sollte.

Nacken

Den Fuß auf den Nacken setzen ist eine eindeutige Unterwerfungs- und Demütigungsgeste, die man seit der Antike auf vielen bildlichen Darstellungen findet, diese bewusste Demonstration war Jahrtausende lang fester Bestandteil der Herrschaftslegitimation. **Den Nacken beugen** oder umgekehrt **den Nacken steif halten** beziehen sich ebenfalls auf die Unterwerfung oder deren Verweigerung.

Nase

Sich selbst an der Nase fassen war im altdt. Recht eine symbolische Strafe für Verleumder. **Jemanden an der Nase herumführen** bezieht sich auf die Tanzbären, die am Nasenring herumgeführt wurden; Tanzbären waren in den Zeiten ohne Kino und Fernsehen beliebte Jahrmarktsattraktionen. **Einem etwas auf die Nase binden** ist die Pappnase, die jemandem umgebunden wird, um ihn zu verulken. **Eine feine Nase**, eine **Spürnase** oder den **richtigen Riecher** haben kommt von der feinen Witterung der (Jagd-)Hunde.

Niere

An die Nieren gehen: Nach alter medizinischer Vorstellung galten die Nieren ähnlich wie die Leber als Sitz der Lebenskraft.

Ohren

Sich etwas hinter die Ohren schreiben: Sehr anschauliche alte Rechtspraxis, Erfahrungen aus dem Kurzzeitgedächtnis in das Langzeitgedächtnis zu überführen: Es war Rechtsbrauch, bei Abschluss wichtiger langfristiger Verträge wie Grundsteinlegungen, Grenzziehungen u. ä. die früher oftmals nicht schriftlich beurkundet werden konnten, Kinder hinzuzuziehen, damit sie notfalls in der nächsten Generation als Zeugen aussagen konnten. Da Kinder die Bedeutung solcher Vorgänge meist noch nicht recht erfassten, schlug man sie in bester Absicht, gleichwohl jedoch nachhaltig, auf die Ohren, um ihre Erinnerung an diesen denkwürdigen Vorgang zu verstärken. **Es faustdick hinter den Ohren haben**: Nach altem Volksglauben saß der Schalk in Person eines kleinen Dämons oder Kobolds in den Wülsten hinter den Ohren.

Zahn, Zähne

Jemandem auf den Zahn fühlen: Die im übertragenen Sinne auf den Menschen angewendete Redensart geht auf den Pferdehandel zurück. Rosstäuscher kannten den Trick, alte Gäule kurz vor dem Verkauf durch das Aufpäppeln mit wertvollem Hafer und Arsen in der Tränke feurig und mit glänzendem Fell jünger erscheinen zu lassen. Erfahrene Pferdekäufer befühlten jedoch die Mahlzähne der Tiere und stellten anhand von deren Abnützung das Alter fest. Deswegen schaut man eben umgekehrt einem geschenkten Gaul nicht ins Maul.

Zunge

Mit spitzer Zunge sprechen und etwas »durchhecheln« kommen von der konkreten Anschauung des Arbeitens mit der Hechel bei der Flachsverarbeitung. Die Hechel ist ein kammartiges Werkzeug, durch dessen Zähne oder spitze Zungen der Flachs gezogen wird, um ihn zu säubern. Das Herziehen über andere im Sprachbild der genannten Redewendungen hat in diesem Vorgang seinen Ursprung.

Essen & Trinken

Grundbegriffe aus der Küche

Brot ist sozusagen die Brut des Brotes, nämlich der Sauerteig. Urspr. bedeutet der Begriff »das Gegorene« und bezog sich somit nur auf den Gärstoff. Die Sauerteiggärung als Getreidezubereitung ist in Europa seit der Eisenzeit bekannt. Ungesäuertes (Fladen-) Brot bezeichnete man als »Laib« (russ. *chleb*; engl. *loaf*). Aber bereits im Althdt. unterschied man die beiden Begriffe nicht mehr so genau.

Butter(brot) auch: Bemme, Schnitte, Stulle, Bütterken, Knifte, bei Luther: Putterpomme (1525). Das Wort Butter leitet sich ab von griech. *butyron* (= Kuhquark, Speisefett). Bis ins 12. Jh. war Butter eine Luxusspeise. Erst im Spätmittelalter löste das Butterbrot Getreidebreie und in Bier eingebrocktes Brot als tägliche Kost ab. Butterbrot ist eines der sehr bekannten Beispiele von Wörtern, die praktisch unverändert ins Russische entlehnt wurden. Erwiesen ist, dass Butterbrot, das zu Boden fällt, immer mit der gebutterten Seite nach unten landet.

Ei Was war zuerst da: Henne oder Ei? Die Antwort lautet: beides. Die ie. Wurzeln für »Ei« und »Vogel« liegen sehr nahe beieinander: *oiom* bzw. *auei*. Aus *auei* hat sich über *uei*, altind. *veh, vih*, lat. *avis* (= Vogel) entwickelt. Der Vogel ist also wortgeschichtlich das Eiertier schlechthin.

Gabel Das Wort wurde von der Heugabel auf das Tischgerät übertragen. Am Anfang dieser Wortgeschichte stand die Astgabel (= althdt. *gabala*). Solch eine Astgabel konnte man auch in der Landwirtschaft verwenden. Sobald die Heugabel mit Eisenspitzen versehen wurde, war man schon nahe am technischen Gerät der »Forke«. Der Gebrauch der verkleinerten Form einer Forke (lat. *furca* =

Heugabel) an der Tafel wird erst im 17. Jh. üblich. Die Idee dazu stammt aus Konstantinopel. Erstmals im 11. Jh. hatte eine byzantinische Prinzessin ihre Gabel nach Venedig mitgebracht. Die von der *furca* abgeleiteten Wortformen sind die in den roman. Sprachen gebräuchlichen Begriffe für Gabel (= franz. *fourchette*, ital. *forchetta*).

Löffel Das älteste Esswerkzeug dient dem *Laffen*, also dem Lecken, bzw. schlürfen. Die kleine Schale am Stiel hieß althdt. *leffil*, später *leffel* und das Wort geht auf die sehr alte, lautmalerische Wortwurzel zurück.

Messer Das Messer ist seiner Wortherkunft nach das »Schwert, mit dem man die Speise schneidet«. Es kommt von germ. *matizsahsa*, wobei *mat* (= Speise), *sa(c)hs* (= Schwert) ist. Von *sa(c)hs* haben übrigens die Sachsen ihren Namen (= Schwertträger); *mat* ist der Vorläufer des engl. Wortes *meat*.

Wasser (Wodka & Whisky) Dieses Wort kommt in allen ie. Sprachen vor. Die Urform lautet *au(d)*. Einige Beispiele: Altind. *udan*; griech. *hýdor*; altirisch *u(i)sce* (davon leitet sich direkt das Wort *Whisky* ab); russ. *vodá* (vgl. Wodka). Im Dt. ist die Urform *au(d)* noch deutlicher spürbar in »Auerochse« und »Otter« sowie in dem Wort »Aue«, der Bezeichnung für eine feuchte Flussniederung. Von hier aus werden auch die Formen in den romanischen Sprachen leichter verständlich: lat. *aqua*; franz. *eau*. Ferner ist das Wort im Deutschen in vielen Ortsnamen erhalten, nämlich denjenigen, die auf -ach (Biberach, Bacharach, Schwarzach), auf – au (Wernau, Deizisau) oder auf -a (Fulda) enden. Der in diesem Zusammenhang bekannteste deutsche Ortsname bedeutet also schlicht und ergreifend »Wasser«: das für seine Heilquellen bekannte Aachen. Der franz. Name für Aachen lautet bekanntlich *Aix-la-Chapelle*. Diese alte Wortform hat sich in Frankreich noch in anderen Ortsnamen erhalten: *Aix-en-Provence*, *Aix-les-Bains*.

Götterspeisen

Aus den spärlichen Informationen über die Speisen und Tränke der antiken Götter kann man nur schließen, dass es sich um vegetarische Kost auf der Basis von Früchten und Obst gehandelt haben muss. Und: Hauptsache, es war süß!

Ambrosia wurde den Göttern und den Götterrossen auf dem Olymp gereicht und verlieh vor allem ewige Schönheit, ewige Jugend und Unsterblichkeit. Das Rezept ist leider nicht überliefert. Man kann aber davon ausgehen, dass es eine sehr süße (»neunmal süßer als Honig«) vegetarische Kost war.

Manna »regnete wie Brot vom Himmel«, als die Israeliten nach dem Auszug aus Ägypten in der Wüste fast am Verhungern waren und jammerten, sie wären doch lieber »bei unseren Fleischtöpfen in Ägypten geblieben«. Das Manna »war weiß wie Koriandersamen und schmeckte wie Honigkuchen« (2. Mose 16, 31).

Met Der nordische Göttertrank ist im Gegensatz zum Nektar, der wohl ein Softdrink war, ein eindeutig alkoholisches Getränk. Auch im Altind. wird mit *madhu* ein Honigwein bezeichnet. Es handelt sich um das älteste alkoholische Getränk der Indogermanen, bereitet durch die Gärung von wildem Honig.

Nektar war der Göttertrank der Olympier, ebenfalls bedauerlicherweise unbekannter Zusammensetzung wie unbekannter Wortherkunft. Auch er verlieh Unsterblichkeit. Seit dem 17. Jh. wird das Wort zur Bezeichnung der zuckerhaltigen Absonderung von Blüten verwendet.

Küchenlatein

Die Römer haben während ihrer Besatzungszeit nach Südwestgermanien nicht nur neue Obst- und Gemüsesorten und deren Begriffe mitgebracht, sondern auch Zivilisationstechniken rund um Küche und Keller. Die dazugehörigen Begriffe sind schon sehr früh eingedeutscht worden, weswegen sie nicht immer auf den ersten Blick als Wörter lateinischer Herkunft erkennbar sind. Das wird aber sogleich klar, wenn man die jeweiligen Wörter nebeneinander stellt.

Essig	*acetum/atecum*
Käse	*caseus* (Damit wird der mit Lab gewonnene Hartkäse bezeichnet, eine Verarbeitungsart, die erst die Römer nach Germanien brachten; die Germanen kannten nur quarkartigen Sauerkäse.)
Keller	*cellarium*
Kelter	*calcatorium*
Kessel	*catinus*
Korb	*corbis*
Küche	*coquina*
Mühle	*molinae*
Müller	*molinarius*
Öl	*oleum*
Sichel	*secula*
Trichter	*tactarius*

Kulinarische Begriffe

Appetit Vornehmeres Wort aus dem Franz. für »Begierde« oder »Esslust«. Ersetzt seit dem 17. Jh. zunehmend die früheren Begriffe.

Diät Seit dem 15. Jh. ins Dt. aufgenommener Begriff, der »geregelte Lebensweise« (griech. *díaita*) und nicht »Schlankheitskur« bedeutet.

Leberkäs enthält keine Leber (oder nur ganz wenig). Das Wort kommt von Laib, wegen der Kastenbrotform, in der er gebacken wird.

lukullisch Lucius Licinius Lucullus (117– 57 v. Chr.) war ein römischer Feldherr und Politiker, der durch seine Feldzüge gegen den kleinasiatischen König Mithridates reich geworden war. Lucullus war berühmt für seine üppigen Gastmähler und dafür, dass er die Süßkirsche aus Kleinasien nach Europa einführte.

Man nehme … Henriette Davidis, die Autorin des 1844 erschienenen ›Praktisches Kochbuch für die gewöhnliche und feinere Küche‹ prägte diese zur Redewendung gewordene Rezepteinleitung.

Picknick wurde aus dem Franz. übernommen, wo es *pique-nique* heißt. Man isst dabei nicht mit Messer und Gabel, sondern pickt (*piquer*) Nichtigkeiten, bzw. Häppchen (nique).

Restaurant ist eigentlich die kräftigende Suppenbrühe zur Wiederherstellung (franz. *restaurer*) der Körperkräfte. Derartige »Suppenküchen«, die auch eine kleine Speiseauswahl anboten und wo man sich an Einzeltischen niederlassen konnte, kamen in Frankreich in der 2. Hälfte des 18. Jh. auf. Bisherige Herbergsgaststuben boten in der Regel nur ein Gericht an Gemeinschaftstischen. Vor allem die durch die Dezimierung des Adels während der Französischen Revolution arbeitslos gewordenen Küchenmeister entwickelten diese neue Marktnische dann auch kulinarisch weiter.

Schlaraffenland ist das Land der »Slur-affen«, eine Gegend, wo sich schlaffe (= *slur*) und törichte Menschen aufhalten; seit Affen im mittelalterlichen Europa auf Jahrmärkten gezeigt wurden, ist »affig« auch eine abwertende Bezeichnung. Die Vorstellung eines müßiggängerischen Paradieses, wo man fürs Nichtstun belohnt wird, in dem einem die gebratenen Tauben in den Mund fliegen, gibt es seit der Antike. Im Dt. wurde der Begriff durch den »Meistersinger« Hans Sachs (1530) und den Autor des ›Narrenschiffs‹, Sebastian Brant, (1494) literarisch.

Tabasco «Heißes, feuchtes Land«, ein Indianerwort. Wie auf jeder Flasche dieser Pfefferwürzsoße zu lesen steht, wurde ihr Rezept im Jahre 1865 von Edmund McIlhenny kreiert.

Speisen und Getränke, die nach Personen benannt sind

Bacardi Nach dem kubanischen Destillateur Don Facundo Bacardi, der 1862 mit dem Fledermausemblem für seinen Zuckerrohrschnaps eines der ältesten Markenprodukte der Welt kreierte.

Birchermüsli Das Original-Birchermüsli ist eine Obstspeise (hauptsächlich aus Äpfeln), die mit Getreideschrot, Nüssen, Milch oder Joghurt und gegebenenfalls etwas Honig angereichert wird. Dr. Maximilian Oskar Bircher-Benner (1867-1939) erzählte selbst, dass er auf die Idee zur naturnahen Ernährung mit Müsli bei Wanderungen in den Alpen gekommen sei, wo es ihm von Sennen vorgesetzt worden war. Getreidemus in der Art von Müsli war jahrhundertelang ein Hauptnahrungsmittel der Bauern in Europa. Das germanische Urwort für *mus* ist das bei »Messer« bereits erwähnte *mat*. »Mus«, »Mast«, »Messer« und »Gemüse« sind sprachgeschichtlich eng verwandte Wörter.

Bismarckhering Von einer dankbaren Fischindustrie für einen großzügig gewährten Kredit wurde der marinierte Hering nach dem Reichskanzler Otto Fürst von Bismarck (1815–1898) benannt.

Bockwurst Nach ihrem Erfinder, dem Berliner Fleischermeister Wilhelm Bock.

Campari Nach dem Mailänder Gastwirt und Destillateur Gaspare Campari. Natürlich ist das Rezept dieses Bitters geheim. Die rote Karmin-Farbe stammt von der Cochenille-Schildlaus.

Chateaubriand Bei dem exquisiten, nur kurz gebratenen Rinderfiletklassiker wird nur das Mittelstück des Filets verwendet. Erfinder war 1822 ein Koch namens Montmireil in den Diensten des franz. Schriftstellers und Politikers François René Chateaubriand während dessen Dienstzeit als Botschafter in London. Wie so oft in jenen Zeiten wurde nicht Montmireils Name, sondern der seines Dienstherrn verewigt.

Dom Pérignon Der Mönch Dom Pierre Pérignon (1638–1715) war der Klosterverwalter der Abtei von Hautevillers in der Champagne, die über einen Weinkeller verfügte. Er ist der eigentliche »Erfinder« des Champagners, dessen Herstellung eine ziemlich komplizierte Angelegenheit ist. Vor allem brachte er die zweite Gärung in der Flasche (*méthode champenoise*) unter Kontrolle, indem er die bis dahin als Pfropfen gebräuchlichen geölten Hanfstopfen durch Korken ersetzte. Die Korken hielten, und der Wein moussierte erst beim Öffnen. Außerdem gilt Dom Pérignon als der Erfinder der Cuvée, der spezifischen Mischung der Weine, die den jeweiligen Ruhm eines Champagnerhauses ausmacht. Dom Pérignon ist die prestigeträchtigste Marke des Hauses Moêt & Chandon.

Grahambrot Sylvester Graham (1794–1851) empfahl Mäßigung beim Essen und Trinken, kalte Duschen, harte Matratzen, Obst und Gemüse, Sport und Bewegung, kurz das gesamte moderne »Fitnessprogramm«. Geradezu predigthaft (er war Mitglied eines Gesundbetervereins in Pennsylvania) propagierte er sein selbst zu backendes Weizenschrotbrot mit hohem Ballaststoffanteil.

Kaiserschmarrn Müsste eigentlich korrekterweise »Kaiserinschmarrn« heißen, denn die Mehlspeise war 1854 für Elisabeth (»Sissi«), Kaiserin von Österreich, anlässlich ihrer Heirat mit Kaiser Franz Joseph kreiert worden. Die äußerst figurbewusste Elisabeth lehnte jedoch dankend ab. In der Folge wurde das Gericht eine Leibspeise des Kaisers.

Kassler Der Berliner Fleischermeister Cassel legte erstmals Schweinefleisch in Salzlake ein, bevor es gebraten oder gekocht wird.

Kellogg's Cornflakes sind eine Zufallserfindung der Gebrüder Kellogg, wobei John Harvey 1895 gekochte Weizenkörner mit dem Nudelholz plättete, um sie anschließend zu backen. Danach wollte er sie zerbröseln, um sie so zu vermarkten. Doch sein Bruder Will Keith wusste es besser und steckte diese *flakes* in eine Packung.

Maggi müsste korrekterweise *madschi* ausgesprochen werden. So lautete der Name des Schweizers Johannes Julius Maggi (1846–1912). Er fand die Rezeptur für eine Würzsoße, bei der aus rein pflanzlichen Ausgangsprodukten eine Soße mit Fleischgeschmack entstand. Das Rezept wird bis heute streng gehütet. Seit 1887 ist das Produkt in einer nahezu unveränderten viereckigen Flasche erhältlich. Maggi war ein »Marketinggenie«. Er setzte als einer der Ersten professionelle Reklamemethoden ein und schuf so eines der ersten kulinarischen Markenprodukte überhaupt.

Martini Hochgeheime Wermutrezeptur, die 1863 unter anderem von Alessandro Martini mitkomponiert wurde.

Matjeshering Ist der »Jungfrauenhering«. Das Wort stammt vom Nl. *maeghdekens haerinck* (16. Jh.), was »Mägdeleins-Hering« bedeutet. Für den Matjes wird nur junger, noch nicht laichreifer Hering verwendet.

Mohrenkopf Mit dem unter dem Gesichtspunkt der politischen Korrektheit äußerst problematisch gewordenen Wort »Mohr« bezeichnete man seit dem 16. Jh. Menschen dunkler Hautfarbe. Hervorgegangen aus dem lat. *maurus*, bezog sich das Wort urspr. auf den Bewohner der nordafrikanischen Provinz Mauretanien (heute Teile von Mauretanien und Marokko).

Perrier Das bekannteste Mineralwasser der Welt in der grünen Keulenflasche aus Vergèze bei Nîmes. Die Quelle ist seit der Antike bekannt und wurde benannt nach dem Kurarzt Louis Perrier (Mitte 19. Jh.). Abgefüllt wurde Perrier durch den Engländer Sir Saint-John Harmsworth und es ziert auch die Tafel der englischen Königin.

Praline Erfunden wurde die Praline von dem Zuckerbäcker Lassagne des franz. Marschalls du Plessis-Praslin. Die Urpraline war wohl eine gebrannte, aromatisierte Mandel und nur in diesem Sinn wird das Wort heute auch im Franz. verwendet. Die Bezeichnung für das mit Schokolade überzogene Konfekt kommt aus Belgien. Im Franz. heißen Pralinen *chocolats*, die größeren Varianten *petits fours*.

Sachertorte Franz Sacher (1816–1907) erfand die nach ihm benannte Schokoladentorte 1832 im Alter von sechzehn Jahren als Lehrbub des Kochs des Fürsten Metternich. Bei der Demelschen Sachertorte wird die Marillenkonfitüre nicht in der Mitte, sondern unter der Glasur aufgebracht. Da Speiserezepte nicht patentierbar sind, stritten sich Sacher und Demel gerichtlich erbittert um die »Urheberrechte« und damit um die Namensrechte.

Sandwich Die Legende vom Sandwich besagt, Sir John Montagu, 4. Earl of Sandwich (1718–1792), habe 1762 beim Kartenspiel im Club nach einer Speise verlangt, die er aus der Hand essen konnte, damit er den Spieltisch nicht verlassen musste. Gereicht wurden ihm zwei dreieckige Brotscheiben, zwischen denen sich offenbar Fleisch und ein würziger Aufstrich befand.

Schweppes Der aus Hessen stammende Johann Jacob Schweppe (1740–1821) entwickelte in England ein chininhaltiges Mineralwasser, das zum besseren Genuss mit etwas Limettensaft versetzt war. Die Einnahme von Chinin zur Malariaprophylaxe war für britische Kolonialoffiziere und alle Reisenden in den Tropen überlebenswichtig. Dennoch wurde das *Tonic Water* von Anfang an als Genussmittel getrunken. Die Firma ließ sich das Getränk 1858 patentieren.

Veuve Cliquot Madame Cliquot, geborene Ponsardin wurde als Witwe (franz. *veuve*) achtzig Jahre alt (langlebige Witwen spielten als Inhaberinnen in den Familienbetrieben der Champagnerherstellung oftmals eine wichtige Rolle). Veuve Cliquot leistete einen wichtigen Beitrag zur modernen Champagnerherstellung, weil sie das Tieflagern des Flaschenhalses und das Rütteln und Drehen per

Hand (franz. *remuage*) erfand, wodurch sich das *dépôt* am Korken sammeln und beim Korkwechsel entfernt werden kann. (Der Flaschenhals wird dazu in eine Gefrierlösung getaucht.) Fachgerechtes Rütteln ist eine Kunst für sich.

Speisen und Getränke, die von Ortsnamen abgeleitet sind

Bock(bier) Das Starkbier, das auch in Bayern nur als Märzbock oder Maibock gebraut wird, hat seinen Namen von der niedersächsischen Stadt Einbeck. Von dort wurde es noch im 17. Jh. selbst nach Bayern als *Ainpockisch Bier* exportiert.

Camembert ist ein Ort in der Normandie, wo die Camembert-Erfinderin, die Bäuerin Marie Harel, ihren fettreichen Schimmelkäse erstmals auf den Markt brachte.

Cognac Wie beim Champagner darf nur das Getränk aus Cognac so heißen. Das Anbaugebiet der Weine und die Destillationshäuser befinden sich im Südwesten Frankreichs in der Charente, nahe der Atlantikküste.

Darjeeling »Land des diamantenen Donnerkeils« lautet die Übersetzung dieses tibetischen Wortes (*dar-rgjas-glin*), dem die Engländer seine europäisierte Form gegeben haben; gemeint ist mit diesem »diamantenen Donnerkeil« das Zepter des Lama. Diese wegen ihres Namens sicherlich berühmteste Teesorte wird hier seit 1840 angebaut. Andere Teesorten sind ebenfalls nach ihren Anbaugebieten benannt (Assam, Ceylon), aber keine ist so poetisch.

Kaffee Hat seinen Namen von der abessinischen Heimat der Pflanze. Das arab. Wort *qahwa* bedeutet wörtlich: »Wein der Provinz Kaffa«. Die Türken haben das Wort in der Form *kahve* übernommen und so an alle europäischen Sprachen weitergegeben. So vielfältig wie die Kaffeesorten, so vielfältig sind die Zubereitungsarten und Namen der Kaffees, mit denen man ein eigenes Buch füllen könnte.

Mayonnaise Die aus Eigelb und Öl mit Gewürzen kalt hergestellte Sauce wurde erstmals 1756 in Mahón, dem Hauptort der Baleareninsel Menorca, zur Feier der militärischen Einnahme durch den französischen Kardinalsneffen Herzog von Richelieu angerührt. Daher nannte man sie *Mahonaise*.

Mokka Der wichtigste Ausfuhrhafen für Kaffeebohnen war in alter Zeit der am Roten Meer gelegene arab. Hafen *Muha*. Heute ist der Begriff Mokka ein Synonym für mehr Kaffeepulver und weniger Wasser.

Pils In der böhmischen Stadt Pilsen wurde 1842 erstmals ein untergäriges, untrübes und goldgelbes Bier gebraut, das besonders haltbar war und sich deshalb vorzüglich als Lagerbier eignete. Die Bierlagerung in Flaschen nahm von da an sprunghaft zu, die Pilsener Brauart fand sehr bald Nachahmung. Das originale Pilsener Urquell verdankt seinen besonderen Geschmack unter anderem dem vorzüglichen Hopfen aus dem böhmischen Anbaugebiet um Saaz.

Ouzo »Questo e uso Massilias!« (»Das ist Marseiller Art!«), rief ein griech. Spirituosenfabrikant aus, nachdem er bei einem Geschäftsfreund in Frankreich einen Schluck von dessen neuester Anisschnapskreation probiert hatte. Das Rezept ahmte er unter Gräzisierung des italienischen Wortes *uso* in seinem Heimatland nach.

Selters Dieses in Selters nahe Limburg an der Lahn entspringende Mineralwasser wurde namengebend für die gesamte Getränkegattung bis hinein in das Engl.-Amer., wo es *seltzer* genannt wird (womit oftmals nur einfaches Sodawasser gemeint ist). Selterswassermarken tragen meistens den Namen des Ortes, an dem sie entspringen bzw. gepumpt werden (Gerolsteiner, Überkinger etc.).

Sherry ist der edelsüße Wein aus (span.) Jerez (andalusisch: *Xeres*), einer südspanischen Stadt. Der Begriff ist namensrechtlich geschützt, die Weingüter, in denen er hergestellt wird, heißen *Bodegas*.

Steinhäger Der Wacholderschnaps aus Steinhagen in Westfalen wurde ebenfalls zum Gattungsbegriff für alle Wacholderschnapsmarken in Deutschland. In den Niederlanden heißen Wacholderschnäpse *Genever* und in England *Gin*, was sich beides von lat. *iuniperus* und franz. *genièvre* = Wacholder ableitet.

Waldorfsalat Der Ort ist das heute auch durch das gleichnamige Autobahnkreuz bei Heidelberg berühmte Walldorf, von wo Johann Jacob Astor (1763–1848) aufbrach, um schlussendlich in New York ein Vermögen im Immobiliengeschäft zu machen. Auf der Grundlage dieser Vermögensmasse baute dessen Enkelgeneration das legendäre Waldorf-Astoria-Hotel. Den Sellerie-Apfel-Walnuss-Salat in Mayonnaise schuf der dort angestellte schweizstämmige Küchenchef Oscar Tschirky um 1900.

Herkunftsnamen von Speisen

Geografische Speisebezeichnungen finden sich auch in: **Aachener Printen**, **Basler Leckerli**, **Bayerische Creme**, **Dresdner Stollen**, **Dresdner Eierschecke**, **Frankfurter Kranz**, **Königsberger Klopse**, **Linzer Torte**, **Lübecker Marzipan**, **Thüringer Rostbratwurst**, **Wiener Schnitzel.**

Bei Wurstsorten: **Berliner**, **Frankfurter**, **Krakauer**, **Lyoner**, **Nürnberger**, **Rügenwalder**, **Wiener.**

Nicht irgendeinen Schinken, sondern eine besondere Zubereitungsart signalisieren die Ortsnamen: **Ardennen** (in Kräutern mariniert, gepökelt, geräuchert); **Holsteiner** (bzw. Katenrauch-, mit Salz, Kräutern und Senfkörnern eingerieben, gewässert, kalt geräuchert); **Parma** (hochwertige Mast, nur gesalzen und luftgetrocknet); **Prager** (hochwertige Mast, gepökelt, gekocht bzw. in Brotteig gebacken); **Schwarzwälder** (in Lake gereift, kalt getrocknet, über Tannenholz geräuchert); **Serrano** (von span. *sierra* = Gebirge, mit Meersalz gepökelt, ein Jahr luftgetrocknet); **Tiroler** (geräuchert); **Westfälischer** (vom Jungschwein, gepökelt, kalt geräuchert).

Käsesorten, die von Ortsnamen abgeleitet sind: **Brie de Meaux** (Landschaft östlich von Paris), **Edamer** (Stadt in Holland), **Emmen-**

taler (Landschaft in der Schweiz), **Gouda** (Stadt in Holland), **Greyerzer / Gruyère** (Landschaft in der Schweiz), **Limburger** (Provinz in Belgien), **Manchego** (span. Landschaft La Mancha), **Parmesan** (Stadt in Italien), **Tilsiter** (Stadt in Polen, früher Ostpreußen).

Die Namen der Weine sind fast ausnahmslos geographische Namen.

Buon appetito

Wörterbuch der italienischen Küche

Carpaccio Auf vielen Gemälden des Renaissancemalers Vittore Carpaccio (um 1460–1523) mit ihren Stadtansichten von Venedig im Hintergrund dominieren rindfleischrote Farben. Hauchdünne, mit Pfeffer, Zitrone und Parmesan marinierte Fleischscheiben sind es, die man auf dem Carpaccio-Teller wiederfindet. Ihr kulinarischer Schöpfer, der venezianische Gastronom Guiseppe Cipriani des berühmten Restaurants »Harry's Bar« nahe am Markusplatz, verlieh seiner Erfindung den Namen des Malers im Jahre 1950.

Makkaroni *Makaroneía* bedeutet im Griech. der Antike »Totengesang«. Vom Leichenschmaus ausgehend entwickelte sich daraus auch eine Bezeichnung für die dabei angebotenen Gerichte. In Ostthrakien bezeichnet *makaroneía* heute noch ein Reisgericht beim Leichenschmaus. Im byzantinisch, also griechisch beherrschten Unteritalien wurde der Begriff ab dem 13. Jh. auf verschiedene Speisen übertragen: Knödel, Pfannkuchen, Nudeln. Als Bezeichnung der Röhrennudeln hat er sich seit dem 18. Jh. in Italien fest eingebürgert.

Mortadella ist die »Myrtenwurst«, weil sie nach dem Urrezept mit Myrtenbeeren (lat. *murtum*) gewürzt wurde.

Mozzarella Im Neapolitanischen sind *mozza* kleine Käselaibchen. Die wahren Mozzarella-Kugeln sind aus Büffelmilch (*bufala*) und schneeweiß und bilden zusammen mit Tomaten (rot) und Basilikum (grün) die Farben der italienischen Nationalflagge auf dem Teller.

Pizza Das Wort für diese einfache Mahlzeit armer Leute leitet sich vom arab. *pita* (= Brot) ab, schließlich handelt es sich um nichts anderes als um ein frisch gebackenes Fladenhefebrot, das mit verschiedenen würzigen Zutaten belegt wird.

Ravioli waren urspr. ein Armeleuteessen: Kleine Überreste wurden gewürzt, in Teigtaschen verpackt und somit sozusagen kulinarisch recycelt. Die Genueser bezeichneten das Gericht mit dem Wort *rabioli* (Mischmasch, Kleinkram).

Salami Hauptbestandteil neben dem Fleisch ist bei der Salami das *sal* (lat. = Salz). Bereits in der Spätantike waren *salsamen* alle durch Salzen, Räuchern und Lufttrocknen haltbar gemachten Fisch- und Fleischspeisen.

Spaghetti *Spacus* war im Lat. der Bindfaden, *spago* im Ital. die Schnur, und *spaghetto* das Schnürchen.

Tiramisu *Tira mi su* (= ziehe mich hoch, richte mich auf). Hochgezogen, d.h. aufgeschlagen wird dabei der Eigelbschaum, zu dem Mascarpone hinzukommt. Der Dessertklassiker ist eine noch junge Kreation (1960er Jahre) aus dem Restaurant »El Tuolà« in Treviso.

Wörterbuch der Systemgastronomie

Döner Ist das türkische Wort für griech. *gyrós* (= rund, gerundet). Mit *Kebab* wird im Türk. gewürztes oder mariniertes Fleisch bezeichnet.

Hamburger Hervorgegangen aus einem englischsprachigen Missverständnis des Wortes Hamburger. Dieser war als »Hamburger Beefsteak« (sprich: *hamburger*) in die Neue Welt gelangt, dort jedoch als *häm-börger* missverstanden worden, wobei man sich unter engl. *ham* Schinken vorstellte und unter *börger* weiß der Himmel was.

Hot dog Möglicherweise wurden die in USA *frankfurter* genannten Würstchen in der 2. Hälfte des 19. Jh. auch etwas abfällig *hundewurst* genannt. Die heiß (engl. *hot*) in ein aufgeschnittenes Brötchen geklemmten Würstchen wurden gleichwohl im 20. Jh. ein nicht wegzudenkender Bestandteil der Fast-food-Gastronomie.

Junk food ist ein kulturkritischer Begriff, den der New Yorker Gastronomiekritiker G. Greene 1971 prägte. Angesichts dieser Wortwahl (engl. *junk* = Abfall) könnte die Kritik kaum vernichtender ausgefallen sein. Gleichwohl legte Greene im gleichen Atemzug ein Bekenntnis zu dieser nährwertarmen Ernährung ab, zu der auch Chips, Fritten und vor allem Süßigkeiten in jedweder Darreichungsform zu zählen sind.

McDonald's Seit 1941 ein kleiner Hamburgerstand nahe einem Autokino in Pasadena in Kalifornien, der von den Brüdern Richard und Maurice McDonald betrieben wurde. Diesen kaufte der Unternehmer Ray Kroc die Namens- und Markenrechte 1955 ab und schuf die weltumspannende Fast-food-Kette.

Sport & Freizeit

Wörterbuch des Sports

Sport, wie wir ihn kennen, ist eine gesellschaftliche Erscheinung des 19. Jahrhunderts. Viele Sportarten wurden in England entwickelt, weswegen viele Wörter rund um den Sport aus dieser Sprache stammen. In Deutschland ist die sportliche Betätigung breiter Massen eng mit der Turnbewegung (Friedrich Ludwig Jahn) verbunden. Jahn knüpfte an die pädagogischen Reformen von J. B. Basedow und J. C. F. Guts Muths an, der den ersten Sportplatz Deutschlands in Schnepfenthal in Thüringen anlegen ließ.

Neben der Körperertüchtigung wollte die Turnbewegung auch Standesunterschiede überwinden und über die kleindeutschen Grenzen hinweg eine nationale Bewegung sein. Insofern war sie politisch eng mit der liberalen und nationalen Aufbruchstimmung etwa der Burschenschaften verbunden. In Preußen wurde das Turnen 1820 verboten und erst 1842 wieder zugelassen. Das erste deutsche Turnfest fand 1841 in Frankfurt statt.

Anabolika Anabole Vorgänge in Lebewesen dienen dem Aufbau spezifisch körpereigener Stoffe: pharmazeutische Stoffe, die diese Vorgänge fördern, heißen *Anabolika*. Ihre Verwendung ist im Sport geächtet (vgl. Doping).

Badminton Das urspr. aus Indien stammende Federballspiel ist benannt nach dem Landsitz Badminton des Herzogs von Beaufort in Gloucestershire, wo das Spiel 1872 erstmals nach festen Regeln gespielt wurde.

Becker-Rolle Meist nach einem Hechtsprung zum Erreichen des Balles ausgeführtes Abrollen über die Schulter durch den dt. Tennisspieler Boris Becker. Hat mit dem eigentlichen Tennisspiel nichts zu tun, vermindert aber im Falle eines Sturzes die Verletzungsgefahr und wirkt spektakulär.

Derby Das Wort ist mittlerweile nicht nur zum Synonym für Pferderennen geworden, sondern wird auch zur Bezeichnung für andere Wettkämpfe (»Fußball-Derby«) herangezogen. Das Wort geht zurück auf den Adelstitel von E. Stanley, 12. Earl of Derby, der 1780 das erste Pferderennen seiner Art veranstaltete.

Doping Das Zuluwort *doop* bedeutet »berauschender Schnaps«, ist jedoch vom gleichlautenden nl. Wort (= Soße) in die Zulusprache entlehnt. Mit dem Inhalt, den der Begriff *dopen* in der Zulusprache angenommen hatte (»stimulierendes narkotisches Getränk verabreichen«), ging er in die engl. Sprache und in die Sportterminologie ein.

fair / foul *Fair* war im Engl. urspr. eine Qualitätsbezeichnung (»ausgezeichnet«) und hat dort neben »ehrlich« heute außerdem noch die Bedeutung »hübsch, schön«. *Foul* ist wortgeschichtlich identisch mit dem dt. Wort »faul«: stinkend, abscheulich, schlecht, böse.

Fosbury-Flop Die heute von den allermeisten Hochspringern verwendete Technik wurde Mitte der 1960er Jahre von dem amer. Leichtathleten Dick Fosbury entwickelt, der 1968 in Mexiko Olympiasieger wurde. Beim Fosbury-Flop wird die Latte nach Anlauf und schneller Drehung rückwärts übersprungen. Mit dieser Technik konnten größere Höhen erzielt werden als mit der früheren Straddle-Technik. Das Geniale am Fosbury-Flop ist, dass der physikalische Schwerpunkt außerhalb des Körpers verlagert und unter der Latte durchgeführt wird.

Gelbes Trikot franz. *maillot jaune*. Wird von dem Gesamtführenden auf der Tour de France getragen. Obwohl es sich um das Ehrentrikot des Spitzenreiters handelt, wurde es in typisch französischer Bescheidenheit nur »gelb« und nicht »golden« genannt.

kraulen Eines der ganz wenigen Wörter aus dem Engl., für das sich eine dt. Schreibweise eingebürgert hat. *to crawl* heißt eigentlich »kriechen, krabbeln«.

La Ola Das wellenartige Aufstehen und Hinsetzen von Zuschauern in großen Stadien gibt es schon länger als Teil der allgemeinen Belustigung bei Sportveranstaltungen. Zufälligerweise wurde anlässlich der Fußballweltmeisterschaft 1986 in Mexiko das span. Wort für Welle (= *la ola*) als Begriff geprägt.

Rekord Das engl. Wort *record* (= Aufzeichnung) bezog sich urspr. auf die urkundlich bestätigte sportliche Höchstleistung, und zwar im Trabrennen.

Sport Der Begriff wurde 1828 von Fürst Pückler-Muskau aus dem Engl. ins Dt. eingeführt. Die ältere engl. Wortform *disport* weist auf die eigentliche Herkunft des Wortes aus dem Franz. *desport* hin. *Se deporter* bedeutet: sich zerstreuen, sich vergnügen, ganz wörtlich: »die Zeit wegtragen«, sich die Zeit vertreiben.

Tennis »Festhalten!« (*Tenez!*) lautete auf Franz. der Zuruf an den Spielpartner bei Schlagballspielen, die man sich wohl ähnlich wie das heutige Baseballspiel vorstellen muss. Aus solchen Schlagballspielen hat sich dann, unter Verwendung eines Rackets, das Tennisspiel entwickelt. Der Zuruf blieb als Name des Spiels, allerdings nicht in Frankreich. Dort hieß das Spiel *jeu de la paume*; auch diese Bezeichnung verweist noch auf das Schlagballspiel, *paume* ist die flache Hand. Das *jeu de la paume* wurde bereits im Spätmittelalter in Frankreich, Deutschland und in England praktiziert. Dort lautete der Zuruf in Übernahme des franz. Wortes: *Teneys!*

Turnen, Turnier Turnen ist kein altes dt. Wort, wie Turnvater Jahn behauptete, sondern es kommt von lat. *tornare* (= drehen, wenden). In der Landsknechtszeit verstand man unter einem Turner einen jungen Kämpfer. »Turnier« wurde im Hochmittelalter aus dem Franz. entlehnt und bezog sich auf die ritterlichen Kampfspiele.

Das Olympische Wörterbuch

Athlet Im Griech. bezeichnete das Wort zunächst den Wettringer, dann allgemein den Wettkämpfer. Der Siegespreis hieß auf Griech. *áthlon*.

Citius … *Citius, altius, fortius* – »Schneller, höher, weiter« – das von Pierre de Coubertin (1863–1937), dem Begründer der Olympischen Spiele der Neuzeit, inaugurierte olympische Motto stand urspr. über der Eingangstür seines Freundes, des franz. Dominikanerpaters Henri Didon (1840–1900).

Dabei sein … »Dabei sein ist alles.« Das zweite olympische Motto geht auf eine Aussage von Pierre de Coubertin selbst zurück.

Marathonlauf Pheidippides, so angeblich der Name des Soldaten und Läufers, rannte im Jahre 490 v. Chr. nach dem Sieg der Griechen über die Perser vom Schlachtfeld bei Marathon nach Athen, um dort die Botschaft des Triumphes zu verkünden. Unmittelbar danach brach er vor Erschöpfung tot zusammen. Die olympische Disziplin des Marathonlaufs hält die Erinnerung an diesen weltgeschichtlich entscheidenden Sieg eines vergleichsweise kleinen Stadtstaats gegen die Übermacht des persischen Großreiches wach. Marathonläufe werden heute weltweit veranstaltet. Im Dt. wird »Marathon« gern für alles verwendet, was besonders lange dauert und als anstrengend gilt: Marathonsitzung, Marathondiskussion, Marathonkonzert.

Die olympische Marathonstrecke entspricht nicht der Entfernung zwischen Marathon und Athen. Die heute gültige Länge wurde 1908 für die Olympischen Spielen in London eingeführt. Mit verfeinertem Nachmessen des Urparcours hatte das nichts zu tun, vielmehr wollte man der Sportbegeisterung der britischen Königsfamilie entgegenkommen. Die Startlinie wurde an Schloss Windsor verlegt, das Finish vor die Royal Box in Wembley. Das ergab eine Strecke von 42,195 Kilometern. 1924 wurde in Paris diese Streckenlänge für die Zukunft festgeschrieben. Die Originalentfernung in Griechenland beträgt etwa 37 Kilometer.

Olympiade ist nicht zu verwechseln mit den Olympischen Spielen, die nur die Sportveranstaltung bezeichnen. *Olympiade* ist der Zeitraum zwischen zwei Olympischen Spielen (vier Jahre), also im Grunde ein Kalenderbegriff. Die Spiele der Antike wurden periodisch abgehalten: alle vier Jahre in Olympia und Delphi. (Die Spiele in Delphi hießen »Pythische Spiele«, nach dem delphischen Orakel, der Pythia.) Alle zwei Jahre in Nemea (ein Ort zwischen Argos und Korinth: »Nemeische Spiele«) und in Korinth (»Korinthische Spiele«). Diese waren die angesehensten. Sie wurden zeitlich so versetzt (ähnlich wie beim Tennis-Grand-Slam) abgehalten, dass die Teilnahme an allen diesen vier Spielen möglich war.

Olympionike ist der Olympiasieger und nicht der Olympiateilnehmer. Griech. *níke* heißt »Sieg« und seine Verkörperung war Nike, die griech. Siegesgöttin. Bei den Spielen der Antike wurde nur der Sieger geehrt.

Siegerehrung In der Antike gab es keine Medaillen, keine Geldgeschenke, nur Kränze. Aber den Siegern winkten in ihrem Heimatort Ruhm und Ehre, ihre Körper wurden in Marmor gemeißelt und auf öffentlichen Plätzen aufgestellt. Die meisten konnten wohl auch bis an ihr Lebensende eine Art Staatspension verzehren. Bei den verschiedenen Spielen wurden den Siegern aufs Haupt gesetzt: Lorbeerkranz (Ehrung in Delphi), Ölbaumkranz (Ehrung in Olympia), Selleriekranz (Ehrung in Nemea), Pinienkranz (Ehrung in Korinth).

Stadion war in der Antike zunächst keine Bezeichnung für eine Sportarena, sondern die Strecke der Laufwettbewerbe. In Olympia: 600 Fußlängen; das entsprach 192,27 Metern.

Wörter und Redewendungen aus dem Sport

Boxen In die nächste Runde gehen; in den Seilen hängen; unter die Gürtellinie schlagen; k.o.-schlagen (k. o. = *Knock out*); kontern; zu Boden gehen; groggy (ist eine Ableitung von Grog, der Bezeichnung für das alkoholische Heißgetränk; dessen Wirkung bei Übergenuss, die Unsicherheit auf den Beinen, wurde als anschaulicher Begriff in den 1920er Jahren in adjektivischer Form zuerst im Boxsport verwendet).

Fechten Übers Ohr hauen (so stark aufs Ohr getroffen, dass der Gegner vorübergehend taub und blind wird); das haut hin (gut getroffen, guter Hieb); Spagat (urspr. ital. Bezeichnung [*spaccata*] für den Spreizschritt).

Jagen Durch die Lappen gehen (Lappen dienten zur Absperrung eines Revierteils); auf der Abschussliste stehen (Liste mit dem erlegten Wild); in die Binsen gehen (Wasservögel flüchten ins Schilf [= Binsen]); auf den Busch klopfen (bei der Treibjagd wird mit Stangen auf Bäume und das Gebüsch geschlagen, um das Wild aufzuscheuchen); einen Haken schlagen (Fluchtbewegung des Hasen); Hasenpanier ergreifen (»Panier« ist ein Jägerwort für die »Blume«, den Schwanz des Hasen, den er aufrecht stellt, wenn er flüchtet); sich mausig machen (Falken [Jagdfalken], die gerade die Mauser überstanden haben, sind besonders lebhaft und angriffslustig); zur Strecke bringen (»Strecke« ist das Jägerwort für die auf dem Boden aufgereiht liegenden erlegten Tiere).

Leichtathletik In den Startlöchern stehen; zum Sprint ansetzen (Sprint ist urspr. ein altskandinavisches Wort: *spretta* = aufspringen; es gelangte über das Engl. ins Dt.); zum Endspurt ansetzen; die Ziellinie überqueren.

Motorsport Auf der Poleposition stehen (den ersten Platz einnehmen).

Wörterbuch der Freizeitaktivitäten

Basteln Das Wort leitet sich vom »Bast« her und hat deshalb die urspr. Bedeutung »zusammenschnüren, binden«. Seit dem Mittelalter unterlagen handwerkliche Betätigungen strikten Zunftordnungen. Das Wort wird schon vom Meistersinger Hans Sachs für unzünftige handwerkliche Tätigkeiten verwendet.

Bungee-Jumping Auf der Pfingstinsel in Vanuatu (Pazifischer Ozean) hatte sich vor Jahrhunderten eine Frau vor ihrem rabiaten Ehemann Tamale hoch auf einen Baum geflüchtet, wohin er ihr nachgeklettert war. Als Tamale nahe genug heran war, um sie zu packen, sprang sie los, und er stürzte sich hinterher. Allerdings hatte Tamale nicht bemerkt, dass sie sich einen Lianenstrang um die Füße gebunden hatte, der ihren Fall rechtzeitig abbremste. Der lianengebremste Sprung der Ehefrau entwickelte sich auf der Insel später zu einer Mutprobe für junge Männer. Das Ritual wurde erstmals durch eine Reportage von Richard Attenborough Mitte der 1950er Jahre im Westen bekannt gemacht und in den 1980er Jahren von dem Australier AJ Hackett zu einer Extremsportart entwickelt.

Camping Das Übernachten in einem Zelt unter freiem Himmel nahe beim Schlachtfeld (franz. *champ de bataille*), kurz: kampieren, war früher eine notdürftige Unterbringung für Soldaten.

Clubbing Das Modewort für das nächtliche Ausgehen in Tanzclubs kommt vom engl., urspr. aus dem Altisländischen stammenden Wort für »Keule« (*club*), weil es einen alten Brauch gab, Einladungen zu Zusammenkünften durch das Herumsenden eines Boten mit einem Kerbstock bekannt zu machen. Aus demselben Grund ist unser Wort »(ein-)laden« auch sprachlich verwandt mit »Latte«.

Grillen geht auf das lat. Wort *craticula* für den kleinen Bratrost zurück.

Halma Der Name des schon im Altertum bekannten Brettspiels kommt von griech. *hálma* = Sprung.

Joggen Das Wort bezieht sich im Engl. eigentlich nicht auf das Laufen, sondern auf die Bewegung der Ellenbogen: *to jog* = jemandem einen leichten Stoß mit dem Ellenbogen versetzen.

Jonglieren Das Wort hat zwei völlig unterschiedliche Quellen, die im Franz. zu einem Wort zusammengeflossen sind: Lat. *ioculator* (= Spaßmacher, Gaukler). Das Franz. hat hier aber auch noch ein altes, im Dt. längst untergegangenes Wort »janken« aufgenommen, das »seufzen, murren« bedeutet und auch im Sinne von »spotten« und »übel schwätzen« verstanden wurde: Altfranz. *jangler*. Es floss ebenfalls in die Bildung des Begriffs für den Spaßmacher mit ein.

Kartenspiel, Skat Die einzige Schreibunterlage des Altertums, die nicht aus Stein, Holz oder Ton bestand, wurde in Ägypten schon seit pharaonischer Zeit aus dem Blatt der Papyrusstaude gewonnen. Bereits die Griechen haben wohl das altägyptische Wort dafür übernommen und in ihrer Sprache heißt es *chártes*. In der lat. Form *carta* ging es in die europ. Sprachen ein und hat zahlreiche Abwandlungen erfahren: Charta (Grundrechtsurkunde), Kartell, Kartei, Karton und Cartoon. Auch »Skat« kommt von Karte: Ital. *scarto* bezeichnet das Ablegen, wörtl. Wegwerfen der Karten.

Kneipe Wie sehr viele andere Wörter, die mit dem ie. Wortanfang *kn-* beginnen (Knödel, Knoten, Knäuel, Knolle, Knoblauch, Knüppel, Knochen, Knopf, Knospe, kneifen, kneten, knüllen), bezeichnet das Wort etwas Zusammengedrücktes, Zusammengeballtes; hier einen engen, beklemmenden Raum. Seit dem 18. Jh. in der Studentensprache für kleine, billige Schankwirtschaften aus dem Verb *kneipen* (= kneifen, klemmen).

Nickerchen kommt nicht direkt von »nicken«, sondern von dem verwandten mittelhdt. Wort *nücken*. Beide sind Ausdruck für die sinkende Bewegung des Kopfes.

Schach Das uralte pers. Wort *shah* bedeutet: König. Pers. *mat* heißt: gestorben. *Shah mat*: Der König ist tot.

Shoppen von engl. *to shop*, ist, wie jedefrau weiß, etwas anderes als Einkaufen. (*Shop* von altfranz. *eschoppe* = ausgebauter Viehstall.)

Trekking Der Ursprung des Wortes *trecken* liegt nur in den germ. Sprachen des Kontinents (Dt. und Nl.) und wurde erst von dort ins Engl. übernommen. *Trecken* war lange überwiegend ein Synonym für »treideln«, das Ziehen der Schiffe flussaufwärts, einen der mühevollsten Berufe vor der Erfindung der Dampfmaschine. »Ziehen« auch im Sinne von »umherziehen« ist die urspr. Bedeutung des Wortes.

Urlaub & Reisen

Urlaub Das Wort ist eng verwandt mit »Erlaubnis« und wurde früher in diesem Sinne verwendet: »Um Urlaub einkommen« = um die Erlaubnis bitten, sich (bspw. vom Hofe des Fürsten) entfernen zu dürfen.

Badeurlaub Der schottische Arzt Tobias Smollett berichtet 1766 in »Reisebriefen« über seine Reise im Winter an der Côte d'Azur. Er hatte die damals unfassbare Marotte, im Meer zu baden.

Ferien kommt von lat. *feriae*, das waren die Festtage anlässlich religiöser Feiern. *Feria* und »Feier« sind als Wort praktisch identisch. Auch das franz. Wort *foire* = Handels-, Jahrmarktsmesse ist daraus hervorgegangen.

polyglott Griech. *polýs* = viel, *glótta* = Zunge, Sprache. Das Wort kam im 18. Jh. auf, also zu einer Zeit, als eine kleine, vermögende Schicht hauptsächlich zu Bildungszwecken reiste und bestrebt war, sich in der jeweiligen Landessprache zu verständigen.

Safari Das Wort wurde in dieser Form aus der Suahelisprache übernommen, stammt aber urspr. aus dem Arabischen (*safar*), in beiden Sprachen bedeutet es »Reise«.

Souvenir Franz. *je me souviens* (= ich erinnere mich). Solange Reisen ohne Auto, Flugzeug und Eisenbahn nur per Kutsche und Schiff sehr beschwerlich und langwierig war, konnte man nicht beliebig oft an einen Ort zurückkehren. Deshalb nahm man gerne zur Erinnerung ein Andenken mit.

Tourist Spätestens seit dem 17. Jh. war es hauptsächlich für junge englische, aber auch deutsche und französische Adlige und Patriziersöhne üblich, eine ausgedehnte Bildungsreise auf den europäischen Kontinent zu unternehmen, vor allem natürlich nach Italien. Zweck dieser mehrmonatigen, unter Umständen auch mehrjährigen Reise war es, berühmte Städte, Landschaften und Monumente mit eigenen Augen zu sehen. In England nannte man diese Bildungsreise *Grand Tour*. Wer sie unternahm, war natürlich ein *Tourist*.

Reise- und Freizeiteinrichtungen, die nach Personen benannt sind

Baedeker Karl Baedeker (19. Jh.) verfasste als Erster Reisehandbücher, die sowohl Hinweise und Beschreibungen von Sehenswürdigkeiten als auch Empfehlungen für Übernachtungsmöglichkeiten und Restaurants enthielten, ferner Angaben über Reiseverbindungen. Baedeker entstammte einer alten, bis auf Anfang des 18. Jh. zurückgehenden Buchhändlerfamilie. Seinen Reisehandbücherverlag gründete er 1827 in Koblenz.

Disneyland Umzäuntes Freizeitgelände, wo man gegen Eintrittsgeld Jahrmarktsattraktionen bestaunen, allerlei kindlichem Zeitvertreib nachgehen, Speisen und Getränke zu sich nehmen und sogar übernachten kann. Benannt nach dem Firmengründer Walter Elias Disney (1901–1966), der als Reklamezeichner arbeitete und dann erfolgreiche Cartoon-Figuren (Mickey Mouse) und den Zeichentrickfilm erfand. 1955 eröffnete er den ersten Vergnügungspark in Anaheim, Kalifornien, sozusagen als Cartoon in der dritten Dimension.

Michelin-Führer Als das Automobil gerade erst erfunden und das Reisen mit dem Auto noch ein Abenteuer war, erschien im Jahre 1900 der erste Hotelführer für Frankreich als kostenloser Werbeträger der Reifenfirma der Gebrüder André und Edouard Michelin. Er enthielt Stadtpläne, Entfernungsangaben und Hinweise auf Reparaturwerkstätten, Tankstellen und Hotels. Die Hinweise auf Reparaturwerkstätten und Tankstellen sind heute für die Mehrzahl der Leser wohl nicht mehr so wichtig im Vergleich zu den Restaurantempfehlungen. Sprichwörtlich geworden sind die Umschreibungen für die mit Sternen gekennzeichneten Empfehlungen:

*** eine Reise wert
** verdient einen Umweg
* verdient Ihre besondere Beachtung.

Pullman Der amer. Ingenieur baute 1858 den ersten luxuriös ausgestatteten Reisezugwagen und gründete 1867 eine der bedeutendsten Waggonfabriken in Chicago. Der Begriff *Pullman* wird auch auf komfortable Reisebusse angewendet.

Ritz, ritzy Der Inbegriff perfekter Hotelkultur ist vom Namen von César Ritz (1850–1918) abgeleitet. Der Walliser Hirtensohn lernte das Hotelgewerbe von der Pike auf und leitete in London das Claridge's und das Savoy. Schließlich konzipierte er das moderne Luxushotel, wie man es heute kennt, mit Bädern in allen Zimmern, deren erstes er 1898 in Paris unter eigenem Namen eröffnete. Bereits in London arbeitete er im Savoy mit dem berühmtesten Koch aller Zeiten, Auguste Escoffier, zusammen und »erfand« das Hotelrestaurant als integralen Bestandteil eines luxuriösen Hauses.

Robinson-Club Benannt nach der Hauptfigur des Romans ›Robinson Crusoe‹ von Daniel Defoe, erschienen 1719. In diesem ersten modernen Abenteuerroman der Weltliteratur wird der Schiffbrüchige Robinson auf eine einsame Insel verschlagen, wo er lernen muss, ohne fremde Hilfe nur mit dem wenigen Vorhandenen sein Dasein zu fristen. Er wird erst nach über 28 Jahren gerettet. Diese Geschichte hat den Geschmack von Freiheit und Abenteuer, ob man sie sich jedoch in Originalversion für den Urlaub wünscht, ist eine andere Frage. Robinson-Clubs stellen das Gegenteil von individuellen Urlaubsreisen dar.

Schrebergarten Daniel Gottlob Moritz Schreber (1808–1861) befürwortete als Arzt die körperliche Betätigung von Kindern und regte die Anlage von Gartenbeeten und Kleingärten an.

Abkürzungen

althdt.	althochdeutsch
amer.	amerikanisch
arab.	arabisch
balt.	baltisch
bspw.	beispielsweise
chin.	chinesisch
dt., Dtl.	deutsch, Deutschland
engl.	englisch
europ.	europäisch
ev.	eventuell
franz.	französisch
germ.	germanisch
griech.	griechisch
hdt.	hochdeutsch
heb.	hebräisch
ie.	indo-europäisch
ind.	indisch
ital.	italienisch
jap.	japanisch
Jh.	Jahrhundert
kelt.	keltisch
lat.	lateinisch
nl.	niederländisch
pers.	persisch
port.	portugiesisch
russ.	russisch
rtw.	rotwelsch
Rw.	Redewendung
schwed.	schwedisch
slaw.	slawisch
sog.	sogenannt
sp.	spanisch
u.a.	unter anderem
u.v.a.	und viele andere
urspr.	ursprünglich
v. Chr.	vor Christus
verw.	verwandt
vgl.	vergleiche
wört.	wörtlich
zig.	zigeunersprachlich

Quellenangaben

Hans Peter Althaus
Kleines Lexikon deutscher Wörter jiddischer Herkunft
München 2003

Brockhaus Enzyklopädie
Wiesbaden, 1984

Duden, Herkunftswörterbuch
Mannheim 2001

Duden, Redewendungen
Mannheim 2002

Kluge, Etymologisches Wörterbuch der deutschen Sprache
Berlin 2002

Werner König, dtv-Atlas Deutsche Sprache
München 1978, 2001

Kurt Krüger-Lorenzen, Deutsche Redensarten
Düsseldorf und Wien o.J.

Konrad Kunze, dtv-Atlas Namenkunde
München 1998, 2003

Rudi Palla
Das Lexikon der untergegangenen Berufe
Frankfurt 1998

Wolfgang Pfeifer u.a., Etymologisches Wörterbuch des Deutschen
Berlin 1993, München 2000

David Wells, Das Lexikon der Zahlen
Frankfurt, 1990

Siegmund A. Wolf, Wörterbuch des Rotwelschen
Mannheim 1956